主　　编　潘鲁生　邱运华

编委会
主　　编　潘鲁生　邱运华
副 主 编　侯仰军　王锦强　徐岫鹃
执行编辑　张　朔　张西昌

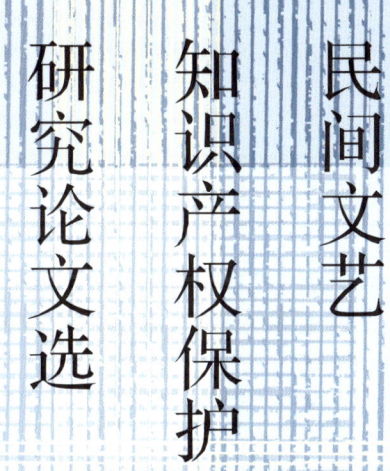

民间文艺知识产权保护研究论文选

潘鲁生 邱运华 主编

社会科学文献出版社
SOCIAL SCIENCES ACADEMIC PRESS (CHINA)

序　言

摆在读者面前的这本文集，是中国民间文艺家协会组织的主题为"民间文艺权益保护"研讨会所汇集的论文。

民间文艺是中华民族优秀传统文化的重要组成部分，作为土壤滋养着中华民族共同体多样文化的生长和繁荣。今天，我们在享受先进的现代文化成果的时候，常常不知不觉地分享着民间文化，民间文化影响了几乎全部现代文化发展。但是，民间文化在当代社会制度下也面临一些问题，受制于这些问题，为之困扰，例如民间文艺知识产权保护问题，就是其中的难题。之所以被称为一个难题，就在于一方面，民间文艺总体上是属于民族、族群的公共财富，是长期以来全体民众共同创造的成果；另一方面，民间文艺又丰富多样，有很多种类的技艺或者是一个家族创制、掌握的"独门兵器"，秘不示人，世代传承，或者是某个手艺人独创，成为他（她）成就"江湖地位"、商品品牌的标识。除此之外，民间文艺在从口头传诵到形成文字文本的过程中，经历了说唱者、记录者、整理者、出版者等一系列环节，每一个环节都存在"知识产权分享者"；民间艺术和民间工艺传承涉及一个家族的全体成员，大家都有"知识产权"，都应分享"知识产权"带来的市场利益。如何妥当处理这些问题？这较之于一般意义上的"私权"似乎复杂一些。

因此，对一般意义上的民间文艺知识产权立法，困难重重。在国际上，民间文艺知识产权保护问题始于20世纪中叶，其着眼点在于解决当代艺术创作与传统知识在版权保护方面的失衡状态。世界知识产权组织1982年通过了《保护民间文艺表达免受非法利用与其他损害行为的国家法律示范条款》，自2000年起，通过遗传资源、传统知识和民间文艺政府间委员会召开了近30次会议，但没有在世界范围内形成一个有约束力的保护条约，各国有关立法和实践，也鲜有完美范例。例如，韩国在1962年就颁布了《文化财保护法》，共7章73条和附则3条，将文化遗产分为有形文化财、无形文化财、纪念物及民俗文化财四个部分，并在保护目的、保护理念、保护规则、保障制度和保护意义等方面做了详细规定，一直沿用至今。在有关传承人制度方面，建立了国家命名制度，即对被列为"国家级文化财"的非物质文化遗产的遗产传承人中具有重要传统文化技能、民间文化艺能或者掌握传统工艺制作、加工的文化遗产传承人的杰出代表，由国家命名，分别授予"重要文化财保有者"或者"人间国宝"称号。政府对称号获得者予以专项补贴，以维持正常生活和传承文化，同时明确称号获得者的社会文化职责。

《中华人民共和国著作权法》从1990年颁布起便明文规定保护民间文学艺术作品，但实施条例迟迟没有出台；2014年，国家版权局发布《民间文学艺术作品著作权保护条例（征求意见稿）》（简称《条例》），在社会各界引发强烈反响。这一系列反响的根本点在于：属于"特定的民族、族群或者社群内不特定成员集体创作和世代传承，并体现其传统观念和文化价值的文学艺术的表达"的民间文学艺术作品，拥有了"著作权人"（特定的民族、族群和社群），而这一著作权人在民间文学艺术作品的使用过程中拥有经济权。有专家认为，"与一般作品的版权自愿登记不同的是，民间文艺的备案审查应当是国家行政主管部门的一种主动行为，体现国家保护民间文艺传承人的特殊政策。经过备案、审查、公示等程序的民间文艺，有关传承人便获得了一种国家承认的权利人身份，无须再经过司法确认"。"除备案审查获得传承人身份证明外，传承人在遭遇侵权时，还可以通过诉讼方式，要求人民法院确认其作为传承人的身份，维护其合法权利"。民间文艺界的专家学者就这个《条例》提出了尖锐的意见,引发了巨大震动,把《条例》的发布视为民间文艺界一次重大事件毫不为过。

因为相当复杂和困难,所以征求意见后,民间文艺知识产权保护的正式法案迟迟没有出台,但有关民间文艺方面的知识产权维护诉讼案却并未停止。这就迫使有关人士和部门展开研究和讨论。

中国民间文艺家协会作为全国民间文艺工作者的大家庭,一直关注着民间文艺领域里的知识产权问题研究进展,把开展这一领域问题的研讨作为日常工作。本文选收集的论文和研究报告,就是近期的工作成果。我们把它们汇集成册,奉献给关心、关注民间文艺知识产权的有识之士,期望能够给大家提供一些思路,为解决现实中出现的问题提供解决办法或者解决的案例,也期望加快推进立法工作进程。

最后,顺便提一下,马克思在研究资本主义条件下的财产关系时,曾经提出下列观点——关于财产权,或者说私有财产(property),可以从三个重要的角度去理解:(1)财产权是异化的一种表现形式;(2)财产权是一种统治工具;(3)财产权是一种意识形态。马克思曾经对1784年4月英国政府授予瓦特制造蒸汽机专利证书之事,发表了以下感言:瓦特的伟大天才表现在他所取得的专利的说明书中,他没有把自己的蒸汽机说成一种用于特殊目的的发明,而是把它说成大工业都应该使用的发动机。换句话说,马克思赞赏瓦特把蒸汽机的使用权交给了全社会。马克思在研究财产观念的发展即私有制度产生时,十分重视每一个"顺序相承的文化时期",财产随技术增进而增加、占有和继承的法规随财产增加而发展的思想。他说:"由此可见,财产的增长是与标志着人类进步的各个文化时期的各种发明和发现的增多以及社会制度的改善有着密切关系的。"[1] 他的思想很明确:法规具有鲜明的意识形态性,法权实质是统治权,首先是对财产和有产阶级的保护。随着社会制度在法权建设方面日渐完善,对于财产的保护手段和制度也就越发完善。

---

[1] 《马克思恩格斯全集》第45卷,人民出版社,1985,第404页。

进入 21 世纪，随着全社会财富的巨大增长，人们对包括民间文艺知识产权问题的理解和认识也在逐渐深入，在国际社会关于民间文艺知识产权保护法规的研究成果越来越丰富的前提下，我国关于这个领域的立法思想和理念是否在进步、更加成熟呢？

以上是笔者一点浅陋思考，就教于方家。

中国民间文艺家协会分党组书记、
驻会副主席、秘书长　邱运华
2021 年 3 月 18 日于北京

目 录

民间手工艺的知识产权保护与文化传承问题……………… 潘鲁生 / 1

民间美术的知识属性与产权问题思考 ……………… 乔晓光 / 15

民间文艺立法的困惑 ……………………………… 侯仰军 / 19

破解民间文艺版权立法困局 ……………………… 周　林 / 23

民间文学艺术作品的保护机制探讨 ……………… 管育鹰 / 28

民间艺术的权益和保护 …………………………… 赵　农 / 58

保护传统文化的政策目标论纲 …………………… 黄玉烨 / 67

重构我国文化法律体系的初步设想 ……………… 刘双舟 / 81

民间文艺法律保护问题的理性思考 ……………… 户晓辉 / 86

非物质文化遗产与知识产权保护体系衔接的几个问题…… 杨　红 / 103

守正亦须知识产权 ………………………… 高　越　龙　文 / 117

非遗保护语境下民间文学的法律保护 ……… 田茂军　兰华平 / 124

民间文学艺术作品的著作权保护思考 …………… 郑璇玉 / 137

浅议谜语的著作权法保护 ………………… 张雪松　赵　刚 / 147

工艺美术的专利法保护刍议
　　——以邹英姿"滴滴针法"为个案 ……………… 张西昌 / 152

非遗艺术品电子化交易中的知识产权保护问题研究……… 西　沐 / 165

基于平台化艺术品交易模式的产业生态建构的法律法规
　　及政策研究…………………………………… 李亚青　西　沐 / 175

当下国内民间艺术品品牌培育存在的问题及其发展
　　对策研究……………………………………………… 高　峰 / 190

非物质文化遗产的区域品牌设想……………………… 郑璇玉 / 199

网络大数据下民族民间音乐作品著作权保护模式疑难问题
　　与解决思路探究……………………………………… 昌　青 / 212

民间艺人的身份归属与知识权益
　　——以库淑兰及其剪纸作品为例…………………… 张西昌 / 223

"世界记忆遗产"东巴经典数字化版权
　　保护探讨…………………………………… 谭栩炘　龙　文 / 238

内蒙古自治区民间文艺品牌体系建设研究…………… 李崇辉 / 249

民间手工艺的知识产权保护与文化传承问题

潘鲁生[*]

民间文艺的权益保护既是一项复杂的法律命题，也是一个重要的文化命题，我国关于民间文学艺术的保护条例历经20多年制定论证，仍存在不确定性和复杂因素。目前维护国家文化安全、建立优秀传统文化传承体系的形势和任务摆在面前，需要切实加以推进。就民间手工艺而言，加强知识产权保护以促进文化传承，具有重要的现实意义。手工艺是我国民间文艺的重要组成部分，涉及纺织、印染、刺绣、缝纫、编结、彩扎、装潢、造纸、印刷、雕琢、髹饰、錾锻、冶炼、木作等诸多品类。手工艺作为中华民族数千年延续不断的一条造物文脉，通过最广大的民众的创造，以"技艺"的形式、"物"的形态，融会时代的、民族的、地域的文化讯息，包括自然观念、造物哲学、材料工艺、审美情趣和价值观念等，涉及对人与自然关系的深层把握，以及具体的工艺技法和艺术语言。尤其在工业化之前，手工艺几乎为人们提供全部生产生活用品，寓无形于有形，遍及日用民间，不同于历史上延续在经典中的精英文化，也与当前数字化、复制化时代的大众文化有别，在最广泛的意义上，集合体现民族的、民众的创造力，体

---

[*] 潘鲁生，艺术学博士，教授，博士生导师。中国民间文艺家协会主席、中国文联副主席，山东工艺美术学院院长。

现了民间艺人的个人创造力，也因为手工生产方式、生产业态及文化形态遭遇机械化、标准化的工业生产方式及文化观念冲击，面临保护、坚守与转型和重生。

当前，当非物质文化遗产越来越受到国际的、国家的以及公众的关注，并积极从法律制度的、机制的层面解决其保护与发展的权益问题、内在动力问题，也为我们进一步把握民间手工艺的生存现状、解决其保护与传承问题，提供了新的视野。如果说产权实质上是一套激励与约束机制，那么在发达国家推进强势文化战略，国家文化主权弱化和传统文化边缘化的形势下，我们不仅要通过知识产权保护和激励具有独创性、首创性的新作品、新技术、新知识等"智力创新"成果，还应切实保护和发展包括民间手工艺在内的作为"智力资源"的传统文化权利益。

民间手工艺等传统文化在当代社会面临的传承与发展难题，固然有社会、文化现代化转型冲击的根本原因，同时也应该看到，国际化、信息化、知识经济、创意经济等为之提供了新的发展空间。作为一种民族性、集体性、地域性、历史积淀的文化智慧，其文化权益如何得到充分保障，即在国家层面上维护文化安全，在地域的群体的层面上保障品牌权益，在传习者、传承者、劳动者个体层面上保障传承权益和公平贸易，是我们需要深入思考和解决的问题。尤其在当前，民间手工艺自身的文化特点和生存现状，使这一系列与其保护传承发展密切相关的问题越来越突出，亟待确立可行的方案和举措。

一　民间手工艺的文化特点与生存现状

社会的进步与人类的发展从根本上说应该落脚在文化，文化既是一个有广泛包容性的概念，也可以最具体地理解为生活方式，其中包含了价值观的选择取舍、技术信息的应用，还包含了物与事的丰富形态。当资本、信息、技术的"全球化"流动导致文化天然的地域分野消失，文化的"趋同化""同质化"不仅带来文化生态意义上的危机，还导致多样化的智慧、创造力以及凝聚力的消解。认识和发展自身的文化，是一种自觉，也需要在开放视野中更深入地认识和发掘传统的、本土的文化内涵和发展动力，认识到文化多样性的意义，做到既不守旧，也不盲从，更不自卑。

也是在这个意义上，我们关注中国的民间手工艺。因为手工艺文化是一条延续不断的文化脉络，对我们这个有着悠久历史并经历社会转型的民族来说，手工艺传统的延续和发展其实勾连着许多深层次的问题，包括如何认识我们的民族心理结构，如何把握当前的文化建设，如何以一种具体的文化形态为切入点，建立造物传统与当代设计、农村与城市、传统文化与创意经济的有机联系，在经济、文化、民生的意义上发挥切实作用。因此，民间手工艺的传承与发展不是一个孤立的问题，它关系到文化生态的建构、民族文化心理的培育，着眼于当代生活方式、生活空间的创意设计转化，等等。同时，我们还要把握手工艺在文化精神内涵之外，作为一种物质文化的内在特点。

可以看到，手工艺区别于其他民间文艺样式的一个根本点，在于其生产性、生活性和生态性。其技艺有别于艺术创作，有一定程式，往往可意会又可言传，可以模仿和批量生产，可在技术层面加以发掘和丰富，具有规模生产的潜质；同时，其技艺只有在生产和日用的层面上存在和发展，才能更大限度地保有其民间的、创造的审美活力和应用价值。因此，在世界范围内手工艺已经成为不可忽视的产业，据21世纪初的相关统计，在一些国家，手工艺品的生产和销售占其GDP的主要部分，如在布基纳法索占70%，在秘鲁占50%，在摩纳哥占10%。仅在拉丁美洲，大约有2500万人从事手工艺品的生产。在新墨西哥，印第安手工艺品生产已经成为年收入达80亿美元的产业。在印度，手工艺产业也是构成印度经济的重要部分，2000~2001年，该产业雇用工人数量约为860万，产品产值约为61亿美元，收入约为33亿美元。

在发达国家，传统手工艺有两个主要的发展方向，一个是向高端艺术市场发展，另一个是作为时尚产业、设计产业、旅游文化产业不可忽视的重要资源，甚至以其本来的形态融入，成为时尚产业、设计产业、旅游文化产业的重要部分，成为显著的文化标识。传统手工艺因此也成为现代产业运作中的一种知识资产，能够创造更大的附加值，在其他投入不变的情况下，使边际收益不断上升，提升文化价值。因此，手工艺虽然是在传统农耕文明中孕育发展的，但以其固有的生产性特点、突出的产业价值，在当代社会呈现新的发展轨迹。所以，当传统手工艺无人问津、"人亡艺绝"、后继无人的危机出现的时候，我们要反思和解决的不只是文化生态、文化建构的问题，还有与产业发展紧密相关的权益保护、激励与约束机制问题，涉及知识产权保护等法律制度和工作机制建设。

中国现代民间手工艺发展经过两次大的转型。一次是传统手工艺发展，新中国成立后，在计划经济体制下，传统手工艺作为重要产业被纳入轻工业体系，由以往分散的、作坊式的生产走向集中，在规模上具备了现代工业组织化、产业化的特征，形成了以集体所有制经济形式为主体、城乡结合、专业生产与副业加工相结合的生产体系。特别是在20世纪50年代和80年代，传统手工艺产业两度承担出口换汇重任，以国家统购统销及外贸为主，趋向特种工艺。另一次是在市场经济体制建立过程中，大量手工艺企业改制，手工艺产业的发展要素转移到农村。20世纪90年代以来，一批手工艺生产专业村和新一代民间手工艺人成长起来，形成"经销公司+加工公司+中间人+农户"的产销组织形式，主要由经销公司承接订单，委托加工，农民利用农闲时间制作，计件收费，作为一种农业副业形成了一定的产业基础。全国工艺美术产业总产值达6000多亿元，广东、山东、江苏、浙江、福建、湖南、四川、河南、陕西等地成为工艺美术产业的重点生产区。

具体来看，中国民间手工艺发展具有以下几个特点。

第一是品类丰富。截至2009年，传统手工艺入选国家、省、市、县四级非物质文化遗产保护名录体系的项目达8600余项。在非物质文化遗产保护名录体系中，传统手工艺品类丰富，涉及9个门类180多个品种。

第二是长期以外贸为主。新中国成立以来，我国手工艺产品以外销为主，且外销产值始终处于上升趋势。1952年外销产值0.33亿元，1973年外销产值14亿元，占当年全行业工业总产值的87.6%；1979年为26亿元，占当年全行业工业总产值的69%；2004年为789亿元；2006年上升至1420亿元。

2004年，我国工艺美术产品内销开始超过外销，具有传统文化内涵的工艺品，如紫砂壶、木雕、硬木家具、玉器、首饰、艺术陶瓷等的国内市场需求不断上升。2006年，工艺美术产品内销产值2185亿元，占总产值的60.6%；外销产值1420亿元，占总产值的39.4%。

第三是民间手工艺的文化自觉、传承与产业创造力不足。在相当长一段时期里，随着工业化、现代化的发展，人们的生产方式、生活方式、消费意识和生活观念发生了改变，民间手工艺的传承和应用受到了冲击。由于文化生态破坏严重，工艺资源流失加剧。据统计，在我国764个传统工艺美术品种中，52.49%的品种陷入濒危状态，甚至已经停产。这也是手工艺发展以外贸为主、内销不足的重要原因。而由国家统购统销、特种工艺为主的发展模式进一步影响了手工艺在日用和文化传承层面的发展。从根本上说，内在发展的不足，首先与手工艺文化的自觉程度有关。

从立法层面看，我国于1997年颁布实施《传统工艺美术保护条例》，规定了国家保护传统工艺美术的原则、认证制度、保护措施、法律责任等，对作为民间文艺重要内容的传统工艺美术进行保护；2006年出台《国家级非物质文化遗产保护与管理暂行办法》；2011年颁布《中华人民共和国非物质文化遗产法》，对包括传统技艺、传统美术在内的非物质文化遗产做出界定，对非物质文化遗产的调查、代表性项目名录、传承与传播等做出规定，体现了法律制度建设的逐步完善。但也应当看到，我们的立法工作相对滞后。以近邻日本为例，日本于1950年颁布《文化财保护法》，对有形文化财、无形文化财等提出了明细界定和保护要求；于1974年出台《传统工艺品产业振兴法》，指定传统工艺品条件，责成开展全国性的工艺品产业调查，设立相关协会组织开展振兴工作；又于1998年出台《传统工艺士认定事业实施办法》。应该说，重视传统文化，将历史传承的工艺造物精神融入现代设计，是日本奠定经济大国地位的原因之一。如何为传统文化的传承发展提供更好的法律制度基础，是我们需要加紧探索和解决的问题。目前，我国出台的相关法规对手工艺的保护多数局限在物化样态，对与手工艺相关的传统知识、遗产资源、民间艺术形态以及文化环境和空间的保护相对空缺，亟待完善。

从教育角度看，20世纪50年代是手工艺产品为国家承担重要换汇任务的时期，全国各地手工艺研究机构、工艺美术院校纷纷建立，新工艺、新产品、新门类不断产生。但就此展开的专业教育并未提升到自觉层面。1956年，中央工艺美术学院成立，此后各地相继成立工艺美术院校。自1958年到1964年，北京市工艺美术学校、上海市工艺美术学校、苏州工艺美术专科学校、青岛工艺美术学校、河南省工艺美术学校、福州工艺美术学校、河北工艺美术学校等7所工艺美术学校相继成立；山东工艺美术学院前身为1973年成立的山东工艺美术学校，主要为工艺美术产业发展培养、输送人才。但随着工艺美术产业转型调整，以1999年中央工艺美术学院并入清华大学为标志，早期成立的工艺美术院校大多转型发展，踪迹难觅。在1998年《普通高等学校本科专业目录》中，"工艺美术"被二级学科"设计艺术"所取代。在2011年《普通高等学校本科专业目录（修订二稿）》中，"工艺美术"被提升为一级学科"设计学"下的二级学科。从初步建立、被取消到恢复发展，专业教育结构的变化，反映了几十年来我们在学术层面、专业教育层面对手工艺的认识情况。从这个角度看，我们关于手工艺文化的自觉经过了一个较为漫长的过程。在专业教育、学历教育相对滞后的同时，在新的生产结构中，传统手工艺传承的"师徒制"逐渐弱化消解，加之从父到子、从子到孙的传统生活方式、生活意识、生活习惯等弱化，民间传承机制很大程度上被消解，部分传统手工艺因此面临后继无人、人亡艺绝的危机。据统计，从1979年到2006年，我国共评出365位中国工艺美术大师，至今已有1/5去世。目前，我国共有3025名高级工艺美术师，其中从事传统工艺美术的仅占20%。

从产业机制看，经过20世纪90年代的市场化洗礼，大量手工艺企业改制，生产要素转移到农村。一方面，农村是中国传统文化、民间文化的母体，手工艺发展在那有深厚的文化基础；另一方面，农村手工艺文化产业很大程度上仍处于自发状态，广大农户处在产业链末端，来样加工，分散经营，设计和营销能力不足，经济发展空间有限，在贸易公平方面得不到有效保障。而且手工艺向设计产业、时尚产业以及当代生活空间的延伸、融合不足，没能在当代成为一种标志性的文化样态和产业形态，由此也进一步凸显出我国民间手工艺保护与传承亟待解决的问题。

二 民间手工艺的保护与传承问题

民间手工艺保护与传承最大的危机莫过于无人问津，因为应用需求和生产的减少而边缘化甚至遗失、断裂。造成民间手工艺保护与传承危机的更深层原因，既涉及从农耕文明到工业文明的大的转型和冲击，又涉及我们自身传承与创新的自觉程度不高、创造力不足等因素。这些具体因素导致的传承和发展不足，使民间手工艺进一步面临国家文化安全，地域、团体权益，民间手工艺生产者个体权益等三个主要方面的问题，有效解决这些问题将有利于民间手工艺的保护，并为民间手工艺的发展提供动力。

第一，传统手工艺资源流失，危及国家文化安全。从国家层面看，本土保护和发展不足，造成传统手工艺资源流失，这不仅使手工艺本身包含的民俗、审美等文化凝聚力被消解和替代，而且可能使本土的文化样式沦为其他价值观传播的媒介和工具，导致传统文化样式的"空心化"，危及国家文化安全。所以，问题不在于花木兰、熊猫等中国文化元素经美国影视再创作赚取了多少票房,而在于经过其创意和传播,原本经典的中国传统文化形象已经被置换植入了美国的文化价值观。西方强势文化的生活方式、消费方式、生产方式以及社会心理、价值判断植入传统的、经典的文化样式,发挥其教化、审美、消费功能,在表层的娱乐传媒之后实现的是一种心理渗透,并进一步导致弱势文化的自我边缘化。

因此,除了对传统手工艺涉及的制作工艺、流程、配方等符合商业秘密构成要件的技术信息实施保密措施,并在国家层面,通过《反不正当竞争法》有关条款进行保护,维护国家文化安全外,更关键的是要加强本土文化资源的应用和核心价值理念的传播、推广。

从手工艺的角度看,近年来,在这方面做得较为成功的是"中国结"的符号创新。虽然编结吉祥物一直流传在祭祀、典礼和节庆空间中,但人们结合精神需求对编结工艺加以创新,把"中国情结"加以放大,运用传统图形并使之符号化、典型化,广为运用,成为一种具有中国文化内涵的标志性符号。所以,保持、弘扬优秀传统文化,切实加强应用和推广,是对国家文化安全的维护。但就目前总体情况来看,我国手工艺行业的整体素质和创新能力仍然堪忧,手工艺行业从业人员的待遇偏低,主要表现在:传统手工艺大师经济收入低;传统工艺美术企业人员待遇整体偏低;农村社会加工人员的收入较低,40岁以下人员不愿意从事这个行业。一项数据表明,专业院校毕业生加入传统工艺美术领域的不足1%,高级工艺师仍在从事传统工艺的不足20%。真正从核心层面、从创新发展的意义上、从民族精神的高度发展传统手工艺,参与国际竞争,需要教育、研发、创意人员共同参与并切实壮大手工艺从业者实力,维护国家文化安全势在必行,任重道远。

第二,从地域、团体权益的层面看,缺乏品牌意识和品牌保护,影响手工艺原产地手工艺群体的权益。手工艺具有较强的地域性,与所在地域的自然条件、传统工艺、人文风俗有紧密联系,缺乏由工艺质量体系监管、地理标志认证等组成的品牌建设和品牌保护,导致假冒伪劣和虚假宣传，破坏传统手工艺的原生性、真实性，损害相关地域手工艺生产者、手工艺团体的品牌权益，制约了手工艺发展。

在中国，手工艺行业的品牌意识极为薄弱。早在2009年，传统手工艺入选国家、省、市、县四级非物质文化遗产保护名录体系的项目已达8600余项，但到2011年，我国传统手工艺类地理标志保护产品专用标志仅有13项，地理标志保护产品仅有31种。

品牌意识薄弱，缺乏保护和监管，往往导致假冒伪劣和虚假宣传。一种质量上乘的手工艺品出现后，就有各种假冒产品随之出现，而且充斥全国各地的民俗旅游地、风景名胜甚至远离其原产地，如贵州省外生产的"贵州蜡染"、非原产地生产的新疆冬不拉和苗族小芦笙等，即使假冒产品是在原产地生产的，其材质、工艺也达不到体现手工艺品文化内涵和工艺水平的标准。不良竞争对手工艺品核心工艺及文化的传承、创新、传播、发展等造成了不好的影响，并且不利于保持其本真性生产者的权益。

第三，从民间手工艺生产者个体权益的层面看，民间手工艺生产者处于产业链末端，贴牌代工现象普遍，以农民为主体的手工艺个体的经济权益未能得到有效保护。一个普遍的现象在于，传统手工艺持有者往往是经济上处于弱势的群体，传统知识利用者往往是经济实力雄厚的跨国公司。例如，国际上针对印第安手工艺的统计显示，在现行民间手工艺利益分配机制中，虽然创造该手工艺的群体或土著艺术家也能获得部分利益，但是"本土居民取得回报的百分比相当小。1989年《工艺产业述评》估算表明，本土居民每年从销售其工艺的利润中仅获取了7000万美元多一点的收入。《战略》杂志称，本土艺术家所获取的经济利润已经有所增长，现在每年已经达到大约5亿美元，但销售利润的主要部分由工艺商而非艺术家们取得"。[①] 中国当前手工艺生产也存在这一问题，出于贴牌代工等原因，生产手工艺品的农户获利微薄，亟待争取公平贸易，维护手艺人的利益。

---

① 张耕：《民间文学艺术知识产权正义论》，《现代法学》2008年第1期。

三 民间手工艺的知识产权保护与发展建议

民间手工艺可持续发展必须坚持走自主创新的路子。如何通过实施自主创新和知识产权战略并重，解决市场上不对等的交易现状，是整个行业必须认真思考的问题。因此，应进一步完善市场法律保护机制，组建产权交易执行机构。

第一，应进一步加强民间手工艺知识产权保护与利用。对于具有"难开发、易复制"特点的手工艺产业而言，只有用更加完善的知识产权制度确认和保护文化产品组织者和创造者的合法权益，才能增强文化创意产业的核心竞争力。具体而言，就是要加强行政立法工作，尤其要重视对手工艺特定行业知识产权保护的立法，重视立法对手工艺产业知识产权利用链条形成的促进作用。要在国家知识产权制度框架下，进一步理顺知识产权管理体制，改变知识产权局、专利局、工商局、版权局等各职能部门条块分割的现状，提高对农村文化产业体系的知识产权管理效率。完善政府知识产权公共服务平台，加强法律援助，提升对农村手工艺产业信息服务的质量，同时注意建立知识产权服务托管平台，为中小企业服务。促进中介服务机构发展，利用制度培植为农村文化产业知识产权保护和利用服务的中介机构。此外，还应采取积极措施破除行业垄断，减少创意、生产和销售的中间环节，开放手工创意产品发行传播通道。

第二，加快国家级手工艺技术标准和设计规范制定，实施产权保护和产权贸易。众所周知，一流企业卖标准、卖规范，二流企业卖品牌，三流企业卖产品，四流企业卖劳力。在未来很长的一段时间里，中国的手工艺产业必须加快培育具有自主知识产权的主导产品和核心技术，尽快形成国家关于民间技艺的技术标准，形成"手艺产权"，进而开放产权交易、产权国际交流服务、产权成果转化、资质认证、产权托管与拍卖、产权评估等方面的产权贸易，为农民增收提供新的交易渠道。

原创和原生态是手工艺的生命，知识产权是民间手工艺产业的核心资产。要鼓励设计原创、技术创新，加强设计市场保护，严厉打击侵权盗版行为，鼓励设计产权评价机构发展，制定设计产权成果转化机制，激活设计产权交易市场。具体在手艺"产权银行"交易方面，可以在有条件的地区尝试建立以手工艺品为核心的"产权银行"，先行先试。通过工艺流程交易、非物质文化遗产作品交易、工艺技术标准交易、创新专利及产权交易、出版交易、艺术授权等服务内容的设立，改变手工艺行业的经济增长方式，最大限度地传承、保护和发展传统手工艺术。

四　产权银行交易内容

传统文化的保护归根结底是为了传承和发展，落脚点在于动态可持续利用上，所以就民间手工艺自身而言，还要加强设计转化和促进产业提升，并在这个过程中，提振品牌，健全行业协会组织，夯实教育基础，全面促进提升发展。

具体而言，在加强设计转化方面，对民间手工艺资源中的相关精神、知识、符号、自然元素等产权内容进行创意转化。在设计层面，促进传统文化基因汲取应用，使设计承载中国文化精神，成为中国人文理念的载体，通过贸易流通，扩大中国文化核心价值观的感召力和影响力。建设文化强国，强化国家文化软实力的重要举措之一，就是要在不断扩大的对外开放中，通过文化产品和商品流通交流，扩大中国文化核心价值观的全球感召力。在产业层面，促进传统工艺美术产业升级，带动新兴产业发展，激活传统手工艺在时尚产业及城市创新和品牌创新中的重要作用。同样，设计转化后又形成新的产权保护内容，在保护中创新，在创新中传承，形成民间手工艺设计与自主知识产权保护的良性循环。

在促进产业提升方面，将民间手工艺资源知识产权的运用从传统文化贸易拓展到文化创意、文化会展、文化旅游、数字内容等产业领域，挖掘价值链，提升产业层次和市场竞争力。鼓励民间手工艺产权评价机构发展，制定工艺美术产权成果转化机制，激活工艺流程交易、工艺技术标准交易、传统知识版权交易、手工艺原创作品交易、创新专利产权交易、艺术授权等工艺美术产权交易市场。

在提振手工艺品牌方面，完善手工艺项目的质量和行业标准，出台相关品类产品的工艺规范、质量要求，以完备的质量体系为基础，推出具有自主知识产权的文化产品或产业品牌，加强商标注册，开展"原产地保护"、"地理标志"和"非物质文化遗产名录"等申报工作，推动产品品牌、企业品牌向区域文化品牌转换；以质量体系为基础，以自主知识产权为核心，以商标注册和保护为重点，形成若干各具特色的"贴牌"产品和更多"创牌"产品，全面实施手工艺产业的品牌战略。

在健全行业协会组织方面，进一步建立健全从中央到地方的民间手工艺促进发展组织。由行政主管部门与专业的非政府组织、非营利组织、农村自组织以及各种市场组织一起成立专门机构，共同承担管理民间手工艺事务、提供公共服务的责任，推动民间手工艺高效、健康发展。其中，特别要加强"农村手工艺产业合作社"等基层协作组织建设，发展龙头企业和农民专业户合作经济组织。通过基层协作组织争取"集合贷款"、信用贷款，化解融资难题；实现资源共享，规避恶性竞争；配合编制地方标准或产业集群联盟标准，规范生产经营行为，维护质量和品牌形象，并进一步争取公平贸易，维护手艺农户利益。中国地域辽阔，少数民族众多，民间手工艺资源丰富，建立一套由政府扶持和指导的、能代表和维护特定民间手工艺群体利益的团体、协会或其他各种管理机构的网络体系，作为民间手工艺权利主体是可行的选择。

在夯实教育基础方面，首先要加强专业教育，以学科建设为重点，构建中国"手工艺学"学科，对数千年传承发展的手工艺进行专门化、科学化、系统化的研究。"手工艺学"的宏观构架需从理论研究、实践研究和历史研究三个层面展开，既围绕手工艺本体进行历时与共时、理论与实践、历史形态与文化形态的综合研究，又建立"手工艺学"与相关学科的交叉联系，从手工艺在社会文化体系中的功能、价值、内涵出发，进行多元视野下的共同观照，深入应用民俗学、人类学的研究方法，关注手工艺与日常生活及社会文化空间的深层联系，把握手工艺与整体文化格局的联系，解释其发展、变化的社会学、人类学根据，在宏观架构中把握手工艺的本质、实践以及历史变迁。在这样的学科建构基础上，培养高层次理论研究人才和创意研发实践人才，充实提高手工艺人才队伍水平。

同时，促进民间手工艺传习与推广。组成以传统手工艺传承人为主的传习主体，实施短期与长期传习计划，面向公众开展普及教育，以相关博物馆为基地，以讲座活动为基础，并在社会公共文化空间里举办展览和现场传习活动，利用游戏等参与性教育方法以及见习培训等实用性教育方法，促进人们体验传统手工艺文化。

要持续推进手工艺代表性传承人的保护和培养。一是在现有的资助和补贴基础上，完善荣誉方案。从日本、韩国等国家对代表性传承人保护的经验来看，保护传承人并不仅限于提供一点资助和补贴，更重要的是将之作为一种荣誉，提高传承人的社会地位和文化影响力。二是针对部分手工艺项目既有个人家族传承又有村落集体传承的特点，完善关于集体传承的规定。这个方面也可参考日本在指定"人间国宝"时对集体传承认定的经验，避免将集体传承个人化而改变原来的形态和意义。

当前，民间手工艺的保护与发展是每个历史悠久、文化丰厚的国家在现代化进程中必须面对的课题。在深入分析中国民间手工艺发展现状及历史成因的基础上，尤其要从法律保护、行政扶持等方面促进民间手工艺发展，以知识产权为切入点，解决在国家文化安全层面、地域、团体权益层面以及民间手工艺生产者个体权益层面存在的具体问题。此外，还应加速立法保护中国民间文艺的资源权益，在国际交流上做到有法可依；积极提倡地方申报民间文艺地理标志，促进民族民间文化交流传播；允许、鼓励民间艺人申报家传知识产权，保护濒临灭绝的民间绝活的艺人权益。采取切实措施，从多层面、多角度保障文化权益，形成文化发展的保障和激励机制。我们认为，从文化产业的核心要素上划分，中国文化产业包括创意文化产业、版权文化产业和资源文化产业。其中，资源文化产业是中国传统的、民间的、本土的文化资源转化发展的产业，涉及保护文化权益，增进对其价值的认同，并在尊重、维护的基础上对其进行弘扬、传播。我们希望，真正从文化自觉和文化自信的高度，在法律保护的基础意义上，从其内在的动力机制着眼，实施可行的措施和方案，增强创造活力，促进中华优秀传统文化的健康可持续发展。

（原载《民间文化论坛》2012年第3期，有删改）

民间美术的知识属性与产权问题思考

乔晓光[*]

当讨论民间美术知识产权的时候,我们所面对的既不是单一的艺术作品和作者,也不是有着确定文化内涵的现代公共知识体系,而是关联着生活传统的人与事,是不同民族社区文化中的经验知识,是生活中那些约定俗成的艺术形式,是和传承人的创作、精神、手艺相关的事情。作为知识资源的民间美术是多重复杂的,其中包含许多混沌不清的因素。村社活态文化的基本特征就是文化和生活的水乳交融与混沌丛生,民间文化的知识属性与产权归属注定了其现实的混生性与复杂性,我们只有更深入地理解它,才能更适合、更有效地应对其出现的问题。尤其在传统民间文化公共知识流变转型的当下,我们迫切需要了解民间美术作为活态文化传统的属性。民间美术不仅是一种具体的事物,还是一种活态的生活事实,其中包含许多知识作为产权的因素与归属。

一 民间美术知识属性中的集体性与文化程式

从知识发生学的角度去考察民间美术的文化属性,民间美术是一

---

[*] 乔晓光,中央美术学院教授,博士生导师;中国民间文艺家协会副主席,曾任中央美术学院非遗中心主任。

种有习俗功能和文化信仰意义的生活实践。这些源自生存实践的经验更多的是一种混合着特定社会约定俗成的集体习惯和个体经验的常识文化。美术在这里并非通常意义上的艺术创作，与美术相关的形式造物手段和图形纹饰，都积淀着集体文化认同的内涵与艺术程式谱系。在传统乡村生活中，个体的传承实践是围绕群体的习俗传统和生活信仰展开的。因此，从知识发生学的角度看民间美术的知识属性，它先天包含着集体智慧与个体智慧的交融以及经验的关联。同时，所有的民间美术类型都有自身本体的文化程式与纹饰谱系，这些程式与谱系是社区共享的公共文化资源，也是社区大众文化认同的象征。民间美术传递着社区的集体性、地域性特征，这两个特征也是社区文化代代传承的根本所在。所以，我们讨论民间美术的知识产权时，首先要面对的难点是它的集体原生知识归属权与个体知识产权的复杂关系。在非遗传承社区，传承人之间的民间美术知识产权归属也同样面临上述问题。我们不仅需要保护传承人个体的知识产权，也需要考虑传承人之间的知识共享权。这关联着法律，也关联着伦理。

二 社区文化资源的传承人分享与知识产权的个体继承

通常，民间美术使用于社区的日常生活中，社区普遍使用具有文化公共性质的图形纹样。但在这种民间美术使用的公共性中，我们可以区分出使用的受众群体和从事民艺生产的个体艺人。知识产权的维护更多是在艺人个体的权益保护中进行的，同时，知识产权的维护也会在受众群体的文化身份权益与族群集体的文化归属权中进行。尤其在少数民族地区，民间美术独特的族群文化特征，成为民族社区鲜明的身份象征，社区内民间美术传承人群的传承，一方面是民间美术形制与纹饰特征的形式传承，另一方面是传统技艺的传承，同时还包括口传文化的语言内容传承。对传承人来说，从文化的持有到技艺的掌握与熟稔，是一个复杂的实践经验的积累过程。优秀的传承人一定是社区文化传统的知情者与解释者。因此，在社区民间美术知识产权方面，被国家认定的传承人与普通的传承人之间潜藏着资源分享上的矛盾。通常被国家认定的传承人作为社区代表，是社区文化资源比较全面的掌握者，原来社区共享的民间美术纹饰谱系与造物形制，也成为传承人个体承继的主要非遗内容。在使用社区民间美术资源时，传承人之间一旦发生纠纷，对其进行评判将是十分棘手的问题。我们应当尊重并维护传承人的知识产权，同时也应当维护社区民间美术资源的公共分享权益，这是对社区文化传承可持续性的维护。

三 非遗衍生与传统工艺创新中的民间美术知识产权问题

自 21 世纪初开始的国家非遗保护项目的社会实践，如今已成为家喻户晓的社会热点话题，更多不同类型的企事业单位和国家部门参与到非遗的保护与传承的事业中来。非遗作为设计资源的再使用与再创造，目前已成为国家非遗保护项目的热点方向，许多大学和设计艺术家在非遗衍生领域中活跃起来。在非遗衍生热潮中，人们对民间美术与民族工艺传统的使用就涉及知识产权的运用与保护问题。我们应当关注在非遗衍生过程中多民族民间美术知识产权的保护问题，尤其是对边远地区少数民族民间美术知识产权的尊重与保护。由于生活环境闭塞导致的信息不对称与语言交流的障碍，以及相关知识产权法律法规的普及不平衡，在这些地区进行知识产权的认定与保护会更加复杂和困难。

四 互联网时代的民间美术知识变迁

互联网时代的来临，信息技术的发展，正在深刻改变昔日乡村民间美术传统的传承方式。许多 50 岁以下的传承人是互联网的使用者，而那些不使用互联网的高龄传承人正在退出历史舞台，成为被边缘化的和被遗忘的人，他们恰恰是最后一代乡村民俗文化的知情者，是传统民间艺术的文化持有者和技艺拥有者。社区生活对民间美术传统使用的淡化与衰退正在成为一种不可逆的趋势。当下非遗的传承与传播正在打破乡村社区封闭静态的现状，新的"文化物流"方式使大量的民间美术类型流动在全国各种与非遗相关的展览中。这些都在改变着原有的民间美术面貌。

自 21 世纪初开始的国家非遗保护理念，不断推进非遗向现代生活转化与创新发展，民间美术传统正在被新的国家项目改变，昔日传统的民间美术开始进入真正的流变发展时代。集体性的文化知识产权正在向个体性的艺术原创权方向发展。传统的民间美术正在发生前所未有的改变，无论在形制或谱系方面，还是在功能方面，民间美术越来越趋向艺术与设计的融合与表达。现代社会的文化需求与城市生活的实用需求正创造着民间美术新的现实功能。互联网时代的文化物流与信息传播，正在打破非遗日常的传承机制，大数据时代的到来，对民间美术作为资源的再认知与再创造也会提供更多的发展可能，当然也会带来更大的挑战，我们会面对更复杂多变的知识产权问题。但我们相信，智能时代的数据化方式会提供更新的共享价值观和分享途径，会使技术与伦理发生更有效的关联，使传统的知识产权获得更有效的尊重与保护。

（原载《美术观察》2018 年第 2 期，收入本书时略有改动）

民间文艺立法的困惑

侯仰军[*]

民间文学艺术作为民间集体智慧的结晶和人民群众生活传承的文化形式，是人类宝贵的文化遗产和精神财富。保障民间文学艺术作品的规范使用，鼓励民间文学艺术的传承发展是推进文化强国建设、繁荣发展文化产业的要求，是参与国际规则制定、争夺国际话语权的要求，是回应社会关切、解决现实争议的要求。

第一，如何保护民间文学艺术作品不受歪曲或者篡改？谁应该拥有署名权？

由于民间文学艺术作品的特殊性，一部作品会有众多的版本，同一部作品会涉及传承人、采录人、整理人等多个主体，有的作品在采录、整理时，采录、整理者往往会进行简单的加工，署名问题很复杂。有鉴于此，我们在20世纪80年代做"民间文学三套集成"时，坚持忠实记录的原则，在每一篇民间文学艺术作品中，附有讲述人情况（身份、年龄、性别等），记录人与记录情况（记录人身份，记录时间、地点等）。2009年出版的90卷1.2亿字的"民间文学三套集成"省卷本和4000多卷总字数逾40亿的地县卷本（内部出版）都遵循了这个原则。

后来的整理者就没有严格按照这种做法。2015年6月，我在甘肃

---

[*] 侯仰军，中国民间文艺家协会分党组成员、副秘书长。

省陇南市调研，得知在康县、成县、武都等地民间流传着一部长篇叙事民歌《木笼歌》，已有一百多年的历史，但只在口头传唱，没有文字记载。当地一位政协委员历尽千辛万苦，"二去成县，三到武都，八上对对山，走访各类人员二百多人次，搜集了失散在各地的歌词四十多篇（段），本着去伪存真、去粕取精的原则，在旧有的承传歌词与新搜集到歌词的基础上，进行了大胆、细致的修改和再创作"①。有了这位政协委员的痴迷和执着，才有了装订成册的近4万字的《木笼歌》，他的这种精神十分感人。但不幸的是，由于他的"修改""再创作"，我们乃至后人难以分辨原来的《木笼歌》的模样，不知道他删去了哪些"伪""粕"，更无法判断这些"伪""粕"包含了多少民俗事项和民间文化。

这还只是从学术研究和学术价值上发现的问题，从著作权上来看，我们是否允许这样的作品以民间文学的名义备案并承认其著作权（或者叫改编创作权）？他拿出来的这个作品跟老百姓口头传唱的民间文学有相当大的不同，是否允许别人在采录基础上继续行使署名权并给予保护？口述人应该得到什么权益？如何在保护民间文学艺术作品二次创作权的同时又保证原作品不受歪曲或者篡改？民间文学在保持基本面貌（核心母题、主要角色、主干情节）的前提下，可以改写，但如何制止胡编滥造？如何界定正当的改写或者改编与歪曲或者篡改之间的界限？

第二，民间文艺权利主体并不是只有集体性，如何认定民间文艺的不同权利主体，如何解决由此产生的侵权纠纷问题？

集体性是民间文艺表达形式最重要的特征之一。民间文艺往往是集体传承和创造的结果。民间器乐、民间歌曲、民间舞蹈、民间故事、民间传说、民间戏曲、民间仪式等民间文艺形式更是因民众千百年的传承和创造而绵延至今。然而，正是这种"公共的""共同的"特点，令人很难确认民间文艺作品的权利主体。这也成为民间文艺知识产权保护和立法的最大难点。

---

① 李争楠编著《木笼歌》，2012年5月印刷，第67页。

就表现形式而言，民间文艺可分为视觉表达（民间美术、手工艺）、行为表达（仪式、舞蹈、竞技）、听觉表达（音乐、民间故事讲述、民间器乐）、书写表达（民间仪式经书、乐谱、戏谱、舞谱、药书等），其中有群体表达，更有个体的表演和创造。比如，仪式、歌舞、竞技等更多的是群体的参与和传承，而民间美术、手工艺、民间故事讲述、民间器乐大多是由个体承继了本群体的传统要素而进行表演和创作的。民间文艺正是因为有群体和个体两种传承方式才相得益彰，延绵不绝。因此不难看出，把民间文艺笼统地看成集体创作的观点忽略了个体创作在民间文艺传承中的地位和权益。

第三，"著作权"的提法是否能够概括民间文艺的"口传性""集体性"特点？如果是职务行为，还有谁应该拥有署名权？

所谓"著作权"，指的是用文字书写下来且有明确署名的作品所拥有的权益，因而其保护对象只能是作家文学。民间文艺长期以来以口耳相传的方式传承，"著作权"的提法适合民间文艺吗？

集体性是民间文艺表达形式最重要的特征之一。民间文艺往往是集体传承和创造的结果。民间器乐、民间歌曲、民间舞蹈、民间故事、民间传说、民间戏曲、民间仪式等民间文艺形式更是因民众千百年的传承和创造而绵延至今。然而，正是这种"公共的""共同的"特点，令人很难确认民间文艺作品的权利主体。这也是民间文艺知识产权保护和立法的最大难点。

第四，如何在法律层面上解决"民间文艺"现实存在中的跨国界问题？

作家文学的创作者都是有着特定国籍的具体公民，民间文艺则不然。其初创时往往在某一族群的历史早期，后经不断传述和进一步编创而延续至今，当该族群在历史的某个时期发生分化时，民间文艺便会出现跨国界传播现象，即一种民间文艺共属于某个族群或群体，但可能分属于不同国家。以长篇史诗《玛纳斯》为例，该史诗是柯尔克孜族著名的英雄史诗，与藏族的《格萨尔王传》、蒙古族的《江格尔》并称中国"三大英雄史诗"，在国际上享有很高的声誉。由于历史的原因，柯尔克孜族分别聚居于中国新疆境内和吉尔吉斯共和国境内，同一个《玛纳斯》史诗，在中、吉两国分别传承。对这种情况，立法时应该有所考虑。

第五，民间文艺立法，是为个人维权，还是为国家、民族维权？立法的终极目的何在？

民间文艺立法的终极目的是推进文化强国建设、繁荣发展文化产业，让我们的国家更强盛，让我们的文化更繁荣，也就是说，民间文艺立法不应该仅仅是为个人维权，而应该主要是为国家、民族维权。

民间文艺立法的目的是让民间文艺繁荣发展，保护它的合法权益。1998年，美国迪士尼公司将中国的民间文艺作品《花木兰》改编成同名动画片，票房收入达20亿美元，中国却无一分收益。在缺乏法律保护的情况下，中国传统民间故事被歪曲篡改并广为传播，使不少外国观众在认知上产生巨大偏差，对此我们却无能为力。

近年来，知识产权案件纠纷涉及民间文艺的很多，其中如何确定权利主体、确立保护对象是工作的难点。如何确立民间文艺的权利主体、权利内容、权利归属、授权机制，民间文学作品著作权立法保护如何遵循合理、适度、有效的原则，都是我们工作中面临的难题。

破解民间文艺版权立法困局

周　林[*]

在我的学术生涯中，民间文学艺术作品（以下简称"民间文艺"）的版权保护一直是我持续研究的课题。20世纪90年代末，我曾协助郑成思为文化部完成一个相关研究报告。郑老师曾指出："保护民间文学艺术作品，就是保护人类的创造之'源'，民间文学艺术作品与现代文化是'源'和'流'的关系。保护人类创作之'源'，就是保护人类创作之'流'。而这也是版权立法的要旨所在。"

《中华人民共和国著作权法》从1990年颁布起便明文规定保护民间文学艺术作品，26年过去了，有关实施条例迟迟没有出台。为了解我国民间文艺传承现状，给有关立法部门提供鲜活的案例，十余年来，我曾在中国社会科学院国情调研项目的资助下，带领学生深入西南地区进行田野调查，组织编写出版了《保护创新的源泉：中国西南地区传统知识保护现状调研与社区行动案例集》《超越知识产权：传统知识法律保护与可持续发展研究》两本书。

民间文艺版权保护问题始于20世纪中叶，其着眼点在于解决当代艺术创作与传统知识在版权保护方面的失衡状态。虽然世界知识产权组织于1982年通过了《保护民间文艺表达免受非法利用与其他损害行为的国家法律示范条款》，并且自2000年起通过知识产权与遗传资源、

---

[*] 周林，法学博士，中国社会科学院知识产权中心研究员，《知识产权研究》集刊主编。

传统知识和民间文学艺术政府间委员会（IGC）召开了近30次会议，但没有在世界范围内形成一个有约束力的保护条约，各国有关立法和实践，也鲜有完美范例。我开展田野调查和编写两本书，就是试图寻找能够切合民间文艺版权保护的案例，找到破除民间文艺版权立法三十多年零进展困局的方法。经过多年研究，我特别提出破解民间文艺版权立法困局三策。

第一策，民间文艺传承人的认定：备案审查＋个案认定。

对当代作者而言，其版权无须登记，自作品创作完成后自动产生。2014年9月2日，国家版权局发布的《民间文学艺术作品著作权保护条例（征求意见稿）》（以下简称《意见稿》）规定，权利人可以将其民间文艺作品向专门机构备案，经备案的民间文艺版权文书是备案事项属实的初步证明。这项规定表明，权利人可以选择（自愿）备案形式，以取得作为民间文艺传承人身份的"初步证明"。该规定隐含的一层意思是，权利人可以通过其他方式来证明其身份。

《意见稿》起草人这里的意图或许是跟现行版权法所采用的"自愿登记"制度相衔接。但是，这种（自愿）备案的制度设计并未完全解决实践中民间文艺传承人身份难以确定的困局。备案的目的，原本是方便确权以及将来可能的维权，可是，如果备案仅仅提供一种"初步证明"而需要进一步司法审查的话，那么这种备案就失去了意义。因此，国家有关主管部门应当对备案信息进行实质性审查。

与一般作品的版权自愿登记不同的是，民间文艺的备案审查应当是国家行政主管部门的一种主动行为，体现国家保护民间文艺传承人的特殊政策。经过备案、审查、公示等程序的民间文艺，有关传承人便获得了一种国家承认的权利人身份，无须再经过司法确认。

除备案审查获得传承人身份证明外，传承人在遭遇侵权时，还可以通过诉讼方式，要求人民法院确认其作为传承人的身份，维护其合法权利。例如，在黑龙江省饶河县四排赫哲族乡政府与郭颂的版权纠纷案中，四排赫哲族乡政府作为民间文艺传承人的身份事先并未经过有关行政主管部门登记，其传承人身份是在诉讼中被承审法院认定的。

这种个案认定的方式灵活、简单、有效。如果任何第三方对传承人身份有疑义，均可在诉讼期间提出，法院亦可根据自己所掌握的信息，通过法庭调查，裁定传承人身份是否真实；如果发现作品涉及若干传承人，法庭可以依法追加。

第二策，设定有期限、可续展的保护期。

《意见稿》提出，民间文学艺术作品的著作权保护期不受时间限制。这意味着民间文艺版权永远受保护。的确，很难想象，对于民间文艺的保护是暂时的、有期限的。但是，民间文艺的特殊性在于，它是不断变动的，因此，所谓永远保护，将难以实现。为了实现既保护长久又现实可行，可规定民间文艺的保护期为50年，50年后可以续展。提出这个方案的理由是，这体现了对传承人的尊重。比如，赫哲族对《乌苏里船歌》曲调主张权利，就是从法院判决承认它有这项权利之日起50年。50年以后原来那个曲调以及传承主体可能会发生变化，那时，就要根据新的情况，由后续传承人来决定是否续展版权保护；国家是否继续给予其保护，也需要根据新的情况来决定。

从这个保护"有期限、可续展"的设定看，法律赋予民间文艺传承人的权利，包含一种允许民间文艺传承人放弃其身份的权利。如果把尊重民间文艺传承人放在首位，这种放弃应该是允许的。不能因为某人或某群体已经被确认为民间文艺传承人就不准其放弃。放弃如果出自传承人的自主选择，应当予以尊重。民间文艺的特点是因时而变。随着时间流逝，民间文艺的表现形式、传承主体和保护范围也会发生变化，50年后可能就不再是原来的样子了，原来被认定的传承人身份也可能发生变化。所谓"永久保护"，保护的是什么呢？是它原来的样子，还是新的表现形式？"有期限、可续展"的制度设计可以把保护落到实处。

传承人的特殊身份，实际上是一开始就存在的，它跟我们熟悉的版权自作品创作完成之日起自动产生相类似。但版权自动产生有个时间点。民间文艺的产生和传承，不是因为法律做了规定它才产生和存在。有时候，它来自"天意"或者源于"神授"。例如，我们在对阿昌族史诗《遮帕麻与遮米麻》（又写作《遮帕麻与遮咪麻》）的传承人进行采访时发现，史诗的传承源自"神授"，在经过一系列的宗教仪规，履行完一套烦琐的手续之后，传承人从"神"那里得到灵感，才有可能把这首民间史诗表现出来。

第三策，最好的保护不是赋予"垄断"，而是给予尊重。

版权是对作品利用的控制权。国家通过赋予创作者对其创作作品的市场利用一定期限的垄断权，使创作者从中获得回报，从而维持和激励其创作。但是，民间文艺版权立法，首先不是要解决民间文艺的市场化问题，其次也不是要通过赋予传承人对其传承的民间文艺的垄断权，让他们有机会从市场上获利。对民间文艺的保护，有各种目标追求。比如，制止擅自利用民间文艺，制止歪曲篡改民间文艺。也有人提出，保护民间文艺的着眼点在于民族文化的可持续发展。《意见稿》将落脚点放在了"保障民间文学艺术作品的有序使用"上面，通过"有序使用"，"鼓励民间文学艺术传承和发展"。那么对民间文艺传承人的尊重，或者对他们更看重的精神权利的保护体现在哪？什么才是对民间文艺最好的保护？

最好的保护应该是承认民间文艺传承人的自主选择权，落脚点首先应放在充分尊重传承人的精神权利方面，而不是主要放在"有序使用"的财产权利方面。传承人有权选择其生活和传承方式，拒绝任何外来干扰。例如，在四排赫哲族乡政府与郭颂的版权纠纷案中，以及贵州省安顺市文化局与张艺谋的版权纠纷案中，民间文艺传承人所主张的，主要还是对其精神权利的尊重。但是，这里强调尊重，并不排斥对传承人财产权利的保护。对民间文艺的市场利用，可以通过惠益分享制度，让传承人获得收益，从而有利于民间文艺的可持续发展。

许多专家都提到，对包括民间文艺在内的传统知识进行登记的时候要格外慎重，不能想当然，不能因为是政府部门派去的，是大城市去的，就要求传承人必须配合工作，进行登记。政府的第一个责任是尊重传承人的自主选择权。对于民间文艺传承人，没有尊重，就没有保护。政府的第二个责任是根据传承人的实际需要提供帮助，如对民间文艺进行备案审查和提供所需的物质条件。这一点在《意见稿》中已经有所规定。政府的第三个责任是对违法行为予以查处。对于违反法律规定，擅自利用或者任意篡改民间文艺的行为，国家行政主管部门应当依法追究其法律责任。

（原载《光明日报》2016年5月17日）

民间文学艺术作品的保护机制探讨

管育鹰[*]

我国是历史悠久、民族众多、文化多样性极为丰富的大国。与世界上任何发展中国家一样,我国不但面临文化遗产急剧消逝引起的普遍忧虑问题,也面临在信息时代大量民间文学艺术作品[①]被有技术和资金的域外人任意开发利用甚至歪曲的问题。对于这一关系民族文化传承和发展的重大问题,国内早期的知识产权法学者即已认识到,认为应把民间文学的保护提到应有的位置。[②] 同时,与国际层面世界知识产权组织(WIPO)负责协调知识产权相关事务、联合国教科文组织(UNESCO)负责协调非物质文化遗产保护相关事务的分工与合作状况相类似,我国的版权和文化主管部门也一直致力于民间文学艺术作品、非物质文化遗产保护相关的立法尝试。21世纪以来,此议题吸引了更多的国内学者,尤其知识产权领域的研究者。[③] 随后,国内产生了一批专题研究成果,讨论对传统知识进行知识产权保护,[④] 剖析如何运用知

---

[*] 管育鹰,法学博士,中国社会科学院知识产权中心主任,研究员,博士生导师。

[①] 为与现行《著作权法》保持一致,本文采用"民间文学艺术作品"一词,该术语与国家版权局2014年6月提交国务院法制办的《著作权法》修订草案送审稿第10条中的"民间文学艺术表达"同义。

[②] 郑成思:《版权法》(修订本),中国人民大学出版社,1997,第124~137页。

[③] 郑成思:《知识产权文丛》(第8卷),中国方正出版社,2002。

[④] 严永和:《论传统知识的知识产权保护》,法律出版社,2006。

识产权制度保护民间文艺,① 研究遗传资源获取与获益分享制度,② 探讨民间文学艺术的知识产权保护③和法律保护问题,④ 等等。2003年,联合国教科文组织第23届大会通过了《保护非物质文化遗产公约》,从文化多样性、文化遗产、人权等角度出发,倡议国家承担非物质文化遗产的保护任务。这一宗旨在世界范围也较少争议,因此我国在加入公约后经过一段时间讨论,决定搁置没有定论的复杂的民事保护问题,于2011年通过了《非物质文化遗产法》。根据该法,非物质文化遗产的内涵要远大于民间文学艺术作品,同时,该法明确规定政府应当采取各种措施,包括以确认、立档、研究、保存、保护、宣传、弘扬、传承和振兴等方式"抢救"我国的非物质文化遗产;但是,该法不涉及非物质文化遗产的商业化利用及其利益分配这一民事关系以及相应的法律规则。目前,无论世界级"人类非物质文化遗产代表作名录"的申报,还是国家、地区级的非物质文化遗产项目的申报、扶助等,都已成为我国文化领域的常规工作;但是,包括民间文学艺术作品在内的非物质文化遗产被他人商业化使用带来的相关问题却仍处于没有明确法律规定的状态。⑤

本文尝试就我国民间文学艺术作品保护机制的建立与运行提出建议,以期进一步推动相关研究和立法。需要指出的是,本文对民间文学艺术作品保护机制的分析和评述仅为笔者个人的观点和方案设计;要了解相关立法进展,可以比对研究国家版权局于2014年9月2日公布的《民间文学艺术作品著作权保护条例(征求意见稿)》(以下根据行文简称《条例》或《意见稿》)。⑥

---

① 管育鹰:《知识产权视野中的民间文艺保护》,法律出版社,2006。
② 张小勇:《遗传资源的获取和惠益分享与知识产权》,知识产权出版社,2007。
③ 张耕:《民间文学艺术的知识产权保护研究》,法律出版社,2007。
④ 黄玉烨:《民间文学艺术的法律保护》,知识产权出版社,2008。
⑤ 中国社会科学院知识产权中心:《非物质文化遗产保护问题研究》,知识产权出版社,2012。
⑥ 国家版权局网站《民间文学艺术作品著作权保护条例(征求意见稿)》,网址:http://www.ncac.gov.cn/chinacopyright/contents/483/225066.html,2016年1月访问。

一 民间文学艺术作品之概念与理解

"民间文学艺术作品"指由特定的地区或族群共同创作,通过口头或动作传授、模仿等方式长期传承的,反映其社会生活特征与文化特性的民间文学艺术具体表现形式。①

(一)与现代作品的客观表现形式相同

首先,"民间文学艺术作品"是个集合概念,是所有无法追溯原始版本及其创造时间和具体创作个体等信息,因而无法根据现行《著作权法》获得保护的民间文学艺术作品的总和;其次,组成这一集合体的应当是民间文学艺术领域的具体创作成果,而不是非物质文化遗产的全部,特别不包括非物质文化遗产中不构成作品的内容,如传统节庆习俗、技法或技艺、风格、艺术形式等。换言之,民间文学艺术作品是可以复制和传播的体现传统文化的具体表达形式,而非物质文化遗产的内涵和外延要宽得多,甚至指向文化本身。理解这一点,有助于明确在《著作权法》框架下制定草案的目的:《非物质文化遗产法》仅规定了政府的职责,提供的是对非物质文化遗产的行政保护,无法顾及民间文学艺术作品主体的民事权益,尤其无法保障其在自己作品被商业化使用时应当获得的利益。但是,不能指望在《著作权法》框架下的草案能够为民间文学艺术作品提供综合性的民事权益保护,草案仅能规制民间文学艺术作品的复制、改编、传播(典型的《著作权法》意义上的使用方式)等商业化使用行为,而难以提供全方位的知识产权保护,如授予专利权、商标权及制止仿冒等不正当竞争。

---

① 本定义参考了WIPO的《保护传统文化表达:政策目标与核心原则》草案,与国家版权局草案略有差异。

以我国真正意义上的涉及民间文学艺术作品利用的"乌苏里船歌"案为例,① 由于作曲者在创作中吸收了《想情郎》《狩猎的哥哥回来了》等最具代表性的赫哲族传统民间歌曲的曲调,因此,法院判决被告以后在使用《乌苏里船歌》时须标注该歌曲"根据赫哲族民歌改编"。而在另一起与民间文艺相关的"安顺地戏"案中,由于原告主张针对"安顺地戏"而非《千里走单骑》《战潼关》等安顺地戏剧目的署名权,因此被法院驳回。② 事实上,"安顺地戏"案中被告的行为的确没有构成对《千里走单骑》《战潼关》等安顺地戏的具体剧目作品之改编,只是在拍摄电影时引用了其中的一些表演片段。但是,被告在首次使用安顺地戏剧目表演片段时将这一古老的剧种以画外音和字幕形式注解为"这是中国云南省的面具戏"。根据著作权法上的合理使用规则,"适当引用"也应当以恰当方式标明来源出处,因此,笔者认为被告的电影在引用安顺地戏剧目片段时称其为"云南省的面具戏"属于违反合理使用规则、侵害相关主体对安顺地戏《千里走单骑》剧目署名权的行为。遗憾的是,由于法官认为"安顺地戏"是剧种,没有署名权,故一、二审法院均不支持原告。那么,如果原告主张安顺地戏《千里走单骑》剧目的署名权,法院是否支持?答案不得而知。事实上,与"赫哲族民歌"一样,"安顺地戏"几个字是标明来源的核心内容,但司法者认为"安顺地戏"本身仅是非物质文化遗产,不是文学艺术作品,因而连精神权利都不予支持,在一定程度上反映了目前我国以著作权法保护民间文学艺术的困境。简言之,要为"民间文学艺术作品"设立类似著作权的保护,须明确该"作品"在客观表现形式上与受著作权法保护的当代"作品"并无差别,如,应当是可构成歌曲的完整曲调或者有具体情节内容的故事等,而不仅是笼统的民间文艺类别或流派、简单的主题等。

---

① 参见"饶河县四排赫哲族乡政府诉郭颂等侵犯民间文学艺术作品著作权纠纷案",北京市高级人民法院(2003)高民终字第 246 号民事判决书。
② 北京市第一中级人民法院(2011)一中民终字第 13010 号民事判决书。

（二）与现代作品的主体、保护期不同

1. 民间文学艺术作品的主体有三种特殊情形

其一，在多数情形下，某一具体的民间文学艺术作品，其流传的地区、族群等是可以确定的，其创作和受益主体可以推定为相应的地区、族群，如前文提到的《乌苏里船歌》，就属于可以明确来源的民间文学艺术作品，其他类似的还有很多。基本上各民族各地区都会有一批有代表性的民间文学艺术作品。这些作品有很大一部分来源是可以确定的，可以通过文化部系统的各级"非物质文化遗产名录"查询，也可以通过中国网查询。① 当然，这些名录仅有对相关作品的文字描述，没有具体表达（作品内容），可能有一些会有来源地、具体表达的争议，不过，这些争议可以通过本文后面设计的程序解决。目前，我国绝大多数拥有此类民间文学艺术作品的地区比较偏僻，拥有此类民间文学艺术作品的族群往往没有权利意识，也没有特定的民事权利代表机构，因此如果法律要赋予其权利，授权、权利行使和利益分配方式的设定必定会遭遇难题，需要比较周全的制度安排。采用无须事先授权的法定许可，并将主体或权属判定与客体商业化使用的费用收取和分配分开考虑是比较可行的办法，具体论述本文将在后面展开。

其二，在某些情况下，民间文学艺术作品可能同时由几个地区、族群共同传承，其创作源头经专业人士论证也不能确定，这时可以考虑设定该作品由这些地区或族群共有。② 在此情形下，法定许可使用费

---

① 比如，从中国网的"国家级非物质文化遗产名录"栏目中，可以查到贵州侗族大歌的代表性曲目有《耶老歌》《嘎高胜》等，网址：http://www.china.com.cn/chinese/minge/435499.htm；在"中国民歌"栏目中，可以查到《阿里玛》是撒拉族民歌，网址：http://www.china.com.cn/culture/zhuanti/whycml/node_7021179.htm，最后访问日期：2015年11月10日。

② 这里有两种情况，一种是可以明确为同一民族传承的，比如，《格萨尔王传》同时流传于西藏、青海、四川、甘肃等省（区）的藏族聚居地，则该作品属于藏族共有，刘三姐的故事也同样可以认定为壮族共有；另一种是可以明确为几个地区或族群共同传承的，比如，植根于汉族民间曲艺文化的东北二人转传统剧目，由辽宁、吉林、黑龙江三省和内蒙古东部三市一盟的全体人民共有。

的收转、共有主体的权利代表机构确定及惠益分享等问题可以按照第一种同样的思路解决;没有能代表全体主体行使民事权利的代表机构的,则由相关地区地方政府文化主管部门代为行使。

其三,有些民间文学艺术作品由于流传太广,已经成了中国传统文化的代表符号,应当推定为全国人民共有。比如,孟姜女哭长城、白蛇传、梁山伯与祝英台、牛郎织女等民间传说,即使有各方考证其来源地,但由于其在中华传统文化中的深远影响,为了避免将民间文学艺术作品归属和商业化利益分配问题复杂化,应当将其推定为国家所有。考虑到在这种情况下国内的使用人同时也是该作品的传承人,支付、收转和分配使用费就没有实践意义了。国外的商业化使用人利用中国全国性民间文学艺术作品的,如果中国的相关民事保护立法通过实施,则需要向由中国主管部门指定的专门机构履行相关义务,或者按照国际的对等和互惠原则处理。

2. 民间文学艺术作品的保护期不同于一般作品

民间文艺具有集体性、口头性、变异性、传承性的特点。[1] 由于民间文学艺术作品的产生和发展过程难以考证,其创作一般被推定为代代相传,呈现持续的动态性和变异性。这样,某一民间文学艺术作品如果还在传承,则其一直处于动态的集体创作过程中,现行著作权制度为作品设定的保护期就不应当适用。具体说,在设定民间文学艺术作品保护期需要考虑以下四个方面。

其一,民间文学艺术作品的作者是某一群体(族群、社区)。群体是聚集在某一地域范围内、生活上相互关联的个人集合体,是绵绵不绝延续下来的族群。而民间文学艺术作品正是这一群体在相同或类似的生产、生活活动中产生和发展的,因此其创作者不具体指向某个或某几个人,相应地,其保护期不能适用著作权法通行的"作者终生加上去世后一段时期"的划分方式。只要创作或传承该民间文学艺术作品的族群一直存续下去,就不应该认为"作者去世"。

---

[1] 参见黄玉烨《民间文学艺术的法律保护》,知识产权出版社,2008,第23~46页。

其二，由于民间文学艺术作品具有口头性、传承性和变异性，某一具体的民间文学艺术作品的内容或表现形式总是处于创作过程中，没有著作权法上"作品完成"或"发表"之概念，因此也难以适用"作品完成后或发表之日起再加上某一段时期"这一普通作品的保护期判断方式。另外，即使总是处于创作中，其间形成的任何版本都应当受到保护。这类似于著作权法对作品的初稿、二稿，或任何持续创作过程中产生的一稿都同样提供保护，不能认为把作者尚未"最终完成"的作品据为己有而不构成侵权。

其三，西方发达国家早在300多年前就建立了强调私权保护的知识产权制度，为防止公共资源被瓜分殆尽，专门设定了保护期等限制，将超过保护期限的内容置入"公有领域"以保证创新的可持续。相反，传统族群，尤其是不发达国家穷困地区的传统居民，几乎没有知识产权观念，也从未从现行的知识产权制度中获得对自己的创作成果的任何保护，没有意识到自己的创造成果按照现代知识产权法的规则被视为早已经公开，或者处于人人可接触、利用、再创作的所谓"公有领域"中。不过，西方文明侵入后，外来者以"发现"或"创作"的名义将这些客体私有化，并获得受到现代知识产权制度保护的利益，这一不公平的现象使得私权观念已逐渐觉醒的传统族群产生不满：从未获得法律赋予知识产权人的专有性权利，为什么要付出同样的对价呢？更何况在多数情况下民间文学艺术作品是口头流传甚至是在特定人群内部传承的，没有正式发表过。

其四，从已有的域外立法案例看，为实现立法目的，基本上都不对民间文学艺术作品的保护设置期限。比如，非洲知识产权组织的《斯瓦科普蒙德议定书》第13条规定："传统知识只要符合第4条规定的标准，将一直获得保护；如果传统知识属于个人，则保护期为其公开商业化使用之日起的25年。"该议定书第4条所保护的传统知识应当符合的标准是：（1）在传统族群产生、保存并代代相传；（2）明显属于某一传统社区；（3）属于由传统社区基于文化认同或责任集体保管、守护的文化符号，这种归属关系可以通过习惯法、法律规定或习俗礼仪体现。中国台湾地区的《原住民族传统智慧创作保护条例》第15条规定："智慧创作专用权，应永久保护之。智慧创作专用权人消失者，其专用权之保护，视同存续；其专用权归属于全部原住民族享有。"

总的来说，民间文学艺术作品与一般的作品在创作过程和方式上都有明显的区别，前者明显具有动态性、变异性，因此可以推定只要某一民间文学艺术作品仍在某一传统族群或地区中传承，它就仍处于该族群或地区全体成员参与创作的过程中，其间某个版本的记录时间不能作为推断该作品进入"公有领域"的依据。理论上讲，不设定权利保护期并不违背基本的知识产权法保护原理；事实上，知识产权保护理论并不排斥以持续知识或经营创造活动为前提的永久保护，比如商标、字号如果经营得当、持续使用，就完全可以创百年品牌，一直存在并受到保护，商业秘密、地理标志的保护尤为典型。还有一个需要关注的方面，即建立民间文学艺术作品民事权利，尤其是经济权利保护制度的目的，本身就包括通过市场经济的投入产出机制鼓励其长期传承下去，保护期的设立也应当符合这一宗旨。因此，除了城市化、迁徙等因素导致民间文学艺术作品的主体消失，不再具备集体创作和传承的条件而使民间文学艺术作品真正成了"遗产"的情形之外，原则上都应当设定以主体存在为前提的永久性的权利保护期。鉴于如何判断某一民间文学艺术作品是否仍在其所属的地区或族群内传承存在实际困难，可以推定某主体的存在事实上为民间文学艺术作品仍在其内部传承的依据；如果有证据表明某一民间文学艺术作品的主体已经消失，则该民间文学艺术作品属于全民共有。

简言之，有相关主体能够主张权利和分配收益的，推定其民间文学艺术作品仍在保护期；已经有证据表明长期没有传承的或者主体已经不可考的归入全民共有的民间文学艺术作品，无须支付使用费，但其精神权利的保护期不受限制，精神权利的行使由国家主管部门指定的机构管理。

(三) 民间文学艺术作品的定义与类型

笔者认为，民间文学艺术作品是指由特定的地区或族群共同创作，通过口头或动作传授、模仿等方式长期传承的反映其社会生活特征与文化特性的民间文学艺术具体表现形式，包括但不限于以下类型：(1) 口头言语、文字符号类表现形式，如民间故事、史诗、传说、谚语等；(2) 音乐、曲调的表现形式，如民歌、器乐的曲调等；(3) 动作、表演类表现形式，如民间舞蹈、戏剧等；(4) 平面或立体的美术、建筑类有形的表现形式，如民间绘画、传统工艺品、建筑等。

在理解民间文学艺术作品这一概念的外延时，我们发现除了群体性、口头性、传承性和变异性等民间文艺的特点外，其外在的具体表现形式包括了几乎所有与著作权法所保护的客体相同的作品类型，如民间文学包括神话、传说、故事、寓言、笑话、歌谣、民间叙事诗、史诗、民间说唱、谚语、俗语、歇后语、谜语等，民间艺术则包括民间器乐、民间舞蹈、民间美术、地方戏曲、民间曲艺、民间手工艺等。

对民间文学艺术作品的保护问题，郑成思教授很早就有关注和论述，后来更直接将其提高到国家经济利益的高度，他指出："多数发达国家的法律及学术专著，强调对高科技作品（如计算机软件）的版权保护及其他知识产权保护，忽视或有意节略对民间文学的保护，其基本出发点还是保护本国经济利益。我们则应把民间文学的保护提到应有的位置……特别把它作为一个重点来论述。"[1] 在这一理论的引导和影响下，中国立法机关最早的尝试是以著作权法保护模式保护民间文学艺术作品，这反映在1990年制定的《著作权法》第6条中，即"民间文学艺术作品的著作权保护办法由国务院另行规定"。考察国际讨论方向和国内实际需求，应该说，当时中国立法者的意图是对民间文学艺术作品采取著作权法保护模式。

然而，由于民间文学艺术作品客体的复杂性，著作权保护制度中

---

[1] 郑成思：《版权法》（修订本），中国人民大学出版社，1997，第124页。

的许多规则，如主体和客体的确定性、保护期的限制等，难以适应其保护的特殊要求，再加上在国际层面著作权法保护模式逐渐被特殊权利保护模式的讨论和尝试所取代，中国的研究者和立法者在民间文学艺术作品的定义与范围、权利的内容及其行使方式、相关主体的认定与利益分享，甚至著作权法保护模式是否适当等重要议题上莫衷一是，因此1990年《著作权法》第6条所说的"民间文学艺术作品的著作权保护办法"一直难以出台。《著作权法》第三次修正时，国家版权局接受知识产权学界多数专家的意见，将1990年《著作权法》第6条中的"民间文学艺术作品"改为"民间文学艺术表达"，并删掉了"著作权"的限定，该草案送审稿于2014年6月6日由国务院法制办公布征求意见。① 2014年，国家版权局又一次启动了民间文学艺术表达保护的立法工作，当然，限于《著作权法》本身尚未修改，故只能依据现行法第6条草拟，称为《民间文学艺术作品著作权保护条例（征求意见稿）》。

由于上述原因导致的"另行规定"迟迟未出台，人们并不是都完全了解，也分不清立法意图中的"民间文学艺术作品"概念不同于《著作权法》中的其他作品，尤其是当代作者根据民间文学艺术作品演绎创作的"民间文学艺术改编作品"。即使是法律专业人士，也面对法律适用中如何准确阐明"民间文学艺术作品"定义的困境。比如，在白秀娥剪纸案中，② 北京市第一中级人民法院认为：民间文学艺术作品应为民间世代相传、长期演变、没有特定作者，通过民间流传而逐渐形成的带有地域色彩、反映某一社会群体文学艺术特性的作品，在该案中，剪纸作品是原告运用民间剪纸技法创作完成的，不属于民间文学艺术作品。北京市高级人民法院的终审判决表述有所不同：该剪纸作品虽然采用了我国民间传统艺术中"剪纸"的表现形式，但并非对

---

① 《中华人民共和国著作权法》（修订草案送审稿），中国政府法制信息网：http://www.chinalaw.gov.cn/article/cazjgg/201406/20140600396188.shtml，2016年1月访问。
② 参见北京市第一中级人民法院（2001）一中知初字第185号民事判决书，北京市高级人民法院（2002）高民终字第252号民事判决书。

既有同类题材作品的简单照搬或模仿,而是体现了作者的审美观念,表现了独特的意象空间,是借鉴民间文学艺术表现形式创作出来的新的作品,是对民间文学艺术的继承和发展,应受著作权法保护。可见,二审法院判决刻意避开了一审法院对"民间文学艺术作品"的解释。

按照以上对"民间文学艺术作品"的定义,检索我国已发生的要求保护"民间文学艺术作品"著作权的案例,[①]发现其中仅"乌苏里船歌"案是真正的民间文艺作品主体与改编者的纠纷("安顺地戏"案中原告主张的不是对民间文学艺术作品而是对非物质文化遗产的署名权),其他都是民间文学艺术改编作品主体之间或改编者与第三方的著作权纠纷。这类纠纷之所以出现,主要是因为这些民间文学艺术改编作品都脱胎于同一个民间文学艺术作品母体,作品相似度高,容易产生改编主体之间的著作权纠纷。在这种情况下,如果有证据表明原、被告的民间文学艺术改编作品都是独立创作的,且相似之处都源于母体,那么我国法院通常会判决改编者之间互不侵权,[②]如《十送红军》被判定与《送同志哥上北京》一样来源于江西民歌《长歌》,《高高的白杨》与《我的花园多美丽》两首新疆民歌改编作品的著作权被认为是平行有效的。但是,如果有证据表明在后改编者的作品更接近在先改编者的作品而非民间文学艺术作品母体本身的,则在后改编者构成侵权,[③]如歌曲《月亮之上》被判定与《敖包相会》的相似度高于与内蒙古民歌《韩秀英》的相似度。

二 民间文学艺术作品的保护机制

笔者认为,要实质性推进我国民间文学艺术作品法律保护制度的建

[①] 《民间文学艺术作品著作权保护条例(征求意见稿)》,国家版权局网:http://www.ncac.gov.cn/chinacopyright/cintents/483/225066.html,2015年11月10日访问。
[②] 参见北京市海淀区人民法院(2003)海民初字第19213号、新疆维吾尔自治区高级人民法院(2005)新民三终字第2号民事判决书。
[③] 参见北京市第一中级人民法院(2008)一中民终字第5194号民事判决书。

立，应当考虑一套合理的、可行的方案，具体需要考虑以下方面的问题。

（一）民间文学艺术作品的权利内容

本文仅探讨目前在《著作权法》框架下，如何为我国民间文学艺术作品设立一种类似著作权但又与其他作品保护机制略有不同的特殊权利保护制度。囿于我国的现有立法框架，本文仍按照现行《著作权法》将这一特殊保护方式称为"民间文学艺术作品的著作权保护办法"。民间文学艺术作品的著作权属于共同创作、世代传承体现其传统观念和文化价值的民间文学艺术作品的民族、族群或者地区全体人民。

民间文学艺术作品的权利主体享有精神权利和经济权利。

精神权利包括：署名权，即表明主体身份的权利；发表权，即将民间文学艺术作品向主体群体的范围之外公开的权利；禁止歪曲篡改权，即禁止对民间文学艺术作品做出有违主体传统观念和文化价值之使用的权利。

精神权利的主要内容是指明来源。可以肯定的是，保护民间文学艺术作品主体的精神权利是建立民间文学艺术作品民事法律保护制度的最基本要求：无论是对民间文学艺术作品本身的利用，还是现代再创作者从民间文学艺术作品中演绎出新作品，都应当本着诚实信用的基本原则指明来源，并且尊重民间文学艺术作品的完整性和真实性。从前文介绍的我国现有两例相关纠纷来看，精神权利的主张是相关主体的首要诉求。从国际上已经建立民间文学艺术作品版权保护制度的国家或地区的经验来看，精神权利也是最基本的权利内容，比如，莱索托、摩洛哥、尼日利亚、坦桑尼亚、斯里兰卡等国家立法明确把指明民间文学艺术表达的来源规定为一种义务，阿尔及利亚等国的立法还规定了禁止歪曲的义务，约旦等阿拉伯国家对民间文学艺术作品的保护仅关涉精神权利的内容。[①]

---

① 参见 Silke von Lewinski《原住民遗产与知识产权：遗传资源、传统知识和民间文学艺术》，廖冰冰等译，中国民主法制出版社，2011，第 343~351 页。

经济权利即民间文学艺术作品主体就主体群体之外的人以复制、发行、表演、改编或者向公众传播等方式商业化使用民间文学艺术作品获得报酬的权利。

笔者认为，与世界上最早规定原住民对其传统知识享有"特殊权利"，并赋予原住民从防御性和主动性两个方面行使该权利的巴拿马法律相比，[①] 中国在现行《著作权法》框架下拟定的经济权利内容应该要窄一些，这是因为权利客体仅涉及能确定为作品的部分。在此意义上，中国民间文学艺术作品的权利内容及其保护机制可以称为"类著作权"保护。事实上，在选择版权模式保护民间文学艺术作品的国家，法律赋予权利人的经济权利内容也与著作权大同小异，或者直接对民间文学艺术作品适用著作权法保护。比如，1994 年《突尼斯著作权法》第 7 条规定，禁止"任何以营利为目的而复制民间文学艺术的行为"；2005 年《加纳著作权法》第 4 条规定："本法保护民间文学艺术表达不被复制，通过表演向公众传播，通过有线或其他任何方式发行、改编、翻译或其他任何使用。"[②]

对我国民间文学艺术作品的"类著作权"之内容，笔者认为有几个方面需要进一步明确。

（1）关于表明身份的内容和方式问题。

署名权的实现表现为使用民间文学艺术作品须指明来源或出处，常见的方式是"族群、地区名称＋表达形式＋具体作品名称"，如"新疆民歌扎巴依的春天""彝族舞蹈阿细跳月""安顺地戏战潼关"等。一般来说，在实现署名权时，文字类民间文学艺术作品可用文字进行标注；音乐、表演艺术类作品可以通过旁白、解说以及印制海报和节目单等方式表示；手工艺品、建筑等有形表达可用附加标示牌等方式

[①] 参见 Panama, Law No. 20 of June 26, 2000 on Special System for the Collective Intellectual Property Rights of Indigenous Peoples for the Protection and Defense of Their Cultural Identity and Their Traditional Knowledge, WIPO 网站：http://www.wipo.int/wipolex/en/details.jsp?id=3400，2015 年 11 月 10 日访问。

[②] 这些立法的英文版在 WIPO 网站可查询：http://www.wipo.int/wipolex/en/，2015 年 11 月 10 日访问。

指明，也可通过相关主体在国家主管部门正式注册的商业标识来证明。

另外，在一些民间文学艺术作品的发掘和使用中，记录（采风）人的作用很重要，虽然其地位不同于权利人，但也应当有表明自己身份的权利，而且有口述人、表演者的还应同时表明其身份。采风人对记录的民间文学艺术作品进行改编的，其作为民间文学艺术改编作品的著作权人可依法获得保护；关于民间文学艺术改编作品的使用问题，本文后面再论述。

（2）关于民间文学艺术作品的使用方式和范围。

笔者建议，民间文学艺术作品的权利仅针对习惯法之外的"商业性使用"。为避免不确定性，可以在立法上对经济权利采取笼统的规定，即"以复制、发行、表演、改编或者向公众传播等方式使用"，同时在"例外与限制"中明确规定主体的群体成员之"未超出传统习惯和范围的使用"不属于法律适用对象。"未超出传统习惯和范围的使用"之情形，比如在民间文学艺术作品发源地或流传地的传统族群中，长期以来存在一批专门经营民间文学艺术作品的传承人，他们往往将表演民间歌舞器乐或剧目，以及制售民间手工艺品等有形产品作为收入的主要或补充来源。这些使用方式长期为整个族群所容忍甚至鼓励，他们的行为由族群内部的乡规民约来规范，应当属于民间文学艺术作品保护立法规定的例外情形。当然，如果随着传播和生产技术的改进，对民间文学艺术作品的使用方式发生了变化，如经营者（尤其是与族群之外的开发投资者合作）雇用本族群成员，组织脱离日常生活场所的民间文学艺术作品商业演出或者进行有形产品的机械化量产，则应当认为其已经超出了传统习惯和范围。

（3）关于保护期和权利变动问题。

虽然目前《著作权法》未修改，《民间文学艺术作品著作权保护条例（征求意见稿）》只能称民间文学艺术作品的这种权利为"著作权"，但与其他作品不同，民间文学艺术作品的著作权是不受时间限制的；同时，这种著作权不得转让、设定质权或者作为强制执行的标的。理论上说，只要民间文学艺术作品的主体还存在，某一具体的民间文学艺术作品就应当被推定为仍继续在该主体内传承而没有进入免费的公有领域；同时，与地理标志相似，作为专属于特定主体的集体权利，其权属不得自由流转。这些规定与典型的著作权保护制度有着明显的区别，但也是为民间文学艺术作品设定类似著作权保护制度的宗旨所在，应由《条例》加以明确，明示各方。

（4）合理使用的例外情形。

与著作权保护制度类似，民间文学艺术作品的保护机制仅适用于商业性使用，因此《条例》应当明确规定合理使用的例外情形。笔者认为，为了平衡民间文学艺术作品主体与社会公众之间的利益，维护公共利益，在下列情形中可以无偿使用民间文学艺术作品及其改编作品，但应当标明出处，并尊重民间文艺作品主体的传统习惯，不得歪曲和贬损。

①民间文学艺术作品主体的内部成员不违反传统习惯法的使用，包括通过对民间文学艺术作品表演、制作提供民间文学艺术作品有形载体等方式使用并获得报酬的情形。

②民间文学艺术作品的非商业性使用，包括：

a. 为了教学科研目的在正常范围内使用；

b. 为了个人学习、研究或者欣赏使用；

c. 为了介绍、评论，在个人创作的作品中适当引用；

d. 为了报道时事新闻，在报纸、期刊、广播电台、电视台、信息网络等媒体中不可避免地再现或者引用；

e. 图书馆、档案馆、博物馆、美术馆等为陈列或保存版本需要进行复制；

f. 国家机关为执行公务在合理范围内使用；

g. 对设置或者陈列在公共场所的民间文学艺术作品及其改编作品进行临摹、绘画、摄影、录像；

h. 专为残障人士提供服务使用。

③其他合理使用民间文学艺术作品及其改编作品的情形。

需要指出的是，即使是商业性使用，如果不是针对民间文学艺作品本身，而仅是利用相关片段或元素，或者是不可避免地使用的（如"安顺地戏"案中电影作品对民间文学艺术作品的使用方式），可以适用合理使用的规定，但须尊重主体的精神权利。

（二）民间文学艺术作品的保护机制

1. 以使用登记和付费为前提的法定许可模式

在《条例》意见稿制定过程的讨论中，有观点认为应该采取将复杂问题简单化的思路，仍按传统著作权法模式，要求使用者事先获得许可并支付报酬；同时，在实施机制上采取变通办法，比如，可以向已经登记的著作权人，也可以向专门成立的机构取得许可并支付合理报酬。这一思路最终被国家版权局公布的《民间文学艺术作品著作权保护条例（征求意见稿）》采用。[①]

笔者认为，这一双轨式的事先许可授权和收费的保护模式，其实施效果相当于将大部分的民间文学艺术作品主体的事先许可使用权赋予了特设的专门管理机构。简单地说，鉴于国家民间文学艺术作品分布状况的复杂性和主体权利意识、登记和确权程序的困难，民间文学艺术作品的使用人选择向专门管理机构获得授权和付费的简单途径是必然的。这一双轨式立法思路的实质是由国家设立的专门管理机构代替民间文学艺术作品的权利人集中、主动地行使权利。笔者设想的保护方案与此有所不同。

首先，为我国的民间文学艺术作品设定民事权利，要考虑到民间文学艺术作品传承和发展的需要，因此，除了明确此权利仅针对超出传统范围的商业性使用外，还应当明确建立一种有别于传统的、典型的著作权之事先许可的授权模式，不应要求使用者事先获得许可，而仅应规范作品的使用方式和使用人与民间文学艺术作品权利人之间的利益分享。换言之，对民间文学艺术作品的商业性使用，采取严格的附条件的法定许可模式更符合民间文学艺术传承的长远需要。主要原

[①] 参见国家版权局《民间文学艺术作品著作权保护条例（征求意见稿）》第8条。

因是，我国民间文学艺术作品种类繁多，且权利主体多处于偏远闭塞地区，族群没有受到法律思维的影响，缺乏相应的权利意识和依法事先进行登记的能力。这一具体国情与非洲、东南亚、大洋洲等地区传统族群所处的境地不同，因此在民间文学艺术作品使用的授权模式上不可能完全照搬这些地方的事先登记和授权许可使用模式。

其次，我国民间文艺界长期以来形成的既有观念和做法是鼓励当代创作者和使用人深入这些条件艰苦的不发达地区，采集、开发民间文学艺术作品，或者据此创作新的作品，要求当代创作者和使用人事先经过权利人许可和付费才能使用的方案基本上是行不通的。从域外经验看，国际上事先知情同意规则已经成为有执行力之法律，主要是针对遗传资源的获取或者通过立法将民间文学艺术全部划归国家所有的情形，而这与国家基于领土主权对有形物的所有权以及相关国家族群的单一性紧密相关。我国民间文学艺术作品的归属由于长期的民族迁徙、融合变得难以简便快捷地确定，能统一代表所有成员的代表机构更难形成。因此，我国的民间文学艺术作品保护制度不可能与那些民族、族群构成相对简单，主体容易确定的国家或地区相同。在我国，赋予民间文学艺术作品主体事先许可专有权，可能会使绝大多数民间文学艺术作品的潜在使用人望而却步，反而不利于偏远地区民间文学艺术作品的抢救和利用，不符合民间文学艺术作品保护制度设立的初衷。

至于《条例》意见稿所设立的事先许可授权模式的另一种途径，即由国家设立的专门管理机构代替民间文学艺术作品权利人集中、主动地行使权利，则存在一些理论上的障碍。正如前文指出的，在绝大多数情况下，理性的使用人不会耗费精力去寻求谁是真正的民间文学艺术作品的主体并与之协商，而是直接找专门管理机构获得许可授权，这样不仅能规避可能存在的交易主体错误的法律风险，还能直接按最低标准交纳使用费。另外，我国历来强调对少数民族文化的保护，也不宜像埃及、沙特等阿拉伯国家一样将所有的民间文学艺术作品一律视为国有财产。① 由于我国并没有现行法律规定著作权主管部门可以指定某个专门管理机构作为民间文学艺术作品主体的法定代理人，所以如果《条例》以明确条款将民间文学艺术作品事先许可使用的专有权赋予专门管理机构，则可能免不了像《著作权法》第三次修订过程中关于著作权集体管理延伸制度等争议一样，产生创作者（权利人）"被代表"②的担心和学界在理论上的质疑。③ 因此，从社会效果上看，采取法定许可模式可以在一定程度上减少学界和公众的质疑，因为使用民间文学艺术作品无须权利人或专门管理机构事先许可；专门管理机构仅负责登记、使用费收转，以及必要时代行诉权，并不事先、主动地参与民间文学艺术作品的具体使用方式、费用等相关事项的谈判，其角色比较容易被社会各界所接受。另外，有人担心因为法定许可这种事后收费模式在我国一直面临实施困难，所以采用此模式将使民间文学艺术作品保护制度落空。对此，笔者认为可以采用强制性的使用者登记和交费制度以及专门管理机构代行诉权制度予以保障，具体在本文后面的登记制度部分论述。

简言之，民间文学艺术作品的保护机制应当是一种无须事先许可即可以进行商业性使用，但应确保权利人能够分享商业化使用利益的法定许可模式。此方案与《条例》双轨式保护机制的主要区别在于：民间文学艺术作品的使用人不需要事先获得许可，但需要在规定期间登记并支付报酬，否则将依法承担法律责任。

2. 民间文学艺术改编作品的使用问题

在很多情况下，商业使用人使用的是有具体现代作者的民间文学艺术改编作品而不是民间文学艺术作品本身，比如，制作发行根据民

---

① Silke von Lewinski：《原住民遗产与知识产权：遗传资源、传统知识和民间文学艺术》，廖冰冰等译，中国民主法制出版社，2011，第345页。
② 在《著作权法》第三次修订过程中，对与集体管理组织相关的一些修订，音乐著作权人担心自己的权利得不到保障，首先提出了"被代表"的疑问，国家版权局相关负责人也对此做了回应。
③ 卢海君、洪毓吟：《著作权延伸性集体管理制度的质疑》，《知识产权》2013年第2期，第51~55页。

歌改编的歌曲专辑，或根据民间故事传说或传统剧目内容拍摄影视作品。笔者认为，既然对民间文学艺术作品本身采取法定许可保护模式，那么就不必要求民间文学艺术改编作品的使用人获得民间文学艺术作品权利人的事先许可了，也就是说，使用人仅需依据《著作权法》获得改编作品著作权人的许可。但是，鉴于民间文学艺术作品与改编作品之间"源"与"流"的关系，使用人仍应当依法进行使用登记，并参照市场上民间文学艺术作品与改编作品的使用费比例交纳民间文学艺术作品的使用费。

民间文学艺术作品与改编作品的使用费一般采取业内最低标准。例如，针对因商业秘密等导致的市场价格无法获得明确数据的问题，国家版权局自改革开放以来对文字作品的基本稿酬即有指导性定价建议，1999年颁布了《出版文字作品报酬规定》，2014年11月1日该规定被废止，同日起施行《使用文字作品支付报酬办法》。根据此办法，民间文学艺术作品与改编文字作品的建议稿酬分别为每千字 80~300 元和每千字 20~100 元。另外，国家版权局颁布的另一个针对教科书法定许可使用付酬的指导性文件《教科书法定许可使用作品支付报酬办法》于 2013 年 12 月 1 日起施行，其中第 5 条指出："使用改编作品编写出版教科书，按照本办法第 4 条的规定确定报酬后，由改编作品的作者和原作品的作者协商分配，协商不成的，应当等额分配。"

就民间文学艺术作品及其改编作品的使用来说，因民间文学艺术作品主体的特殊性，事先协商缺少可行性，故民间文学艺术作品主管机构可以依法制定不同类别民间文学艺术表达使用费的最低标准。为激励优秀民间文学艺术改编作品的创作者，笔者认为使用民间文学艺术改编作品的，其所支付的民间文学艺术作品使用费减少 1/3~1/2。还需要注意的是，民间文学艺术改编作品按照现行《著作权法》的规定，在保护期满后，其使用人虽然不必支付该改编作品的使用费，但仍须进行使用登记并按规定比例支付民间文学艺术作品的使用费。

3. 记录人、口述人、表演者的权益问题

虽然民间文学艺术作品保护机制主要基于"惠益分享"原则，解决商业性使用人对权利主体的利益回馈问题,但此机制的建立和运行也涉及其他人的权利和义务,需要加以关注。

民间文学艺术作品在很大程度上容易与民间文学艺术改编作品混淆,二者的关系本文前面部分已经论述,故不再赘述。需要指出的是,记录人虽然不是民间文学艺术作品的主体,也不同于民间文学艺术改编作品的作者,但其忠实的记录活动不仅需要比较艰苦的劳动和相当多的投入,有时还需要具备特别的技能。鉴于其在民间文学艺术作品的传承和利用中具有特殊地位,法律对其权益保护应有所体现。关于记录人的权益,主要是署名权和劳务报酬权。众所周知,我国民间文艺领域长期以来有"采风"一说。与有完整构思方案的创作形式所产生的成果不同,民间文学艺术作品的原生形态多为口头相传,难免零碎、混杂、粗陋,而且通常散存于居住在贫穷偏僻地区,不懂普通话,对乐谱、机械复制等创作方式不熟悉甚至没有接触的族群之中,因此通过记录将这些作品固定下来形成较完整版本的过程是需要相当多投入的,尤其对那些濒临失传的民间文学艺术作品,能将其发掘整理出来,记录人可以说功不可没。发现人、整理人、记录人对其发现、整理、记录的民间文学艺术作品虽然不享有著作权,但享有标明自己身份及获得相应报酬的权利。如果没有明确的法律规定为发现人、整理人、记录人的权益提供保护,则可能会造成无人愿意花时间精力去采风,从而导致闭塞之地的民间文学艺术作品无声无息地消逝。在这方面,《条例》应当明确记录人的署名权和获得报酬的权利,即使用人使用记录人记录的民间文学艺术作品的,应当指明记录人的身份,并就其劳务支付相应的报酬(但这不等于民间文学艺术作品的使用费),如果使用人不履行这一义务,就应当承担相应的法律责任。当然,有的记录人进行的不仅是记录,而且是再创作。如前文提到的《乌苏里船歌》,其形成的是民间文学艺术作品的改编作品,可以根据《著作权法》获得保护,只是著作权人行使权利应当尊重民间文学艺术作品主体的精神权利,使用人对改编作品进行商业化利用的,应当依据《条例》的规定履行相关义务。

另外，即使《条例》不做规定，民间文学艺术作品的表演者也可以根据现行《著作权法》第38条获得保护。根据该条，表演者对其表演享有的权利包括表明表演者身份、保护表演形象不受歪曲、许可他人现场直播和公开传送其表演并获得报酬、许可他人录音录像并获得报酬、许可他人复制发行录有其表演的录音录像制品并获得报酬、许可他人通过信息网络向公众传播其表演并获得报酬的权利。口述人的地位与表演者类似，都是来自相应主体的成员，但一般来说口述人更加资深，有的甚至是根据族群习惯法确定的唯一或极少数传承人。在族群习惯法不得外传的情形下，相关的民间文学艺术作品处于未公开状态，仅限于内部传承使用，使用人如果将表演或口述内容公开发表和获利的，表演者和口述人将依法承担共同侵权责任。不过，在绝大多数情况下，民间文学艺术作品流传地的族群成员往往淳朴热情，对其作品亦乐于分享，因此使用人的行为一般不会构成侵权，但其对民间文学艺术作品的商业化使用则应当按照《条例》进行使用登记并支付报酬。值得注意的是，文化领域追求原生态艺术风格的趋势日益明显，使用人通常更倾向于使用"正宗"的表演，即由民间文学艺术作品主体族群的内部成员按其传承方式进行原汁原味的表演。在此过程中，使用人基于支付劳务报酬的义务和回馈当地人的意识，也会向表演者支付一定报酬，并对表演者的署名权有一定的体现，比如，在"安顺地戏"案中，地戏作品的表演者是获得报酬和以片尾致谢方式署名的。不过，对表演者支付的这些对价，并不能取代《条例》设定的使用登记和付费义务。明确这一点，有助于解决民间文学艺术作品在实际使用中的一些问题，尤其是使用者、民间文学艺术作品主体与成员个体之间的权利和义务关系问题。比如，同一民间文学艺术作品往往同时在相邻的不同村寨、地区流传，使用者可以根据各种因素选择满足自己需要的某一村寨的表演者进行表演录制并支付报酬（通常这些村寨会设置门票准入制度，但是否准许录制表演和另行付酬仍要看有无其他约定）；如果使用者使用民间文学艺术作品的方式不属于合理使用的情形，仍须依照《条例》规定到民间文学艺术作品专门管理机构进行登记交费，由该机构根据本文前述的程序和不同的权属登记结果将使用费转付能代表该作品流传地全部主体的代表机构、NGO 或当地政府文化主管机构。至于族群外的机构专门组织族群成员进行脱离原生态环境的商业演出，更是典型的超出传统范围的民间文学艺术作品商业使用方式，使用人需要依法进行登记和支付报酬。

（三）民间文学艺术作品的登记制度

国家版权局《条例》（征求意见稿）在发布之前曾有一个草案稿，其第 6 条规定："国务院著作权行政管理部门设立专门管理机构负责民间文学艺术作品的著作权登记工作。经专门管理机构登记的著作权文书是登记事项的初步证明。民间文学艺术作品未进行著作权登记的，不影响特定的民族、族群或者社群享有著作权。民间文学艺术作品著作权登记办法由国务院著作权行政管理部门另行规定。"此条款在《意见稿》中被删除了，它涉及的具体登记办法与整个民间文学艺术作品的保护机制紧密相关，需要详细讨论，特别是由谁登记、如何登记、登记内容和性质、登记方式等问题。当然，首先要明确的是，登记需要配置执行机构，可以由国务院著作权行政管理部门依法设立或指定的专门管理机构负责。这里，笔者认为，可以采取将登记与确权、登记与使用费收转分配两个重要问题分开的思路，即由民间文学艺术作品专门管理机构建立两套登记系统：权属登记和使用登记。

1. 建立民间文学艺术作品的权属登记和确权机制

首先，应当明确，对民间文学艺术作品的保护不以主体的事先登记为前提，登记仅是权利归属的初步证明。其次，目前绝大多数的民间文学艺术作品并无公认的、有效的主体或代表机构；即使有权利主体或代表机构进行事先登记，也难以保证之后不会产生主体资格的争议，从而导致使用人向事先登记人获得许可的使用行为产生一系列不确定的后果。最后，对权利人来说，事先登记会涉及一定的成本支出，尤其是偏远地区的群体更缺乏事先登记的意识，只有知晓民间文学艺术作品已经被使用且使用费已经交付专门管理机构代管的权利人，才有积极性主张自己的主体身份以便获得相应报酬。

考虑到这些因素，笔者认为要求民间文学艺术作品主体事先进行权属登记既不现实也无必要，而且，由于我国民间文学艺术作品分布和流传的复杂性，不难想象以登记为前提的保护是不科学的、无法执行的。转换思维，不要将权属登记（包括之后的使用费收转分配）这一高度复杂的问题设置为使用民间文学艺术作品的第一道障碍，将其与使用人在一定期限内依法进行的使用登记分开更为可行。同时，这样也可以明示使用人，使其责任义务简单化，避免其私下与某一自称的主体或代表达成协议，而后又有其他主体来主张利益分配时产生纠纷。简言之，建立权属登记与使用登记分离的机制，可以将可能发生的主体、客体等争议交给后面的程序去解决，不影响依据使用登记的规定对民间文学艺术作品进行利用和支付使用费。

当然，考虑到目前我国有些民间文学艺术作品的主体已经有了较强的法律意识，《条例》也应当规定相关主体的代表机构可以就其具体的民间文学艺术作品事先进行登记，具体的登记、公告和权属争议程序由《条例》之外的细则或办法另行制定。这样，一方面相关登记文书可以作为权属的初步证明，另一方面欲使用某一民间文学艺术作品的人可以参照权属登记的基本信息进行使用登记并交纳使用费。不过，这一涉及主体、客体的事先登记需要满足一定条件才可发生效力（登记的主体代表机构有权收取和支配民间文学艺术作品专门管理机构收转的使用费）。这些条件包括：其一，登记的主体代表机构必须能代表相应主体，比如有相应主体的集体签字授权书，或按照主体内部习惯法获得认可的其他证据；其二，设立一定的公告期，在此期间，任何人均可对登记的主体代表机构的资质或代表性向主管机构提出异议，期满没有异议或异议不成立的即推定登记的主体代表机构能代表相应的民间文学艺术作品的主体；其三，事先登记是否产生异议以及异议程序进展不影响相关民间文学艺术作品的使用，使用人可以直接依法使用民间文学艺术作品并到登记机关进行使用登记、交纳使用费，使用费由民间文学艺术作品专门管理机构按照没有事先权属登记的情形处理。

2. 建立民间文学艺术作品的使用登记和付费机制

笔者建议借鉴民法上的提存制度，建立民间文学艺术作品的使用登记和公告制度，明确使用人在规定期限进行使用登记和支付使用费的义务。

我国的民间文学艺术作品长期传承，不同地区或族群的民间文学艺术作品形成了各自的特色，一般来说，使用人知道自己使用了民间文学艺术作品，也大致知道使用的是哪个地方哪个族群的作品；即使对自己正使用或欲使用的是否民间文学艺术作品、是谁的作品没有把握，也可以通过相关文化部门已经建立的各级非物质文化遗产名录数据库进行了解。另外，我国全国性和地方性的民间文艺家协会会集了大量相关领域的专家，要鉴定某一具体民间文学艺术作品的来源并没有想象的那么困难。事实上，在文化产业深化发展的今天，我国民间文学艺术这一丰厚的资源蕴藏着大量的可发掘内容。如鲁迅所言，有地方色彩的文学艺术反而容易被世界上的其他文化欣赏，正所谓越是地方的就越是世界的，很多使用人正是以某一民间文学艺术作品的特定来源地所具有的久远、神秘、新奇等元素作为商业化利用的卖点。《条例》应当规定民间文学艺术作品的使用人必须在一定期限内到指定机构进行登记并支付相应的使用费，且不能以其已经向民间文学艺术作品的表演者、传承人支付了采风或表演等劳务费用为抗辩（向歌手付费不等于向作曲家付费）；为保证使用人履行此义务，《条例》后面应配合制定相应的条款予以追责。

对于民间文学艺术改编作品的商业性使用，使用人除了依照《著作权法》与改编作品著作权人事先协商外，也应当到民间文学艺术作品专门管理机构参照以上方式进行使用登记，并比照民间文学艺术作品本身的使用交纳一定比例费用；民间文学艺术改编作品著作权保护期已满的并不解除使用人依法登记并交纳一定比例民间文学艺术作品使用费的义务。

3. 进一步明确和细化民间文学艺术作品登记制度的主要内容

笔者认为，颁布《条例》是为了鼓励我国民间文学艺术作品的传承和发展，防止对民间文学艺术作品的不正当使用及其他侵害行为，调节民间文学艺术作品主体与民间文学艺术作品改编者、民间文学艺术作品使用人之间的权利和义务关系。为实现这一宗旨，《条例》应当指示建立有操作性的具体登记制度以对民间文学艺术作品的商业性使用进行规范。

具体来说，民间文学艺术作品登记包括两个相互独立的系统：权属登记和使用登记。

其一，权属登记。民间文学艺术作品的主体是群体，由群体的全部成员进行登记不具备可行性，而且，出于历史、地理、人文等因素，有些民间文学艺术作品本身的归属可能十分复杂，不可能凭借在专门管理机构的登记而简单地确定权属。将民间文学艺术作品的权属登记与使用登记和付费机制分离开来，不会影响民间文学艺术作品的使用；围绕权属问题产生的主体和客体等争议及其解决方案，仅会影响专门管理机构收取的使用费之最终转付和分配去向。因此，民间文学艺术作品的权属登记，可以设计为一个由主体代表机构代为申请的机制，并辅以公告、争议程序，对主体代表机构的资格、民间文学艺术作品的内容及归属等可能产生的争议进行协商解决；同时，考虑到民间文学艺术作品的主体大多生活于偏远地区、权利意识普遍欠缺等因素，登记的公告、争议解决方式以及期间的设定等都应当相对宽松。比如，可以规定公告期为专门管理机构收到符合要求的登记申请之日起一年内，公告的方式包括在民间文学艺术作品主管机构以及中国民间文艺家协会的官方网站上进行公告，在此期间任何人均可向负责登记的专门管理机构提出异议。民间文学艺术作品专门管理机构下设登记纠纷调解委员会，将民间文艺界的主要专家纳入专家库，收到争议申请后，委员会应当及时组织专家召开包括争议申请人和登记申请人双方参加的听证会，根据双方提供的证据做出对民间文学艺术作品权属的裁决，必要时还可另行委托专家鉴定。对现有证据无法确定某一民间文学艺术作品归属的，纠纷调解委员会可裁决其为相关主体共同所有；任何一方不服该裁决的可以在规定的期限内向人民法院起诉要求确权。另外，鉴于民间文艺文学艺术作品的特殊性，为了避免《条例》通过后法院的压力突增，可以规定民间文学艺术作品专门管理机构设立的纠纷调解委员会的听证和裁决程序为诉前的必要前置程序，以便对可能诉争到法院的案件之原告、被告的适格性，以及被使用的民间文学艺术作品本身的内容等问题事先进行判定，无程序瑕疵的委员会裁决可以作为法院判决的优势证据。民间文学艺术作品专门管理机构应当根据生效的裁决或判决进行公告登记。

其二，使用登记。民间文学艺术作品的商业使用人应当主动在使用之前，或者接到主管专门管理机构的通知后一年内到民间文学艺术作品专门管理机构就使用情况进行登记，并交纳使用费。使用人可以在使用之前自己了解，也可以根据文化部门名录事先查询（或通过其他方式知晓）其使用的民间文学艺术作品的基本信息并据此进行登记。民间文学艺术作品专门管理机构应当设立民间文学艺术作品使用情况登记和公告机制，公告已经登记的被使用的民间文学艺术作品之主体、客体、使用费收取情况等。专门管理机构还应设立民间文学艺术作品使用通知登记制度，对收到通知后没有主动进行登记的使用人采取书面公告通知，限定其在一年内进行登记和交费。在规定期限内对所使用的民间文学艺术作品、作品主体及其代表机构等没有争议的，民间文学艺术作品专门管理机构在扣除一定的管理费后，将民间文学艺术作品的使用费转付所登记的相应的主体代表机构，由其按照族群内部规约或习惯法分配或使用。如果对民间文学艺术作品的主体或其代表机构有争议并在规定期限内提出的，民间文学艺术作品专门管理机构将留存该使用费，待相关民间文学艺术作品、作品主体及其代表机构的争议纠纷最终解决后转付。

当然，民间文学艺术作品权属登记和使用登记制度的细则，如登记内容和相关期限、纠纷调解委员会的组成和职责、登记的撤销或变更、争议解决程序、通知和公告等，需要更全面的研究论证，可以通过《条例》之外的细则办法另行制定和完善。

（四）民间文学艺术作品保护的受益人

制定《条例》，是为民间文学艺术作品的保护设立法律依据，实质是通过设立专门管理机构收取民间文学艺术作品在传统范围外的商业性使用费，并将相关费用转付民间文学艺术作品的权利人代表，用于鼓励、促进民间文学艺术作品的传承和发展。

为实现这一目的，《条例》所指的民间文学艺术作品的权利人，当然就是作品商业化利用的受益人，即创作和传承该作品的民族、族群或地区全体成员。为了避免民间文学艺术作品主体、客体的复杂性和不确定性给民间文学艺术作品的利用带来阻碍，笔者在前文论述了我国民间文学艺术作品保护机制的设立方式，即将民间文学艺术作品权属登记与使用登记相分离，由使用人直接向民间文学艺术作品专门管理机构进行强制性使用登记和交费的法定许可模式。其中，使用登记并不复杂，使用人只要遵守按期登记和交费的义务即可以放心进行商业化利用而不必担心侵权风险；只要没有程序瑕疵，民间文学艺术专门管理机构可以代为收取和留存使用费，并将其转付最终确定的权利人代表或相应的公益机构。

民间文学艺术作品保护机制的最终落脚点，在于专门管理机构代为收取的民间文学艺术作品法定许可使用费如何转付给民间文学艺术作品主体。解决这一难题，还是要借助权属登记与使用登记两个登记系统，并发挥各级政府文化主管部门和致力于民间文艺传承和发展的非政府组织的作用。具体说，为保障民间文学艺术作品主体的获得报酬权，并获得其作品的商业化利用收益（惠益分享权），可采取以下措施。

1. 使用情况登记及其公示

由于登记事关相关各方的核心权利义务，民间文学艺术作品的使用情况应当登记和公示。事实上，明确使用登记的相关规定，目的就在于增加程序上的透明度，减少社会上可能出现的疑虑，同时也便于相关主体认领自己作品的商业使用报酬。如前所述，使用登记所记载的民间文学艺术作品主体、客体之信息在一开始仅是一种推定，争议发生时还应按争议解决后所确定的最终权属向相关主体转付报酬。

具体说，使用人使用了民间文学艺术作品的，应当在被使用的内容投放市场后的一年内到民间文学艺术专门管理机构登记，民间文学艺术专门管理机构也可以主动或应第三人请求通知使用人进行登记；使用人在收到通知后一年内未进行使用登记和支付使用费，并拒绝协商履行义务的，民间文学艺术专门管理机构可以请求法院判决其承担相应的法律责任。民间文学艺术专门管理机构应当将使用人对民间文学艺术作品的使用信息登记备案，包括具体作品的名称、推定主体、使用人基本情况、使用数量和范围、使用报酬额及支付办法、使用方式及期限等，内容尽量详细。民间文学艺术专门管理机构还应当实时更新并向社会公示已登记的民间文学艺术作品的使用信息；考虑一定的滞后性，公示应当在使用登记完成之日起一个月内发布。

2. 基于权属登记的使用费收转

事先没有登记的民间文学艺术作品权利人，在民间文学艺术作品专门管理机构将使用登记情况公示后的两年内，应当向该机构进行权属登记，以便该机构将其收取的使用费分配给相应的主体（民族、族群或者地区全体人民）或其代表机构。这里，为转付使用费而进行的权属登记及相关的争议解决办法，可以比照本文前面所述的权属登记和确权程序处理。

如前文所述，民间文学艺术作品的权利人可就其作品进行事先的权属登记，经登记备案和公示无争议的民间文学艺术作品权属登记文书即可作为民间文学艺术作品专门管理机构转付相关作品使用费的依据；当然，民间文学艺术作品事先未进行登记的，也不影响特定的民族、族群或者地区人民享有其作品的使用收益。换言之，使用登记和权属登记公告期满且没有争议的，相关费用由民间文学艺术作品专门管理机构转付给被使用之民间文学艺术作品的受益人；如果主体发生争议，则按照程序最后确认的受益人（争议各方可以和解）转付相关费用；如果民间文学艺术作品专门管理机构代为收取的使用费自收取后五年内因权利人或其代表机构无法确认而不能分配的，自第六年起转入相应地区依法设立的相关非政府组织（NGO），没有相关NGO的，转入当地文化主管部门（通常设有非物质文化遗产管理机构），用以鼓励当地民间文学艺术的传承、弘扬和发展。为体现信息公开，民间文学艺术作品专门管理机构应当将前述具体情况进行公示。

3. 民间文艺作品权属登记和使用登记数据库的建立与查询

民间文学艺术作品专门管理机构应当建立数据库，向社会公示民间文学艺术作品权属登记、使用登记以及使用费收转等相关情况并随时更新。

综上，笔者认为，《条例》应当结合民间文学艺术作品权属登记制度来解决受益人的确定和使用费转付机制；同时，依《条例》设立的民间文学艺术专门管理机构应当建立数据库，随时向社会公示民间文学艺术作品的权属状况、使用情况（包括变动情况）以及使用费的收取和分配等相关情况。所有因主体或受益人无法确定而无法定向转付的民间文学艺术作品使用费，应当交由专门的基金会或地方文化主管部门用于鼓励和支持国家民间文艺的传承。

三　结语

现代知识产权法律制度是由科技和文化相对发达的国家和地区创建和推行的，随着高新科技的飞速发展，国际知识产权保护范围日益扩大，保护力度日益加强。可以说，在我国知识产权制度建立和发展的前30年，国内知识产权法律制度的制定和修改，主要是围绕着应对融入世界经贸体系的需要进行的；即使在国家知识产权战略实施之后，我国的知识产权法律制度完善的重点，也仍在于应对全球化和高新技术带来的挑战以及规范市场经济秩序的需要。相对来说，尽管各界很早就意识到遗传资源、传统知识、民间文学艺术是我国的长项，但与之相关的知识产权法律制度建设未及推进，比如，地理标志保护制度至今没有统一的立法和实施规则，而早在1990年即明确列入《著作权法》的民间文学艺术作品的保护，立法进程也十分缓慢。

民间文学艺术作品是中华文化的有机组成部分。面对民间文学艺术作品逐渐流失的现状，我国目前的研究不应该一直停留在是否应立法保护的问题上，而是要进一步论证落实怎么立法和怎么有效保护民间文学艺术作品的问题；至于立法保护的客体是叫"作品"还是"表达"，"著作权"三个字的限定要不要去掉等都是技术性的问题，可以根据《著作权法》第三次修订的最终结果进行调整。应明确的立法思路是：通过《条例》的制定，建立起一套可操作的民间文学艺术作品保护机制，一方面可以通过利益反馈激励主体继续传承和利用以挽救中国逐渐流失的民间文学艺术，另一方面也可以为我国今后在国际论坛上参与国际规则制定争取更多话语权。简言之，制定和通过《条例》的实质，是为我国民间文学艺术中那些具有作品表现形式的内容提供类似著作权的特殊权利保护。笔者认为，建立以严格的使用登记并以公告程序相配套的法定许可模式，并辅以允许权利人选择事先或事后的权属登记的确权程序，可以达到通过让权利人或受益人分享其民间文学艺术作品商业性使用获益的方式来鼓励其保持民间文艺传承的目的。最后，要落实民间文学艺术作品的民事法律保护，罚则必不可少。具体的民事、行政、刑事责任规则可以参照《著作权法》制定，这里不再详述。还有一点需要再次强调：鉴于现实中民间文学艺术作品权利人主动主张权利极其困难，依《条例》设立的专门管理机构在民间文学艺术作品保护中具有特别重要的作用，应赋予其通知使用人按期进行登记以及以自己的名义对违法者依法提起诉讼的权利。当然，要在现有的《著作权法》的框架下制定一种实质上属于特殊权利保护的制度并不容易，相关概念、措辞以及具体方案都有待进一步斟酌，尤其在民间文学艺术作品的认定、登记公告程序方面还需进一步研究，并获得文化主管部门的配合。

（原载《法律科学》（西北政法大学学报）2016年第4期）

民间艺术的权益和保护

赵 农*

一

2001年，一位陕北民间剪纸艺人上诉北京市第一中级人民法院，因国家邮政局在发行辛巳年（2001）生肖邮票时有侵权行为，要求赔偿100万人民币。据案情介绍，原告在为邮票印制局的编辑人员提供原作时，曾被编辑人员告知其作品将作为生肖邮票的素材使用，当时支付了1000元的资料费。但是，原告为什么还要打官司呢？主要原因是原告得知自己的生肖剪纸作品被修改采用后，公告中的邮票作者（设计者）是邮票印制局的设计师，而不是自己。由此而引起的诉讼过程引发了许多话题，一审败诉后，原告继续上诉到北京市高级人民法院。在二审中，辩论的焦点为原告的剪纸作品是不是设计稿；生肖邮票是有价证券，还是仅有收藏价值的特殊商品；原告的剪纸作品是不是原创美术作品。[1]

这个诉讼案件按照已有的民事法律程序已经没有什么悬念，关键

---

* 赵农，西安美术学院美术史论系教授。主要研究方向为艺术设计史论、关中民间手工艺文化、美术学。

[1] 李潮：《直面邮票知识产权 聚焦"辛巳年邮票案"》，《集邮》2002年第6期。

是由此引发的民间艺术的法律保护问题,需要引起社会的关注。尤其是在加强对民族文化保护开发利用过程中,亟须制定相关的法律文件,以确保民间艺术健康地生存和发展。

原告的剪纸作品是不是设计稿?其实,这不是问题。邮票虽然大小只有方寸,但仍是整体的平面设计的结果,需要设计师的设计智慧,需要其对色彩、构图、形象进行创意设计。原告的生肖剪纸作品虽属主体,但只是生肖邮票的素材稿,随后公开的报纸上有署名原告为"第一图剪纸作者"及姓名的告示。因此,原告是《辛巳年》生肖邮票的"第一图剪纸作者",而不是《辛巳年》生肖邮票的设计者(著作权的被保护者),这应是法律的常识问题。

生肖邮票是有价证券,还是仅有收藏价值的特殊商品?这本是经济学中的物价问题。"普通邮票发行数量由邮政企业按照市场需要确定,报国务院邮政管理部门备案;纪念邮票和特种邮票发行计划由邮政企业根据市场需要提出,报国务院邮政管理部门审定。国务院邮政管理部门负责纪念邮票的选题和图案审查。邮政管理部门依法对邮票的印制、销售实施监督。"①

其实,最引人思考的是原告的剪纸作品是不是原创美术作品的问题。这个问题的延伸就是"民间艺术作品"是创作(原创)的还是复制的?这涉及长期以来对民间艺术作品的法律责任和保护办法的实施。

界定"原创"和"复制"的法律概念,以真正起到保护民间艺人权益的作用。而民间艺人对自己权利的保护,也存在一定的认识误区,这是多年来封闭落后的文化环境所导致的。什么是原创?什么是复制?原创和复制之间的区别在哪里?如果仅仅是复制,民间艺术是怎么发展演变的?民间艺术有无发展?这都是我们要回答的问题。

什么是创作(原创)?《辞海》的定义是:"文艺作品的创造活动。是一种具有显著个性特点的复杂精神劳动,须极大地发挥创作主体的创造力,包括敏锐的感受力、深邃的洞察力、丰富的想象力、充分的

---

① 《中华人民共和国邮政法》第四章第四十二条。

概括力以及相应的艺术表现技巧。"①

什么是复制？《辞海》确定为："（1）仿照原件制作。（2）产生与模板相同结构的生物合成过程。（3）著作权法上指以印刷、复印、临摹、拓印、录音、录像、翻录、翻拍等方式将作品制作一份或者多份的行为。是作品得以传播的重要手段。"②

民间艺术的作品多被确定为"非个人的、连续的、缓慢的创作活动过程的产物"，③而作者是"创作该民间文学艺术作品的社会群体"。④

民间艺术的"共同遗产""群体智慧""集体拥有""非正常创新""零散的口传知识"等特性，一方面造成法律保护的模糊性，另一方面也造成了民间艺人权益保护的被动性。

民间艺术发展缓慢是事实，但是必然有一定的创造性。在某一地区的同类民间艺术中，必然有一位艺人高出其他的艺人，"复制"了前人流传下来的样式，并代表了这个地区这类作品的最高水平。如果是这样，这种"复制"必然有一定的"再造性"的创作意义。例如，小说改编成电影作品，改编的剧本应有一定的"再造性"。因此，不能笼统地认为，民间艺术的样式流传，仅仅是复制，而不是创作。这也是在鼓励民间艺人不断提高知识和技能水平。

民间艺人大多生活在社会基层，需要社会尊重和保护。瑰丽富饶的民间艺术是无数民间艺人薪火相传的结果，构成了多姿多彩的中华民族文化。但是对民间艺人权益的有形和无形的侵害剥夺，需要引起我们的高度重视。民间艺人的文化水平比较低，决定了其自身话语权的被动，没有主动的表述渠道和知识储备，导致其被侵权后无法申述。同时，民间艺人权益保护的被动性，还在于文化水平的局限导致了创作条件的贫困，这也是民间艺术发展迟缓的原因。民间艺人发表作品困难，也导致民间艺术默默无闻、自生自灭。

---

① 《辞海》，上海辞书出版社，1999，第517页。
② 《辞海》，上海辞书出版社，1999，第579页。
③ 陶然、君华：《中华人民共和国著作权法实务问答》，法律出版社，2002，第77页。
④ 陶然、君华：《中华人民共和国著作权法实务问答》，法律出版社，2002，第77页。

重视民间艺术的权益保护研究，实际上包含民间艺人的自救问题，也表达了社会对民间艺术和民间艺人的知识关怀。

在国际上，各个国家对民间文化有不同的称呼，如民间文化知识、民间文化艺术、民间文学艺术以及民俗创作、民俗著作、民间文学艺术作品等。我国使用"民间文学艺术作品"这个称呼，而现行的著作权法却不直接涉及其保护。2001年10月27日修正的《中华人民共和国著作权法》（简称《著作权法》）第一章第六条规定："民间文学艺术作品的著作权保护办法由国务院另行规定。"

本文讨论的"民间艺术"，是"民间文学艺术作品"的一部分。本文的讨论是基于笔者长期在关中地区进行的民间手工艺调研和相关思考。民间艺术的边界有时很清晰，有时又非常模糊。例如，笔者近年研究陕西东路皮影艺术，发现皮影艺术除了美术的造型外，还涉及材料技术的独特手工艺问题，以及碗碗腔音乐，文学剧本和相关的梆子戏、老腔等戏曲问题，构成了美术、音乐、文学等交融聚集的现象。这种民间艺术，的确不是作者明晰的产物，而是数百年来，无数民间艺人心血汇集的结果。但是，仍然有一种现象，因为当代的艺人和作者的杰出创造，而达到了一定的艺术水平。

二

研究者对民间艺术原生态的主观提升，强化了民间艺术作品不同于主流艺术的审美意义，为艺术发展带来了民间文化健康、鲜活的生命气息。因此，艺术家在创作过程中往往会下乡采风，艺术家在采风过程中，收集了大量的民间艺术作品，却忽略了对民间艺术作者的资料记录，结果在公开发表和引用民间艺术作品时，缺少民间艺术作者的姓名，或者转引复杂，导致一定意义的侵权行为。甚至上级文化部门，以征调、收集的形式，对民间艺术作品进行无偿采集，或者以奖状或收藏证的形式予以交换，这种行为是不合理的。

这一方面是因为民间艺人的文化水平比较低，缺乏保护意识，另一方面是因为以往的政策体制，尤其是文化管理部门对民间艺术的管理存在缺失。如今，随着社会各界对民间艺术保护意识与法律意识的增强，"采风"必须尊重民间艺人的权益，与民间艺人建立必要的信任感。

　　此外，主流美术家法律意识的淡薄，也造成了对民间艺术和民间艺人权益的损害。他们在采风时不重视民间艺人的权益，甚至欺骗民间艺人。因此，笔者认为，一方面要从《著作权法》的角度，保护民间艺人的积极性，强调其作品的创新意义；另一方面要从保护民间艺术的角度，保持民间艺术的传统特色。事实上，要求民间艺术甚至民间艺人如"活化石"一般，游离于现代社会之外，独立存在，是残酷的、不道德的。

　　对民间艺术生态缺乏保护所造成的不良后果，已经暴露无遗，这就如同人类对原始森林的砍伐所造成的生态环境的恶化一样。民间文艺需要法律保护，民间艺人的权益保护必须引起法律界、知识界的重视，而不能只是依靠自下而上的反馈。只有提高民间艺人的文化知识水平和法律意识，尊重民间艺人的知识劳动成果，才能推动民间艺术的进步。

　　许多地方政府之所以关注民间艺术，有一个不可回避的原因是民间艺术能够产生相当的社会经济效益，这也是民间艺术的一种延伸。民间艺术确实可以带来相应的经济效益，但是对民间艺术粗放式的经营，会带来新的问题。

　　民间艺术属于传统知识"公共领域"的成果，《著作权法》对民间文化知识成果的保护力度不够，究其原因，一方面在于民间文化知识的被动性、模糊性，另一方面在于民间艺人被认为缺乏创造性。随着经济的发展和社会的进步，大量的民间艺术资源转化成商业产品，带来了一定的经济效益。如果对其不加以保护，就会造成民间艺术因为具有公共性而被无偿使用，从而使其权益得不到有效保护的问题。民间艺术作品事实上有其所属主体，因而存在著作权的问题。

世世代代生活在乡村的民间艺人创造的"民间艺术"应受到法律保护，因此地方政府有责任也有义务扶植民间艺术；民间艺术的研究者也有责任为民间艺术的健康发展提供必要的可行的思路。

民间艺术的法律保护问题，关键是保护，而不是削弱民间艺人的权益。完善相关的法律法规，鼓励民间艺术的健康发展，是有着现实意义的。

同时，对民间艺人的责任也应该有所界定。民间艺术的模糊性导致相关法律法规的制定存在一定困难，导致现有法律的被动，不利于民间艺术的真正保护。

三

在20世纪六七十年代，非洲一些国家对民间文学艺术作品的保护，采取了版权法保护的模式，与民间艺人建立"契约"关系，为民间艺人提供最基本的经济保障。日本、韩国等国家和地区的民俗民艺研究，也为我们提供了积极的思路与方法。

1985年10月，联合国教科文组织大会第23次会议通过了《关于保护民间文学国际通用规则中技术、法律和行政方面的初步研究》。这是一份建议性的文件，它对"民间文学"的定义如下。

> 民间文学（更广义地说，传统的和大众的民间文化）是一种集团或个人的创造，面向该集团并世代流传，它反映了这个团体的期望，是代表这个团体文化和社会个性的恰当的表达形式，它的准则和价值观念通过模仿和其他方面由口头流传下来。其形式主要包括语言、文学、音乐、舞蹈、游戏、神话、宗教仪式、风俗习惯、手工艺品、建筑及其他艺术。

对"民间文化"的价值的阐释，集中表现在如下这段话里。

民间文化包含人们形成赖以生存的基础而提供给自己的一切。它是，并明显地表现出隶属于某一人类集团的文化，一种流行的、传统的文化，它在这个集团的历史进程中随着这个集团需要的变化而变化，而这个集团又紧紧依附于这种文化，因为它是这个集团社会生活的根基。

关于保护民间文艺，它写道：

保存的任务是保护民间文学，这是因为注意到这样一个事实：人们有权拥有自己的文化，而电视、报刊和广播等工业化文化的冲击使他们对自己文化的信仰受到侵蚀。

民间文学作为精神财富必须受到保护，它所代表的集团（家族、职业、国家、地区、宗教、种族，等等）既是保护措施的实施者，也是保护措施的受益者。①

1989年4月，联合国教科文组织所属的"负责制定向会员国提出保护民间创作建议案草案的政府专家特别委员会"在巴黎会议上通过的准备提交联合国教科文组织第25届大会的《保护民间创作建议案草案》中有一个"民间创作的保护"的条款。这个条款对民间文化的保护做了下列表述。

保护涉及对民间创作传统及其传播者的维护。因为各族人民有权享有自己的文化，也因为人民与这种文化的结合力常常由于传播工具传播之工业化文化的影响而削弱。因此，必须采取措施，在产生民间创作传统的群体内部和外部，保障民间创作传统的地位，并

---

① 上述几段引文出自刘守华《民间文艺及其开发与保护》，载冯骥才主编《守望民间》，西苑出版社，2002，第34~35页。

保证从经济上给予支持。为此，各会员国应：（a）以适当方式进行民间创作教学与研究，并将其纳入校内外教学计划，应特别强调对广义的民间创作的重视，不仅应考虑到乡村文化或其他农村文化，也应注意由各种社团、职业、机构等创造的有助于更好了解世界各种文化和看法的文化，尤其是不属于主要文化的那些文化；（b）保证各文化团体有权享有自己的民间创作，同时还支持其资料、档案、研究等方面的活动以及传统的做法；（c）在跨学科基础上建立各有关团体均有代表参加的全国民间创作委员会或类似的协调机构；（d）向研究、宣传、致力或拥有民间创作材料的个人和机构提供道义和经济上的支持；（e）促进有关保护民间创作的科学研究。[①]

与此相关的是联合国教科文组织和世界知识产权组织在1982年便制定了《保护民间文学表达形式，防止不正当利用及其他侵害行为的国内法示范法条》。

1982年联合国经济及社会理事会曾经成立"原住民族工作小组"，并在1993年通过了《世界原住民权利宣言草案》（简称《宣言草案》），特别就有关原住民之文化与智能财产权做出规定："原住民对于其文化方面的传统与习俗之运用及重生应享有权利。此一权利包括对于其过去、现在及未来于文化上的表现，例如考古及历史遗迹、史前文物、设计、祭仪、技术、视觉及表演方面的艺术及文学等，予以维护、保护及发展之权利，以及对于未经其自由意志下之同意，或违反其法律、传统与习俗之情形下，被攫取的文化、智能、宗教或精神上的财产，予以取回之权利。"（《宣言草案》第12条）"原住民对于其文化与智能财产权之所有权、控制与保护，应被完全地被认可。其应有权采取特别的措施，以控制、发展及保护在科学、技术及文化方面的表现，

[①] 刘锡诚：《不应再是"旷野里的呼唤"》，载冯骥才主编《守望民间》，西苑出版社，2002，第70~71页。

包括人类或其他遗传资源、种子、医药、动植物方面之知识、口语传说、文学、设计、视觉及表演艺术。"(《宣言草案》第29条）

正确认识民间艺人的权利，尤其是正确认识民间艺人的智能财产权，呼吁国内相关法律的建构和实施，是促进民间艺术良性发展的现实问题。民间艺术的发掘可以带来相应的经济效益。与民间艺人建立"契约"关系，为民间艺人提供最基本的经济保障。

笔者近年从事民间手工艺问题的研究，由此引发的相关思考也比较多。民间手工艺与其他民间艺术一样，也是民间文化知识的成果，它不仅是审美意义的产物，还是生态劳作的成果，会直接影响地区的经济生活水平。人文学者的关怀，从根本上讲是对人类文化生态的关怀。人文关怀不是抽象的精神，而是实实在在的生存方式。大量的民间艺人如何通过手艺致富是目前最迫切的问题，相关的法律保护问题也亟待解决。

民间艺术是社会文化的一部分，是老百姓的智慧结晶，也应该有自发的创造过程。所谓原生态，实际上是过去富裕光景所遗留下来的物质生活印证。民间艺术主要是乡村文化中的问题。费孝通先生说过："我们不能把古镇当作一件古董来保管。古镇有居民，他们有权利争取现代化生活。"①

研究民间艺术的发展，也是推进乡村城市化的过程，现代社会生活离不开法律，民间艺术的基础是民间艺人，他们有追求现代化生活的权利，也需要有明确的法律保护其相关权益。

（原载《民艺》2021年第1期）

---

① 费孝通：《江村故事》，群言出版社，2001，第110页。

保护传统文化的政策目标论纲

黄玉烨[*]

世界知识产权组织关于保护传统知识、基因资源和传统文化的政府间委员会（WIPO-IGC）于 2006 年 11 月 30 日~12 月 8 日进行了会谈，会议期间取得了新的进展，WIPO 成员同意就传统知识和传统文化的保护做预先会谈，并最终引向一个新的国际条约。同时也由于发展中国家与发达国家之间意见不一而陷入僵局，发展中国家努力通过一个实质性的法令，而一些发达国家如美国、日本、加拿大、澳大利亚和新西兰则坚持要谨慎从事，认为 WIPO 成员国应该首先讨论有关传统知识和传统文化知识产权保护的政策目标和基本法则，只有就有关的目标和法则达成协议，才能开始讨论有关知识产权保护的实质性问题。[①] 虽然发达国家保留其权利会妨碍传统文化国际保护条约的形成，但是，明确传统文化保护的政策目标确实很有必要，它关系到传统文化的法律保护是否能够实现，直接影响到传统文化保护的实质性条款，对传统文化的保护模式、保护范围、权利主体、权利内容及其限制、

---

[*] 黄玉烨，中南财经政法大学知识产权学院副院长，教授，博士研究生导师。兼任文化和旅游部文化和旅游研究基地（中南财经政法大学）副主任，国家版权局国际版权研究基地研究员，中国知识产法研究会理事，中国高校知识产权人才培养委员会副秘书长。国家知识产权专家库专家，首届全国知识产权领军人才，武汉市"黄鹤英才"，中南财经政法大学首届中青年优秀主讲教师。

[①] See "WIPO Members Agree on Way Forward For Traditional Knowledga Talks," *Patent, Trademark & Copyright Journal*, Vol. 73, No. 1798, pp. 194 – 195

保护期限、法律救济及赔偿、外国持有人的保护、保护的管理与执行等问题具有决定性意义。正因为此，在商讨传统文化法律保护的进程中，其政策性目标始终都是国内与国际社会、学界重点关注的一个问题，也就此提出了许多有价值的建议。1982年《关于保护传统文化表现形式、防止不正当利用及其他损害性行为的国内示范条款》（简称《示范条款》）确定的目标是"防止不正当利用及其他损害性行为"。[①] WIPO-IGC第七次大会上，大会秘书处综合各成员提出的会内外意见和建议，专门就传统文化保护的政策目标形成了文件1《保护传统文化政策目标与核心原则》，并广泛征求意见，以期制定一个能够照顾各方利益的国际准则。该政策目标在随后的三次会议中予以了修订和讨论，在委员会中广泛地征求了意见，并且已经在一些国家、地区和其他国际性的立法和政策制定程序中作为草案或参考要点使用。[②] 最后在WIPO-IGC第十次大会文件4《保护传统文化政策目标与核心原则》所列的政策目标包括十三项：承认价值；增进尊重；满足社区的实际需要；防止对传统文化的不正当占有；授权给社区；维持习惯做法与社区合作；有助于保护传统文化；鼓励社区创新与创造；促进智力与艺术自由、研究与平等条件下的文化交流；有助于文化多样性；鼓励社区发展与合法的贸易活动；排除未经认可的知识产权；增强确定性、透明度和相互信任。[③] WIPO-IGC文件比较全面地表述了保护传统文化的目标，但是，文件内容过于庞杂，目标过多，未能突出重点，有碍于目标的实现。《示范条款》则过于简单，未能涵盖保护传统文化的目标。本文认为，相应于传统文化的特性及价值，保护传统文化的政策目标可概括为三个方面：承认价值与增进尊重、有利于保持文化的多样性以及促进文化的交流与创新，其他的目标可以通过这三个方面或者在具体制度的制定中予以体现。

---

① See Model Provisions for National Laws on the Protection of Expressions of Folklore Against Illicit Exploitation and Other Prejudicial Actions with a Commentary. Unesco & WIPO. 1985.
② WIPO/GRTKF/IC/10/INF/4，http://www.wipo.int
③ WIPO/GRTKF/IC/10/4，http://www.wipo.int

一 承认价值与增进尊重

(一) 传统文化的民族性与价值

作为人类文明重要组成部分的传统文化既是一个民族文化特性的体现,又是现代科技与文化成果创新的重要组成部分,是现代文学艺术的创新之"源"。对传统文化的商业性使用,能够为使用人带来巨大的经济利益。"传统文化多种多样的表现形式的传播,可能导致对一国文化遗产的不适当利用。传统文化的任何商业上或者其他自然的滥用或者任何扭曲,是对一国文化和经济利益的损害。"[1] 因此,非常有必要承认传统文化的固有价值,包括其社会、文化、精神、经济、思想、商业和教育价值,并肯定传统文化内容丰富,是不断进行的造福于全人类的创新与发明活动的框架;有必要增进人们对传统文化和民间文学艺术以及对保存并维持这些文化和传统文化表现形式的各族人民和各社区的尊严、文化完整、思想和精神价值的尊重。[2]

传统文化具有鲜明的民族性与区域性特征,是民族特性的反映,各民族通过各种宗教信仰、神话故事、语言文字、象征符号来表达其民族意识和民族情感,反映其价值观念和伦理规范。传统文化往往是与特定的主体相联系,是由某一民族、部落或地区的人民集体创作,是对该社会群体的文化或社会特性的反映。每一种文化都有自己的特点,会受所属民族的生活环境、生产条件、思想文化、科技发展水平的影响,"每一种文化代表一整套独特的不可替代的价值,因为每个民族通过其传统和表达方式最完美地体现其存在于世界之林"。[3] 对一个

---

[1] See *Model Provisions for National Laws on the Protection of Expressions of Folklore Against Illicit Exploitation and Other Prejudicial Actions with a Commentary.* Unesco & WIPO. 1985.
[2] WIPO/GRTKF/IC/7/3, annex 1
[3] 《墨西哥城文化政策宣言》第1条。

民族来说，传统文化是本民族基本的识别标志，是维系民族存在的根本，是促进民族发展的动力和源泉，创作通常不是为了商业性目的，而是为了信仰或文化特性的表达。传统文化的产生与发展，大多经过漫长的岁月，经过本民族或本地域的人们一代一代地传诵，充分汲取了该民族或该地域的文化气息，与其特定的原初环境密不可分。不同民族与地区，有不同的文化，如我国著名的三大英雄史诗，藏族的《格萨尔王传》、柯尔克孜族的《玛纳斯》和蒙古族的《江格尔》分别代表了上述三个民族对征战英雄的赞颂与怀念之情。许多民族的传统文化具有特别的含义，往往与其祖先的足迹、事件和地点相联系，权利人非常重视其领地形象。

诚如《保护和促进文化表现形式多样性公约》指出的："保护与促进文化表现形式多样性的前提是承认所有文化，包括少数民族和原住民的文化在内，具有同等尊严，并应受到同等尊重"。对传统文化价值的承认与尊重，是我们保护传统文化的最基本的政策目标，也是给予传统文化所有人以精神权利保护的一个重要依据。传统文化是创作者民族特性的体现、人格的反映，创作者在其传统文化中表达了一定的思想或情感，蕴含在传统文化的民族特性应当受到承认与尊重，表现在传统文化中的人格利益理应受到法律的保护。具体而言，基于传统文化的民族性而需要保护的精神权利体现在以下三个方面。

第一，作为传统文化的权利人，应当有权决定是否将传统文化公之于众，因为在传统文化的使用过程中，无论使用人的行为是不是商业性的都有可能对创作者的精神利益构成损害。有许多传统文化专有权人并不愿意其文化为世人所知，或者只希望在有限的范围内（人群或地域）为人所知，因为这些文化是其信仰、价值观的表现。例如"原生境文化"，产生于"圣境"理念之上，产生于对任何事物都有生命力的理解之上，亦即万物有灵。[1] 根据习惯，这些"圣境"文化往

---

[1] 严永和：《论传统知识的知识产权保护》，博士学位论文，中国财经政法大学，2005，第15页。

往不允许外传、为传统社区以外的人知悉，即使在本社区内也不是所有的人都可以知道和使用。如果未取得许可就对圣境文化进行滥用，将产生很严重的后果。

第二，传统文化的权利人享有以适当的方式表明其创作者身份的权利。在传统文化上表明其创作者身份的权利，意在表明创作者与传统文化之间的渊源关系。表明其创作者身份的权利不仅在原传统文化中行使，还应当在传承人基于传统文化而创作产生的作品或传播活动中行使。传统文化公开、使用的时候，权利人有权决定是否表明该文化的来源，如果违背权利人的意愿或者在使用与传统文化有关的产品中没有标明其来源，则构成侵权。如我国发生的"乌苏里船歌案"就属于典型的侵犯传统文化所有人身份权的行为，《乌苏里船歌》分明是在赫哲族民间音乐曲调的基础上改编完成的，但编曲人在使用其作品时却没有注明该歌曲曲调是源于赫哲族传统民间曲调。

第三，保护传统文化的完整权，即禁止他人将传统文化做贬损性使用，歪曲篡改其思想观点。在使用传统文化时，应当尊重产生传统文化的民族或群体的宗教信仰、风俗习惯和精神权利，不得擅自对传统文化进行修改，不得歪曲、篡改原生作品，不得违背原生作品独特的表现形式或艺术风格，不得做不适当使用。在澳大利亚地毯一案中，原告一再声明"被被告使用在地毯上的艺术品是属于我的部落的，是始祖创业传说中的一部分，这一形象对我的部落非常重要"。"把它复制在地毯上给我造成极大的痛苦。"[1] 被告将原告部族神圣的"形象"使用在地毯上任人践踏，就是一种贬损性使用，该行为给"形象"文化权人的精神造成了极大的痛苦。

（二）对传统文化的承认与尊重是基本人权的要求

人权，是人作为人基于人的自然属性和社会存在所应当享有的普

---

[1] Ms. Terri Janke Prepare for WIPO 2003：*Minding Culture：Case-Studies on Intellectual Property and Traditional Cultural Expressions*，http：//www.wipo.int，2005，1.

遍性权利，不分国家、意识形态、宗教和性别。经过几个世纪缓慢而复杂的发展，现代意义上的人权已经是公民权利和政治、经济、文化、社会、发展等多方面权利的综合统一体，不仅重视公民和政治权利，而且重视经济、社会、文化与发展的权利。传统文化的各个要素，语言文字、宗教信仰、价值观念等均与人权密切相关。此外，从各个有关文化权的国际公约及国内法来看，对文化权的保护均包含了对传统文化的保护。例如根据《经济、社会与文化权利公约》的规定，成员国在实施参与文化生活的权利的过程中必须就以下方面提供信息：提供资金，促进文化发展与大众参与；建立公共基础设施，贯彻大众参与促进文化认同的政策，使文化认同成为个人、团体、国家或地区间相互了解的因素；促进对国内各民族、少数人群以及土著民族文化的遗产的了解和欣赏；大众传媒与通信媒体对促进参与文化生活的作用；对文化遗产的保护与展示；保护艺术创造与表演自由的立法；文化艺术领域的专业教育；保护、发展和传播文化的其他措施。[①] 这里所指的各项措施无一不与传统文化有关，可见国际人权法视野下的文化权是包括了传统文化在内的。

　　文化认同权是各个国际人权公约关于文化权首要界定的权利内容，意即传统文化的权利主体享有表达和发展自己的文化特性（包括他们的语言、宗教、传统习俗等）的权利，有自由选择、享受、提高和分享本民族传统的权利。文化认同权是指每一个文化群体都有权保留并且发展自己特有的文化，不论在更广义的语境中自己的文化与其他文化是如何整合或如何相关联的。文化权利，特别是与保护文化遗产、具体人民的文化认同和文化发展相关的那些权利，被视为是"民族的权利"。[②]《关于文化政策的墨西哥宣言》指出，每种文化代表一整套独特的不可替代的价值，肯定文化特性有助于各国人民的解放。文化

---

① 雅努兹·西摩尼迪斯：《文化权利——一种被忽视的人权》，《国际社会科学杂志》中文版 1999 年第 4 期。
② 〔墨西哥〕R. 斯塔温黑根：《文化权利：社会科学的视角》，载黄列译《经济社会和文化的权利》，中国社会科学出版社，2003，第 103、97 页。

特性是一种激励性财富，它能提高人类的发展能力，推动各民族和集团从历史中吸取营养，接受与其固有特点相适应的外来帮助，并从而继续自身创造过程。土著民族的权利斗争便是一个很好的例子。自1982年以来，联合国促进和保护人权小组委员会成立了土著人工作小组，该小组一直在研究如何建立一套保护土著权益的国际标准，起草《土著人权利宣言》，文化权利是该文件的显著特点，如土著民族免受文化灭绝和文化群体灭绝的权利以及"恢复文化、知识、宗教和精神财产的权利，这些财产是在未经他们既有和充分同意的情况下或以违背他们的法律、传统和习俗的方式遭掠夺的"。[1] 联合国大会于1992年通过的《属于民族或种族、宗教以及语言少数群体的人的权利宣言》规定国家有义务保护少数人群体的生存和认同。

因此，在国际人权法视野下，文化权是一种基本的人权，各个民族的文化特性是平等的，不应受到任何歧视，传统文化的价值应当予以承认和尊重，并受到法律的有效保护，人们有权保持自己的生活方式，保留自己独特的语言、风俗和文化。

二 有利于保持文化的多样性

（一）传统文化与文化的多样性

根据世界文化政策会议（MONDIACULT，墨西哥，1982年）、世界文化和发展委员会报告《我们具有创造力的多样化》（1995年）以及政府间文化政策促进发展会议（斯德哥尔摩，1998年）的结论，联合国教科文组织《文化多样性宣言》指出："应把文化视为某个社会或某个社会群体特有的精神与物质、智力与情感方面的不同特点之总和；除了文学和艺术外，文化还包括生活方式、共处的方式、价值观体系，

---

[1] 〔墨西哥〕R. 斯塔温黑根：《文化权利：社会科学的视角》，载黄列译《经济社会和文化的权利》，中国社会科学出版社，2003，第117页。

传统和信仰。"据此，我们可以把文化理解为：

第一，文化是特定社会群体的精神与物质、智力与情感的反映，其范围比较广泛，除了文学、美术、音乐和哲学，还包括语言、礼仪、信仰、历史遗址和古迹，此外，它还表现为科学和技术创造以及对自然环境的控制等种种形式，以及人类对于美与和谐的感受以及他们对世界的认同感与幻想等。①

第二，文化是特定社会群体的世界观、经济观、科技观、信仰和心理价值观，每一种文化代表一整套独特的不可替代的价值，它有别于其他相似的群体。作为社会意识形态的文化，不同的群体有不同的文化观，个人通过其文化实现自己的个性。与之同时，每一个共同的文化群体会有一种共同的语言、一段共同的历史、一套共同的宗教信仰和心理价值观。文化还具有民族性和地域性，在阶级社会中还有阶级性。

第三，文化不是静止的，每个可识别的文化植根于历史且随着时间产生变化，文化变革和文化的持续不断和充满动力的再创造是一个普遍现象。作为创造力的文化，是艺术和科学创造的过程，据此，在每个社会里，都有一些人在"创造"文化。②

因此，文化在不同的时代和不同的地方具有各种不同的表现形式，这种多样性的具体表现是构成人类的各群体和各社会的特性所具有的独特性和多样化。③ 任何文化都有其独一无二的禀性，这种独特的民族特征是各民族在漫长的历史中形成的对世界认知的反映。文化的多样性有两个层面：一是全球层面的文化多样性；二是一个国家内部层面的文化多样性。任何文化经过历史和竞争的考验，都有其存在的合理性，不同民族的文化也不具有价值上的可比性，它们对人类历史和社

---

① 〔美〕欧文. 拉兹洛编辑《多种文化的星球——联合国教科文组织国际专家小组的报告》，戴侃、辛未译，社会科学文献出版社，第7页。
② 参见〔墨西哥〕R. 斯塔温黑根《文化权利：社会科学的视角》，载黄列译《经济社会和文化的权利》，中国社会科学出版社，2003，第99～101页。
③ 《文化多样性宣言》第1条。

会的价值都具有重要意义。正是各种具有不同特性的文化的存在，才使文化在不断的交流与碰撞中得到发展，是文化的多样性培育了人类的创造性。

（二）保护传统文化是保存文化多样性的需要，保护传统文化应有利于文化多样性的保存

《文化多样性宣言》声明，文化多样性是一个有利于发展的因素，因为各个民族在历史、文化、经济、哲学和社会等方面的差异，是人类进行交流、创新和产生创造力的源泉。多样性培育了创造性，体现了人类群体适应和改变生活条件的能力。创造性的多元共存包括多种文化群体积极的和动态的共存，不同文化的人们之间"和谐相处"是理想的完美世界，它保证了生活变化的平等。[1] UNESCO 提出，"……文化不仅是精英人物所制造的作品和知识的积累……不限于艺术和人文作品，并且还是对关于某种生活方式和交际需要的知识和要求的习得"。[2] 世界文化多元化发展是历史发展的趋势和必然，是世界文化走向共同繁荣的必由之路。因此，文化多样性是我们人类的共同财富，应当予以保存并进一步发展。

全球化以市场经济为主要运转机制，需要协调、平衡、公正、彼此依赖的秩序，西方化必然要受到遏制。实践证明，任何国家如果想在国际贸易中获得成功，就必须尊重不同民族的包括语言文字、教育水平、宗教信仰、价值观念、风俗习惯、审美观等在内的文化传统。如近年来美国企业界从失败中明白：对外国文化缺乏了解，往往导致精心设计的经营计划以失败告终，于是兴起一股"跨文化培训热潮"，让员工们不以本民族的价值观来衡量他民族。[3] 联合国教科文组织文化

---

[1] 参见《世界文化报告——文化的多样性、冲突与多元共存》，北京大学出版社，2002，第 34~35 页。
[2] 雅努兹·西摩尼迪斯：《文化权利——一种被忽视的人权》，《国际社会科学杂志》（中文版）1999 年第 4 期。
[3] 牟薇：《文化民族主义的发展趋势》，《中国社会科学院研究生院学报》2000 年第 6 期。

部国际标准司司长林德尔·普罗特（LYNDL PROTT）指出：教科文组织1998年的《世界文化报告》将重点放在保护文化的多样性上，这不仅是出于对少数人群人权的考虑，而且是因为对人类的知识和文化资源来说，对那些已经延续了几千年、现在正以惊人速度消亡的传统风俗、语言和生活方式进行保护是极其重要的。[①]

　　文化的全球化是一种必然的发展趋势，传统文化势必在文化全球化的浪潮下接受洗礼，但全球化不等于西方化或者美国化，也不是以某一个民族或者国家的文化为统一标准。人类社会文化的一体化正如生物种群基因的单一化那样，如果没有自我改进和自我更新，最终所面临的只能是信息的消减和自身的衰退。[②] 各个民族应当沿着自己的目标和方向前进，在纷繁复杂的各民族、各地区文化历史传统的融合之中，学习他人之长，保留自身特色，并且在继承传统文化的同时，适合时代的要求而有所创新。文化不仅仅是一个民族的立身之本，而且文化的多样性、知识系统的多重性是非常重要的创新之"源"，是人类可持续发展的基本条件和重要条件之一。生命可能是短暂的，但艺术是永生的。那些保存下来的东西是历史长河中人类留下的记忆，我们珍视这些文化遗迹为不朽成就的提示，是对时间的挫败。古壁画、金字塔通过它们自身的存在来激励后人创造奇迹，重新唤醒人们的记忆。[③] 长期以来，有着历史、人文、社会、心理、经济、政治价值的传统文化，以其丰富多样的表现形式为文化的多样性做出了重大贡献。但传统文化在其现代化过程中，逐渐被主流文化所冲击，成为次要的、不受重视的边缘文化，甚至在传统社区内部，传统文化因缺乏时尚性、缺乏世界主流文化的认同而被年轻人冷落。因此，在经济全球化日益发展的形势下，保护和发展传统文化是一项非常紧迫的任务，也是保存文

---

① 《世界文化报告——文化的多样性、冲突与多元共存》，北京大学出版社，2002，第147页。
② 王亚南：《经济全球化中的文化多样性保护———西部人文资本开发思路》，《思想战线》2002年第1期。
③ John Henry Merryman：*Thinking about the Elgin Marbles：Critical Essays on Cultural Property Art and Law*，Published by Kluwer Law Internationl Ltd 2000，pp 65 – 68，p. 104。

化多样性的需要，保护传统文化应有利于文化多样性的保存。而保护传统文化与保存文化多样性又是相辅相成的，文化多样性的有效保护有利于传统文化的保护与发展。

三 促进文化的交流与创新

前已述及，传统文化具有文化、精神、经济、社会、思想、商业和教育等方面的价值，是民族文化特性的反映，各种不同特性的文化的存在使得文化在不断的交流与碰撞中得以发展，是文化的多样性培育了人类的创造性。例如由杨丽萍领衔编导、主演的大型原生态歌舞集锦《云南印象》，便是对云南丰富民族文化的继承与发展。因此，为使广大公众受益，并作为可持续发展的手段，应确定促进文化的交流与创新的政策目标，将保护文化遗产、普及文化、鼓励创作、推向世界作为国家经济发展的一项基本任务，使人们可以在公正、公平的条件下获得传统文化，并在广泛的应用中进一步创新。确立了促进文化的交流与创新目标，有助于传统文化保护模式的选择、经济权利的授予及其限制等具体制度的建立。

首先，在传统文化保护模式的选择上，宜采用知识产权特别权利保护模式。因为"促进文化的交流与创新"这一目标要求对传统文化的保护不仅仅是为了使其不致消灭，还要使其中优秀的文化为世人所认识和利用，弘扬民族文化。传统文化保护的落脚点应放在动态传统文化的可持续利用的保护上，而传统文化的私法保护可以授予传统文化的权利主体以垄断性权利，使其真正享有权利，有利于保存、发展以及合理利用本群体、本部落的传统文化。此外，传统文化具有创造性的特点，是一种智力创造成果。传统文化是由劳动人民集体创作、反映劳动人民思想感情、表现他们的审美观念和艺术特色并在广大人民群众中流传的智力成果。传统文化是来自某一文化社区的全部创作，这些创作以传统为依据、由某一群体或一些个体所表达并被认为是符合社区期望的,作为其文化和社会认同感的表达形式;传统文化,是显示某个社会或某个社会群体精神与物质,智力与感情的不同特点的总和;除了文学和艺术外,传统文化还包括生活方式、共处的方式、价值观体系、传统和信仰。传统文化的智力成果属性决定了它最适合于适用知识产权保护。知识产权法律制度就是通过授予智力创造者以知识产权来达到鼓励创新、促进智力成果推广应用并最终推动社会的进步与发展的目的。又由于现有的知识产权法律制度不能给予传统文化以有效的保护,因此有必要建立一种特别权利保护体系。

其次,激励理论是古典经济学家用以论证公共产品保护合理性的主要理论基础,也是最主要的有关知识产权的经济学理论。产权经济学和新制度经济学的理论表明,产权实质上是一套激励与约束机制,影响和激励行为是产权的一个基本功能。产权的一个主要功能是导引人们实现将外部性较大地内在化的激励,产权安排直接影响资源配置效率,一个社会的经济绩效如何,最终取决于产权安排对个人行为所提供的激励。共有制意味着共同体否定了国家或单个的市民干扰共同体内的任何人行使共有权利的权利,私有制则意味着共同体承认所有者有权排除其他人行使所有者的私有权。[1] 在私有产权下,私产所有者做出一项行动决策时,他就会考虑未来的收益和成本倾向,并选择他认为能使他的私有权利的现期价值最大化的方式,来做出使用资源的安排;而且他们为获取收益所产生的成本也只能由他个人来承担,因此,在共有产权下的许多外部性就在私有产权下被内在化了,从而产生了更有效地利益资源的激励机制。[2] 作为一种智力创造成果,传统文化具有有益的外部性,能够为人们所认识和利用,造福于人类社会,创造经济效益。传统文化具有边际收益递增性,传统文化作为一种生

---

[1] 〔美〕H. 登姆塞茨:《关于产权的理论》,载〔美〕R. 科斯、A. 阿尔钦、D. 诺斯等《财产权利与制度变迁——产权学派与新制度学派译文集》,上海三联书店、上海人民出版社1994年版,第98~105页。

[2] 〔美〕R. 科斯、A. 阿尔钦、D. 诺斯等:《财产权利与制度变迁——产权学派与新制度学派译文集》之译者的话,上海三联书店、上海人民出版社1994年版,第7~8页。

产要素投入到生产中，不仅可使原有的生产技术得到改善，而且能提高其他投入利用率，同时还可以通过利用传统文化后的附加信息反馈增加其本身的价值，所以即使在其他投入不变的情况下，边际收益也会不断上升。作为知识资产的一种，传统文化具有经济价值或潜在的经济价值，对传统文化的商业性使用往往能产生一定的经济利益。将激励理论适用于传统文化的保护，明确传统文化的产权关系，授予权利人经济权利，有利于传统文化的保存、交流与进一步发展。

传统文化具有公共产品的属性，在消费上不具排他性，在某一时空条件下可供不特定的多数人同时使用，一个人对传统文化的消费也不会妨碍其他人的消费。传统文化一旦公开，其权利人很难控制不向其支付费用而享受其产品利益的"搭便车"行为。从已有的对传统文化的使用情况来看，传统文化作为一种重要的文化资源，被人们直接使用或作为创新之源使用，在使用过程中已经产生了巨大的经济利益，但传统文化专有权人却没有得到任何经济利益。所以，在回答传统文化是公有还是私有问题的时候就要考虑传统文化的"外部经济效益"和"搭便车"问题，以效益最优为原则来设置有关制度，以矫正外部经济效益，并通过保护传统文化创造者的无形财产垄断权，来激发其创造积极性以及对传统文化的传播。诚如1982年《示范条款》指出的，保护传统文化的一个很重要的原因是"科学技术的迅速发展，特别是在录音、录像、广播、有线电视和电影摄制领域的发展，可能导致对该国文化遗产的不正当使用。缺乏对起源国的文化或经济利益的应有尊重，传统文化在世界范围内被商业化了，同时也不承认传统文化的创作者对使用的收益享有任何利益。"[1]

在传统文化的知识产权保护中，需要平衡三个方面的利益关系，即传统文化专有权利与义务之间的平衡，传统文化创造者、传播者、使用者三者之间的平衡，私人利益与公共利益的平衡，从而保护传统

---

[1] *Model Provisions for National Laws on the Protection of Expressions of Folklore Against Illicit Exploitation and Other Prejudicial Actions with a Commentary.* Unesco & WIPO. 1985.

文化的正当利用，避免发生对传统文化的垄断。传统文化作为人类重要的文化遗产，是现代作品重要的创新之源。古往今来，世界著名的文学艺术家们往往从传统文化的沃土中寻求灵感，从传统文化里汲取营养，发现根和源，有时抽取主要动机，有时揉碎化解变为自己的意念，有时加以改动嵌进自己的整体创作。例如，在歌剧《图兰朵》中，普契尼就把中国民歌《茉莉花》作为贯穿主题之一，非常成功。在现当代中国音乐家的作品里，直接采用民间音乐素材的作品也不胜枚举。[1] 此外，以传统文化为源泉创作新的作品也是传统文化予以传承的主要方式之一，现代作者的创新活动使得传统文化得以源远流传。因此，允许文艺家们为创作原创作品而自由地对传统文化加以利用，将实现当代创作与传统文化传承的"双赢"。在传统文化知识产权保护的制度设计中，有必要在授予其专有性权利的同时，也对其经济权利予以限制，以促进文化的交流与创新。

---

[1] 参见文同《一首歌曲引起激烈争论——究竟是〈好汉歌〉还是〈王大娘补缸〉》，《人民日报》1998年6月19日。

重构我国文化法律体系的初步设想

刘双舟[*]

文化是国家核心竞争力的重要组成部分，是民族认同感和国民精神的根基。十八届四中全会把"建设中国特色社会主义法治体系，建设社会主义法治国家"作为全面依法治国的总目标；在文化建设领域，明确提出"建立健全坚持社会主义先进文化前进方向、遵循文化发展规律、有利于激发文化创造活力、保障人民基本文化权益的文化法律制度"的目标任务。这一任务的具体落实，首先就要构建一个完善的文化法律体系。

一 《文化立法纲要》的目标几乎落空

我国曾在1999年颁布《文化立法纲要》（简称《纲要》），《纲要》确定的文化立法的近期目标是，在20世纪末21世纪初，根本解决无法可依，立法滞后的状况；《纲要》确立的文化立法的中长期目标是，在2010年形成在社会主义法律体系中以专项文化法律和行政法规为骨干，以部门规章和地方性文化法规为配套的有中国特色社会主义文化

---

[*] 刘双舟，中央财经大学文化与传媒学院院长，中央财经大学市场监管法律研究中心主任，教授，主要研究领域为文化艺术法、市场监管法等。

法律框架。《纲要》规划中的立法重点包括：文艺方面的立法、群众文化方面的立法、文化产业方面的立法、文化市场管理方面的立法、保护文物和民族民间文化方面的立法。

今天，距离《文化立法纲要》颁布已经过去22年了，距离《文化立法纲要》确定的中长期目标期限2010年也已经过去11年了。除了在保护文化遗产、保护作者的著作权、管理文化市场等方面有了一些法律依据外，我国文化立法工作几乎没有什么进展，其他目标几乎完全落空。今天的社会现实与22年前大不相同了，我们必须规划和构建新的《文化立法纲要》，尽快建立和完善一个行之有效的文化法律体系，以满足社会发展的迫切需要。

二 现有文化法律体系严重滞后

我国已经基本建立了中国特色社会主义法制体系，但在文化法制建设领域进展比较缓慢，现有文化法律体系呈现空白多、层级低、质量差的特点。到目前为止，全国人大常委会制定的文化法律和决定只有5件，国务院制定的有关法规36件，各省、市、自治区人大及其常委会制定的地方性文化法规和决定200多件。据不完全统计，截至2013年8月，我国立法总数约3.8万件，其中有关文化的法律、法规、规章和规范性文件数量约1042件，仅占全部立法的2.7%。就不同领域的法律构成比例看，现行的文化领域法律约占全部现行法的比例为1.68%，与之对应，经济领域法律、政治领域法律、社会领域法律和生态环境领域法律分别占全部现行法的比例为31.5%、52.1%、7.56%和7.56%。[①] 我们对现有文化法律体系的总体评价是：立法空白多、层级低、质量差。

---

① 吴丹丹：《文化立法与文化权利实践：台湾推动"文化基本法"立法的启示》，载黄虚峰主编《文化产业观察》（第2辑），知识产权出版社，2016，第15页。

单纯的数字好像还看不出问题的严重性,与其他国家比较一下可能读者的感受会更直观一些。

在广播电视业立法方面,美国制定的相关法律有:联邦通信法、公共电视法、美国有线电视法、儿童电视法、广播电视反低俗内容强制法等。中国目前尚无一部相关法律出台。

在文化产业立法方面,韩国制定有文化艺术基本法、文化产业振兴法、统和放送法、设立文化地区特别法、影像振兴基本法、著作权法、电影振兴法、演出法、广播法、唱片录像带暨游戏制品法、出版与印刷振兴法等相关法律。日本制定有振兴文化艺术基本法、内容产业促进法、文化产业振兴法、创造新产业战略、IT基本法、知识产权基本法、著作权中介业务法等。中国只有著作权法、专利法、商标法、广告法等少数几部法律文件,而且缺乏系统性。

在文化创意产业的立法方面,美国制定有版权法、计算机软件保护法、唱片出租修正法、伯尔尼公约实施法、视觉艺术家权利法、乌拉圭回合协议法案、反电子盗版法、跨世纪数字版权法、伪造访问设备和计算机欺骗滥用法等。中国目前在这方面还没有一部法律级的文件。

除了立法空白多外,已有的文化法律体系还存在层级偏低问题,能够称得上法律的只有"四法两决定",四法即《文物保护法》《著作权法》《非物质文化遗产法》《电影产业促进法》,两决定即《全国人大常委会关于维护互联网安全的决定》《全国人大常委会关于加强网络信息保护的决定》。目前,我国文化管理的法律依据主要是以国务院发布的行政法规和部门规章,大多数法规、规章内容脱离实际,在实际工作中难以贯彻执行。法律文件的部门色彩很浓,行政法规和部门规章之间还存在"抵触打架"的现象。有些部门规章只有原则性要求,没有具体的行为规范,在实际工作中往往无所适从。

三　重构我国文化法律体系的初步设想

文化涉及社会生活的方方面面。从内容角度来讲，一个完善且行之有效的文化法律体系应该是一个以宪法为核心，以文化部门法为骨干的法律体系。除了有文化宪法外，还应当有文化行政法、文化民商法、文化经济法、文化社会法、文化刑法、文化救济法、文化国际法等。文化宪法是关于文化事业、文化基本权利及文化发展原则的总则性规定。文化行政法为文化执法提供具体依据。文化民商法规定文化市场主体资格、市场产权和交易规范。文化经济法规定文化经济活动规则、国家对文化市场的调控和规制。文化社会法规范文化公益事业及文化权益社会保障。文化刑法用以打击与文化相关的犯罪活动。文化救济法解决文化领域的纠纷。文化国际法规范文化国际交流等。

从法律渊源角度看，我们需要建构一个"一元两级多层次"的法律体系，即以宪法为核心，以权力机关立法和行政机关立法为两级，包含宪法、法律、行政法规、部门规章、地方法规、地方行政规章以及国际法和国际惯例在内的多层次的法律体系。

第一个层次是宪法。宪法是国家的根本大法，一切法律都必须以宪法为依据，并不得与宪法相违背。宪法关于国家基本制度和发展文化事业及保障公民享有从事文化活动的权利的规定，为文化法制建设提供了基本原则。我国《宪法》第二十二条规定，"国家发展为人民服务、为社会主义服务的文学艺术事业、新闻广播电视事业、出版发行事业、图书馆博物馆文化馆和其他文化事业，开展群众性的文化活动。国家保护名胜古迹、珍贵文物和其他重要历史文化遗产"；第四十七条规定，"中华人民共和国公民有进行科学研究、文学艺术创作和其他文化活动的自由"；第三十五条规定，"中华人民共和国公民有言论、出版、集会、结社、游行、示威的自由"；第三十六条规定，"中华人民共和国公民有宗教信仰的自由"。宪法的这些规定，既是建立文化法律体系的依据，又是文化法律体系的一部分。也就是说，文化法必须以宪法为"上位法"，只有在宪法中找到法律依据，文化法才能有权威。这一点在以往恰恰被我们忽略了。我们应该从"文化权是公民的基本权利，国家应予以保障"这个角度认真研究和解读宪法。宪法不仅是一部政治宪法、经济宪法，更应该是一部文化宪法。正所谓"名不正则言不顺"，要把宪法中的文化法治国家的含义解读出来，以此作为文化法律体系的总纲领，只有让宪法来为文化法律体系"正名"，文化法律体系才会真正受到重视。第二个层次是文化基本法。文化可以大致分为"公益性的公共文化"和"经营性的文化产业"，在宪法之下，制定两个对应的文化基本法，分别是《公共文化服务保障法》和《文化产业促进法》。第三个层次是文化部门法，包括但不限于文化事业法、公共图书馆法、博物馆法、文化馆法、文物保护法、非物质文化遗产保护法、文化市场法、著作权法、文化产业促进法、演出法、新闻法、出版法、广播电视法、广播电视传输保障法、电影产业促进法、著作权法、语言文字法、文化社团组织法、文化企业法、文化产业发展法、互联网法、信息安全法等。第四个层次是文化行政法规，即由国务院制定的各种与文化有关的条例。第五个层次是文化地方法规，各地立法机关因地制宜制定的发展本地区文化的法规。第六个层次是文化部门规章，由主管文化的国务院部门制定的规范文化产业、事业和市场的法律文件。第七个层次是地方文化行政规章。第八个层次是文化国际条约等。第九个层次是文化国际惯例。第十个层次是国家文化政策。

民间文艺法律保护问题的理性思考[*]

户晓辉[**]

民间文艺的法律保护是国际学界聚讼纷纭的一个难题。在中国，1991年开始施行的《中华人民共和国著作权法》第六条提到："民间文学艺术作品的著作权保护办法由国务院另行规定。"但酝酿多年的《民间文学艺术作品著作权保护条例》迟迟未能出台（2014年出台了一个征求意见稿，正式条例至今没有出台），这一方面是因为"起草它的部门在花时间作大量调查，希望这部法规出台后，既能保护中国的民间文学，又不至妨碍了文化的传播，还应当使国际版权界的多数人感到保护适当，而不能像外国有过的'印制条款'那样，成为人们指责的对象"[①]；另一方面是因为学界对是否立法以及如何立法的问题仍有不少争论。尽管这些争论主要发生在法学者之间，民俗学者很少参与其间，但相关的概念、立场、对象、范围和目的等，只有以理性的立场和逻辑的思维方式才能得到有效的论证和辨析。也只有经过这样的论证和辨析，相关讨论才能在共同的平台上和一致的范围内进行下去，而不至于沦为无效辩论和意气用事。

---

[*] 本文部分内容出自作者2015年3~4月在中国艺术研究院研究生院的4次讲座"非遗理念与中国实践"。讲座蒙高丙中推荐，本文写作蒙吕微督促并提出修改意见，谨向两位先生致谢。

[**] 户晓辉，文学博士，中国社会科学院文学研究所研究员。

[①] 郑成思：《谈民间文学作品的版权保护与中国的立法》，《中国专利与商标》1996年第3期。

一 立法保护的理性立场

民间文艺的法律保护本身就是全球化带来的一个新问题，而全球化也是理性主义在全球的普及过程。全球化造成的悖论之一在于出现了一个新词 glocal，意即同时是地方化的和全球化的。[①] 也就是说，"过去那种地方的和民族的自给自足和闭关自守状态，被各民族的各方面的互相往来和各方面的互相依赖所代替了。物质的生产是如此，精神的生产也是如此。各民族的精神产品成了公共的财产"。[②] 如今，我们已经不太可能也不应该把眼光仅仅局限在地方化、区域化的领域，尤其在考虑宏观的和整体性的问题时，我们常常需要的不是从地方甚至民族国家的立场看，而是需要从全球化的国际视野来反观地方性的甚至一国之内的问题。更确切地说，我们需要具备 glocal（既有全球意识又能因地制宜）的眼界，这也意味着仅仅站在经验立场是不够的，我们需要站在理性立场来看待各种地方性实践。在立法问题上，"知识产权保护的全球治理与国际法治不仅有必要，而且已经是必须承认的现实。知识产权保护的全球治理与国际法治所产生的一个重要结果就是产生全球性法律，继而导致全球法律的地方化。当前全球性秩序的维护不仅取决于联合国及其机构、组织的协调能力和各国之间的政治博弈，而且依赖于具有'准世界宪法'性质的《联合国宪章》《世界人权宣言》等国际法规范，它们同样构成了知识产权保护领域的全球治理和国家法治的基础"。[③] 从根本原则上说，目前的国内立法大多已经不再是关起门来，闭门造车，而是要参照国际示范法和国际惯例，把

---

① Christoph Antons, Introduction, in *Traditional Knowledge, Traditional Cultural Expressions and Intellectual Property Law in the Asia-Pacific Region*, Edited by Christoph Antons, Kluwer Law International BV, The Netherlands, 2009, p. 23.
② 马克思、恩格斯：《共产党宣言》，人民出版社，1997，第31页。
③ 丁丽瑛：《传统知识保护的权利设计与制度构建——以知识产权为中心》，法律出版社，2009，第203页。

国际上普遍的立法标准和价值尺度加以民族国家化和地方化，而不是相反。① 国内是否立法已经不能仅仅考虑国内情况，因为不仅中国的民间文艺处于越来越多的全球化影响之中，而且立法本身也在日趋国际化。当代中国的民间文艺也在同时受到这两种相反相成的因素的影响和塑造，民间文艺的法律保护问题也同样如此。

当然，"所有制度建设都主要是为我们的后代创造超越我们生活方式的条件，是面向未来的事业。设计未来，就是在现实限制许可的范围内对以往遗留下来的负面价值加以否定，按照可以得到理性辩护的价值尺度给后人创造更好的生活条件"，因此，我们也要尽量避免从个人好恶出发，而是要站在理性论证和说理的立场，否则，"以一己的情怀出发为暂时缺席的后代设计制度，是对后代尊严的最大侵犯，是在对后人作恶"，② 当然也是对我们自己不负责任。我必须再次强调，是否立法不能从私意和众意出发，而要从公意或普遍意志出发。③

现代法理社会的决策和立法过程是一个非个人化的过程，它追求的法律关系具有权威性、可控性、确定性和充分的说理性，也就是"谋求在理性的基础上并以人们所设想的正义作为目标来实现社会控制"。④ 法治意味着以形式上的公平性来对待所有人，也就是以理性的和可预期的方式为公民的行为和官员的反应确立公开的标准。人们可以选择是否服从这些标准，至少可以凭借这些标准来判断是否服从。

---

① 正如国外学者所指出，在一个通过全球化而彼此相连的世界里，有关保护传统文化表达的种种争端不可能仅仅在国家层面或国家之下的层面上得以解决，而是自然而然地会成为国际讨论的一部分。参见 Christoph Beat Graber, "Can Modern Law Safeguard Archaic Cultural Expressions? Observations from a Legal Sociology Perspective," in *Traditional Knowledge, Traditional Cultural Expressions and Intellectual Property Law in the Asia-Pacific Region*, p. 169。
② 翟振明：《"诉诸传统"何以毁坏学术传统——兼评刘小枫、秋风等的学术伦理》，《中国社会科学评价》2015 年第 2 期。
③ "私意""众意""公意"是卢梭在《社会契约论》中做出的区分。简言之，"私意"是个人的意志，"众意"是多数人的意志，"公意"是普遍的意志。只有"公意"才是法律和自由的基础。
④ 参见〔美〕罗斯科·庞德《通过法律的社会控制》，沈宗灵译，商务印书馆，2009，第 58 页。

只要遵纪守法，人就应被当作自由的理性行为者而受到尊重。因此，法治具有实在的价值和独立的价值。①

总之，立法当然要考虑现实的需求，但这种需求并不是来自对已有情况的归纳值或对人们心理调查的平均值，而是来自理性立场的顶层设计和论证。这在当代中国甚至未来的中国也表现为从政策性保护走向法律化保护，推进制度的法律化。②

二　对几种观点的反思

正是立足于这种理性立场，我们才有必要对有些学者的观点做进一步的思考和辨析。目前，反对为民间文艺保护立法的学者，提出了以下几种有代表性的看法。

第一，有学者认为，目前国内真正的民间文艺作品著作权纠纷案并不多见，因此，尚未进入现代法治环境的现实生活基本上不存在这种法律需求。我的看法至少有两点不同。首先，从单纯的事实层面来看，这样的案例并不罕见。除了"我国第一起民间文学艺术作品著作权纠纷案，也是我国第一起少数民族文化权利纠纷方面的司法案例"③——《乌苏里船歌》案之外，在一些地区已经出现了针对民间文艺而起的著作权或文化所有权纠纷案。④ 还有个别情况是虽然上诉但由于无法可依而败诉，当然，由于无法可依而未能诉诸法律途径解决

---

① 参见 Neil MacCormick, "Natural Law and the Separation of Law and Morals," in Robert P. George (ed.), *Natural Law Theory: Contemporary Essays*, Clarendon Press, 1992, p. 123。
② 吕微在审阅此处时批注："即通过法律保护进入公共生活的日常生活，而这同时也就是在保护未进入公共生活的日常生活的合法性，二者是统一的。"
③ 田艳：《〈乌苏里船歌〉案与少数民族文化权利保障研究》，《广西民族研究》2007年第4期。
④ 参见郑树峰《黄自修诉南宁艺术剧院著作权纠纷案分析——以民间文学艺术作品的法律保护为视角》，兰州大学硕士学位论文，2010；廖冰冰《广西民间文学艺术、非物质文化遗产法律保护状况之调查研究》，刘春田主编《中国知识产权评论》第五卷，商务印书馆，2011。

的情况可能更多。① 其次，从学理和法理层面来看，无论已经发生的相关案例是多是少，甚至无论其是有是无，立法的必要性并不来自这种已然的经验事实，而是要依据"先验的"目的论原则和理性的原理。② 从一般的因果关系上说，利益纠纷和冲突是因，诉诸法律是果，但我们不能说不发生案子（果）就没有利益纠纷和冲突（因），因为在无法可依或有法不行的情况下，现实的利益纠纷和冲突（因）也可能导致别的结果，比如私了、不了了之甚至"被和谐"即根本无"果"。从法律的因果关系上来说，有些权利必须首先经过法律上的承认才能得到法律上的保护，否则也就不成其为权利，于是在无法可依的情况下也就难以形成法律案件。这种原理上的因果关系表现在事实层面就是：应该先有法律才有案子，而不是先发生案子再来考虑是否为这些已经发生的案子立法。即使没有出现案例，也并不表明现实中就真的没有对相关法律的需求。

第二，有学者认为，中国民间文艺的民事立法模式不宜采用直接知识产权化模式，因为它"不但损害民间文学艺术，而且也会给知识产权本身造成伤害……也不适合我国国情，我国几千年政治、经济、文化的传统和格局塑造了多民族聚居又杂居的特殊国情，在漫长的历史岁月里，各族人民互相学习和交流，共同创造了许多丰富而灿烂的文化……"③；关键是，这种立法模式"不但不符合我国的国情和现实

---

① "2002年发生的'郭颂'案成为中国十大知识产权案件之一，这说明民间文学艺术的争议在我国屡有发生。"梁志文：《民间文学艺术立法的集体权利模式：一种新的探讨》，《华侨大学学报》2003年第4期。

② 正如国外学者所指出，法律话语本身在本质上是观念论式的，它并不"描述"世界。合同法并不描述签订合同的人们之间并不平等的世界；人权法也不描述这个不乏压迫的世界。因此，对传统知识法的论证并非基于"现实的"世界，而是基于一种有用的和可用的构想，这种构想有利于原住民社群的自主和自尊，并且也可能让他们在物质上受益。参见 Matin Chanock, "Branding Identity and Copyrighting Culture: Orientations towards the Customary in Traditional Knowledge Discourse", in *Traditional Knowledge, Traditional Cultural Expressions and Intellectual Property Law in the Asia-Pacific Region*, p. 192。

③ 廖冰冰：《对民间文学艺术直接知识产权化立法模式之反思——从民间文学艺术和知识产权客体之比较展开的分析》，刘春田主编《中国知识产权评论》第五卷，商务印书馆，2011，第307页。

需要，而且也违背了民族、文化的自然发展和传承规律"，因为"在一国之内，以数量庞大的民族、社群为基点确认私权的存在本身就是难以想象的，更何况还要跨民族、跨地域地承认传统文化排他性私权的存在，这从立法技术的角度来看是不可想象的，从立法效果来看，也容易激化民族、社群之间的矛盾，不利于民族团结和国家稳定"。①

所谓"容易激化"矛盾，其潜台词是并不否认民间文艺存在利益之争的"矛盾"。从法律上说，利益和权利不同，"立法上的价值判断并不能代表现实中的利益需求。利益的存在是第一性的社会现实，不会因为法律上是否承认其为权利、提供何种方式的保护而改变"。② 但在我看来，法律的作用恰恰在于通过把现实中的某些利益规定为合法的权利而在一定程度上规范现实的利益格局，使之趋向合理和公平。③ 法律"主要是通过把我们所称的法律权利赋予主张各种利益的人来保障这些利益的"。④ 既然这些由不同的精神利益和经济利益产生的矛盾是客观存在的而且可能随着市场化、国际化进程的加快而愈演愈烈，那么，哪一种方式更"容易激化"这些矛盾：是法治途径，是传统的行政干预和上访，还是顺其自然？是依靠行政手段甚至公法就足矣，还是需要用法律保护"主体在平等的民事关系中对传统文化进行开发与利用的私法上的权利义务关系"？⑤ 其实，在一个对权力缺乏法治化约束的社会里，所谓顺其自然或听天由命多半只能导致丛林法则式的权力化游戏规则。即使从社会效率和成本效益上来看，我们也可以说，"法律是最具权威性和稳定性的有力武器，所以在诸多的保护方式中，

---

① 廖冰冰：《广西民间文学艺术、非物质文化遗产法律保护状况之调查研究》，刘春田主编《中国知识产权评论》第五卷，商务印书馆，2011，第428、429页。
② 潘天怡、谭琪瑶：《著作权中的"人格权、财产权"二元分立论》，《知识产权》2012年第8期。
③ 吕微在审阅此处时批注："将自然的利益问题裁成一个自由的权利问题。以此，把传统的民俗实践纳入现代的法律框架，民俗才可能成为作为现代学科的民俗学的研究对象，就此而言，单纯经验性直观的语境研究还不能说已经把民俗置于了'朝向当下'的眼光之中。"
④ 〔美〕罗斯科·庞德：《通过法律的社会控制》，第47页。
⑤ 田艳：《传统文化产权制度研究》，中央民族大学出版社，2011，第55~56页。

法律保护是最根本、最稳定、最高效的方式"。① 当然，不可否认的是，假如要立法，民间文艺的权属范围和权利主体是很难处理的问题，因此，"民间文艺的难以确定性往往成为反对为其提供类知识产权保护的又一主要理由。不过这一条理由也是值得推敲的：在理论上，客体所包含内容的广泛性与其作为整体是否可以成为法律关系客体并无直接关系，比如所有权的客体是有形物，知识产权的客体是独特的信息，这一结论并不至于因有形物或信息在现实生活中的多样性和多变性发生疑问"。②

第三，有学者认为，目前仍有一些地区的民族或民众热情好客，权利意识和谋利观念比较淡薄，他们也许并不需要用法律手段来保护自己的民间文艺。我们讨论是否需要立法保护民间文艺时，至少应该尊重民间文艺传承人和持有人自己的意见和选择。

这种观点看似有理，实际上仍然是从法律"现实主义"效果论和实证立场出发的。因为是否需要立法，并非出于对已然的现实生活状况的归纳，也不需要等到社会中所有人都同意，而是需要从理性的目的论立场出发，具体而言就是从公意和法理出发对生活秩序做出理性的规定和规范。③ 即便民间文艺的有些传承人和持有人目前还不能全面认识到全球化已经和可能给他们带来的影响，但这并不表明他们将一直如此，更不意味着他们永远不会发生利益冲突和权利意识的觉醒。即便针对这些暂时尚未意识到自己的利益和权利的传承人和持有人，

---

① 张德财：《非物质文化遗产法律保护研究》，华东政法学院硕士学位论文，2007，第5页。

② 管育鹰：《民间文艺的知识产权保护问题》，郑成思主编《知识产权文丛》第13卷，中国方正出版社，2006，第340页。

③ 在这方面，私法的方式与公法的方式有所不同。例如，作为公法模式，太平洋示范法就让社群对协议的内容和结论具有完全的控制权，这些传统的拥有者自己来决定是否接受申请以及谁来进行协商，官方只能提出建议并且充当申请人的某种代理人。参见 Silke von Lewinski, "An Analysis of WIPO's Latest Proposal and the Model Law 2002 of the Pacific Community for the Protection of Traditional Cultural Expressions," in *Traditional Knowledge, Traditional Cultural Expressions and Intellectual Prop-erty Law in the Asia-Pacific Region*, p. 118。

民间文艺的立法也有必要站在理性立场来"未雨绸缪",为他们在经济上和精神上的权益提供客观的法律保护。

第四,目前,"世界上保护民间文学艺术的大多是发展中国家",[1]至少提出保护要求的主要是发展中国家,反对立法的主要是发达国家[2],于是,有学者认为,这是因为发展中国家的民间文艺资源丰富,而发达国家则相反。

当然,我并不否认发展中国家保护民间文艺可能有国际战略上的考虑。在中国,像郑成思这样较早提出民间文艺法律保护问题的知识产权学者,最初的着眼点也主要是从国际视野来考虑问题。[3] 我们可以注意到,中国民俗学者呼吁的保护大多出于本位主义视角,考虑的是民间文艺自身在现代化的影响下如何生存,但法律学者对民间文艺法律保护的呼吁则多从现代化和全球化的角度出发。也就是说,法律学者已经敏锐地觉察到,中国的民间文艺不再是藏在深山人未知的"地方性知识",而是可能随着中国的现代化和全球化进程而(不得不)走向世界。这就意味着,中国对民间文艺法律保护问题的提出,受到国际立法的影响和启发,表明民间文艺自身在现代化和全球化形势下出现了权利纷争的新问题,民间文艺的传承人、持有人的权利意识开始觉醒并且不断增强。

三 保护什么

站在理性立法的目的论立场来看,首先存在保护什么的问题。有

---

[1] 韦之:《著作权法原理》,北京大学出版社,1998,第29页。
[2] 参见 Silke von Lewinski, "An Analysis of WIPO's Latest Proposal and the Model Law 2002 of the Pacific Community for the Protection of Traditional Cultural Expressions," in *Traditional Knowledge, Traditional Cultural Expressions and Intellectual Property Law in the Asia-Pacific Region*, Edited by Christoph Antons, Kluwer Law International BV, The Netherlands, 2009, p. 124。
[3] 参见郑成思《谈民间文学作品的版权保护与中国的立法》,《中国专刊与商标》1996年第3期。

学者从法律意义上把民间文艺界定为广义与狭义的民间文学艺术:"广义上的民间文学艺术概念,包括了具有经济意义和财产价值的广泛内容。其中一些较易保护的部分率先进入国际知识产权法的保护范围。这个部分就是传统部族文化和精神产品中的文学艺术及其表达部分,基本相当于现代版权和邻接权的保护主题。此即狭义上的民间文学艺术概念。按照世界知识产权组织的界定和归纳,狭义上的民间文学艺术是指一国领土上的作者(推测系该国国民或其民族社区的成员)所创作的、代代相传的并作为传统文化遗产构成要素的所有文学、艺术、科学作品。"① 但是,"表达"与"作品"仍然有所不同。"民间文学艺术表达是上位概念,民间文学艺术作品是下位概念。民间文学艺术表达中除了构成作品以及通过某种有形载体表现出来的部分以外,还包括大量未通过有形载体表现出来,而是通过人们口传身授的方式世代流传的传统文化信息表达。"②

由于"民间文学艺术衍生作品可以作为改编作品和演绎作品受到著作权法的保护,民间文学艺术作品的传承人和使用人的相关权利也可以实现,唯独来源群体未得到法律天平的青睐",③ 所以,就直接的对象而言,民间文艺法律保护主要保护的不是作品,而是表达形式;就间接的对象而言,民间文艺法律保护需要保护的主要是民间文艺的集体权利而非群体权利或个体权利。一方面,"所谓群体权利,也与集体权利不同,前者是指同类的人群中的每个人都同样享有的权利。如妇女、未成年人、老人、残疾人权益保障法中所确认的权利,是这类人中人人都享有的权利,它实际上属于个人权利范畴,而非集体(公有)权利。也不存在要求个体权利去服从群体权利的问题"④;"而集体权利,确切地说,应称为'集体公共权利',是集体作为一个整体组

---

① 严永和:《论传统知识的知识产权保护》,法律出版社,2006,第13~14页。
② 张耕:《民间文学艺术的知识产权保护研究》,法律出版社,2007,第34~35页。
③ 张秀丽:《民间文学艺术作品的著作权群体权利主体研究》,辽宁大学硕士学位论文,2013,第24~25页。
④ 郭道晖:《人权理论的困惑与质疑——关于人权、主权、生存权诸问题的探讨》,《岳麓法学评论》2001年第2卷。

织所享有的权利,是整体或组织的公共权利。集体权利不仅不能作量的分割,均等或不均等地量化为个人所有,也不能作质的变更,把公有权利变为个体共有权利或个人私有权利"。① 另一方面,集体权利也不等于个体权利,因为这是两种不同性质与不同主体的权利,它们之间的关系不能等同于多数人与少数人的关系或集体主义与个人主义的关系。它们的区别不是多数与少数的区别,而是整体与个体的区别。所谓集体权利是指某一类属相同的人群组织所"公有的"权利。这两种权利虽有联系,却是并立的,不能按少数服从多数的原则,让个体权利去服从集体权利,或者为了集体权利而否定个体权利。② 在对中国的民间文艺进行法律保护时,我们尤其需要明确地区分集体权利与个体权利,既要防止用集体权利淹没个体权利,也要防止因为个体权利而漠视甚至忽视集体权利。

四 公共领域不是公有领域

但是,还有一些学者认为,无论非遗还是民间文艺,都是处于公共领域的公共物品,因而根本不存在属于集体还是属于个人的问题。例如,崔国斌就认为,"在文化情感与商业利益的双重刺激下,人们倾向于强调本民族文化遗产的价值,忽视本社区同国内或国际上其他民族社区之间在文化交流上的对等性。传统社区接触和利用外部社会不受知识产权保护的文学、艺术、技术等作品或者产品时,欣然接受了知识产权法上'公共领域'的制度安排,却拒绝将自己社区内流传久远的文学艺术作品放入公共领域供他人自由取用"。③ 李冰青也认为,

---

① 华燕:《"集体人权"的虚幻——对"集体人权"概念的检讨》,《齐齐哈尔大学学报》(哲学社会科学版)2012年第3期。
② 参见郭道晖《人权理论的困惑与质疑——关于人权、主权、生存权诸问题的探讨》,《岳麓法学评论》2001年第2卷。
③ 崔国斌:《否弃集体作者观:民间文艺版权难题的终结》,刘春田主编《中国知识产权评论》第五卷,第235页。

传统族群的这种做法"从知识产权的角度实在难以自圆其说"。① 侯彦洁指出，民间文艺作品不能够也不可能成为知识产权调整的对象，原因有二：一是民间文艺作品属于公有领域，二是对民间文艺作品保护无法选择知识产权中恰当的保护模式，即知识产权保护的设权模式和反不正当竞争模式都不适用于民间文艺作品的保护。② 孙昊亮也认为，"民间文学艺术作品经过世代传承，大多数情况下已经无法确定准确的民事主体。……如果改造著作权制度使之适应民间文学艺术作品的保护，也会是削足适履，使著作权制度变得面目全非"。③

从逻辑上来看，这些观点混淆了"公共场所""公有领域""公共领域"之间的不同。简言之，"公共场所"是供公众从事某些社会生活的各种场所的总称。"公有"指全民或集体所有，在知识产权和著作权法中，"公有领域"指专有权利期限已过的作品所进入的一个领域，公众在其中能够自由使用这些作品。"公共领域"一般指的是处于国家和社会之间的公共空间，它的关键含义是独立于政治建构之外的公共交往和公众舆论，因而是理性建构和理性维护的过程与结果。从权利归属方面来看，"公有领域"一般不再有专有权利问题，而"公共场所"和"公共领域"则有集体的和个人的专有权利问题。但在中国，恰恰是"公共场所"和"公共领域"里的专有权利常常被忽视或漠视，甚至被混为一谈。尽管有人可能认为，恰恰因为民间文艺不曾受到知识产权法或著作权法的保护，所以它也就没有著作权期限因而它本来就处于"公有领域"，但是，随着全球化进程的加快，越来越多的传承人和持有人对自己的民间文艺拥有了日益强烈的权利意识和利益观念，民间文艺所进入的已经不再是一个"公有领域"，而是"公共场所"和"公共领域"，因而其中的利益和权利归属问题将日益突显。正如管

---

① 李冰青：《对民间文学艺术作品的法律规制研究的反思》，刘春田主编《中国知识产权评论》第五卷，第201页。
② 参见侯彦洁《论民间文学艺术作品与知识产权的关系》，刘春田主编《中国知识产权评论》第五卷，第285页。
③ 参见孙昊亮《非物质文化遗产的公共属性》，《法学研究》2010年第5期。

育鹰所指出的：

> ……在民间文艺上存在着社会公共利益。但是，公共利益源于个体利益，同时为个体利益服务；公益应该是建立在私益的基础上而不是凭空抽象出来的。在民间文艺这一领域首先存在的是某个群体、地区或民族对其传统文化表达的私益，只有那些对整个国家和中华民族至关重要的传统才上升为社会公共利益。如果不将传统文化表达视为相应群体的自然民事权利，仅以国家公法模式保护，鉴于公共资源的稀缺性，国家必然要考虑如何认定哪些民间文艺值得保护、进行重要性等先后排序，并决定保护措施及投入等问题，既耗费公共资源又无法避免遗漏；尤其是可能又为随体制、官员个人而产生的"寻租"现象增添一个借口，使真正需要保护的弱势群体的权利反而成为牺牲品。相反，如果明确传统文化表达首先是相应群体的私权，则只要权利人（保有人）主张有依据，其权利就可得到充分的法律保护；这样就能充分调动权利人的保存和发展TCEs（传统文化表达）的积极性。①

既然民间文艺确实存在这种利益和权益之争，那么，法律就需要从理性的目的论立场做出合理的规范和调整。1982年，WIPO和UNESCO②通过的《保护民间文艺表达免受非法利用与其他损害行为的国家法律示范条款》（Model Provisions for National Laws on the Protection of Expressions of Folklore Against Illicit Exploitation and Other Prejudicial

---

① 管育鹰：《民间文艺的知识产权保护问题》，郑成思主编《知识产权文丛》第13卷，第332页。作者在该文中特别说明："在本文中，民间文艺与传统文化表达（Traditional Cultural Expressions，即TCEs）同义。"（第330页）

② 实际上，国外学者已经指出，这两个组织的立法目的有矛盾之处：世界知识产权组织内部的讨论试图在私人产权的框架中保护传统文化表达，而联合国教科文组织有关文化多样性和非物质文化遗产的倡议要保护的是公共利益而非私人利益。参见Christoph Beat Graber, *Can Modern Law Safeguard Archaic Cultural Expressions? Observations from a Legal Sociology Perspective*, in *Traditional Knowledge, Traditional Cultural Expressions and Intellectual Property Law in the Asia-Pacific Region*, pp. 169 – 170。

Actions）被称为最早采用"民间文艺表达"这一术语的立法之一，也是第一份以"知识产权类型的特别保护"方式保护民间文艺的草案。它的第二条款把"民间文艺表达"界定为由特定社群或能体现该社群传统艺术诉求的个人所发展和保有的成果。有学者指出，其中至少有两点不同于普通著作权法保护的"作品"：第一，民间文艺表达的形成过程是"发展与保有"，而普通作品的形成过程则是"创作"；第二，"发展与保有"民间文艺表达的主体是社群或能体现社群诉求的个人，而非著作权法意义上的独立作者，因此这种主体应该表述为来源主体，它的基础是群体性而非个人身份。更为重要的是，来源主体与其民间文艺的关系仍然应被确认为创作关系。① "民间文学艺术来源群体的私权利益主要表现为民间文学艺术来源群体的精神利益，如民族感情的连接、文化身份的认同、文化完整性和真实性的维护；以及民间文学艺术来源群体的经济利益，如利用民间文学艺术特别是传统手工艺获得经济利益、从他人对民间文学艺术的商业利用中合理分享财产利益。"② 民间文学艺术作品的精神权利是一种消极的即不进行侵害的集体精神权，完全可以由信托机构进行维护。③ 也就是说，"民间作品的传承地区或族群享有署名权或称之为表明身份权、形象不受歪曲权，但不享有发表权、修改权、保护作品完整权以及各种财产性权利。主要理由是，民间作品原本以自由使用和传播为固有属性，所以不应该妨碍他人的任何传播与使用行为"。④ 当然，有学者担心：

> 假设民间文学艺术作品的"权利主体"特定为某一群体，而这一群体的具体成员自始至终是不确定的，收益权能的行使，最

---

① 参见杨鸿《民间文艺的特别知识产权保护：国际立法例及其启示》，法律出版社，2011，第 110~113、227 页。
② 张耕：《民间文学艺术的知识产权保护研究》，第 206 页。
③ 参见苏如飞《国际法视野下的民间文学艺术保护——兼论主体制度的构建》，《西南交通大学学报》2009 年第 6 期。
④ 宋慧献：《民间文学艺术作品保护：全球化背景下的制度"怪胎"?》，刘春田主编《中国知识产权评论》第五卷，第 169 页。

后只能异化为这一群体中少数人的"特权"。若将"权利主体"确定为国家,收益归国家所有则会加剧某些种类文化的边缘化,阻碍宝贵的民间文学的发展。工业化、信息化的发展改变了我们的生活,已经让我们渐渐远离那些民族化、地域化的历史成果,编纂、创作、传颂民间文学艺术作品的人们渐渐减少。倘若再为这些已有的作品划定一个权利范围,使得利用民间文学艺术作品的人们在使用的同时支付报酬,这样一来,不会为真正的作者带来特定利益,反而导致了民间文学艺术作品的没落和消亡。主体的不确定性是民间文学艺术作品不能以设权模式保护的一个重要原因。[1]

其实,这个问题从法律上不难解决,至少不是不能解决。近年来,在世界各国已成功实施多年的著作权集体管理制度已逐渐影响到中国,2004年12月22日,《著作权集体管理条例》正式通过。其管理组织大体上有两种类型:一种是民间性的私人团体;另一种是官方或半官方的机构。[2] 从本质上讲,集体管理组织应当是一个市场经济的主体而非行政管理组织。然而,中国现行法对集体管理组织的法律定位偏于行政化,限制过严、过死,负面问题丛生。由于中国在实行集体管理制度过程中出现了定位偏差的问题,已经过多地干预了市场经济的自由发展,在此基础上不加限制地再赋予集体管理组织延伸性的权力,会将过度行政化和垄断化的著作权集体管理制度所带来的不利后果无限放大。[3] 也有学者指出,运用公有领域付费制度(domaine public payant)来保护群体权利是一种可取的办法。只是这种办法不能保护相关

---

[1] 侯彦洁:《论民间文学艺术作品与知识产权的关系》,刘春田主编《中国知识产权评论》第五卷,第286页。
[2] 参见管育鹰《民间文艺的知识产权保护问题》,郑成思主编《知识产权文丛》第13卷,第344页;国外的相关研究,参见 Collective Management of Copyright and Related Rights, Edited by Daniel Gervais, Kluwer Law International BV, The Netherlands, 2006。
[3] 卢海君、洪毓吟:《著作权延伸性集体管理制度的质疑》,《知识产权》2013年第2期。

社群的完整性，因为它对民间文艺表达的使用没有限制。① 但无论如何，我们不能因为难度大就放弃对民间文艺集体权利的法律保护，而且难度大也不能成为放弃立法保护的理由或借口。

五　为何保护

我们之所以要做出上述设想，是因为民间文艺法律保护的根本目的在于保护集体的权利和利益。这就决定了民间文艺法律保护不能只有公法而没有私法，而且民间文艺的公法保护与私法保护应该各司其职、各有目的，不能相互混淆和彼此取代。简言之，私法主要保护的是民间文艺主体的权利和利益，而公法主要保护的是民间文艺本身及其体现出来的文化多样性，同时防止公权力的失职及其对私权利的侵犯。在立法目的方面，至少需要考虑两个方面。

一是坚持法律的公平、公正立场，防止由于对弱势群体的过度"保护"而造成新的不公。正如刘银良所指出，从人权和伦理学的角度来看，在没有本土居民事先知情同意的情况下，就人为地把他们认定或划定为"弱者"，然后为之提供一些"特权"并附加一定的"限制"，实际上可能已经侵犯了他们的自决权、平等发展权和要求被平等对待的权利。"因为对弱势群体的过度保护有可能反过来又加强了该群体的弱势地位，使之处于更加弱势的地位。因而也就难以保证这样的制度安排会对传统知识的可持续发展有利。相反，如果坚持本土居民和非本土居民机会平等的原则，就会增加对非本土居民参与创造、创作或保存传统知识的诱惑力，也因而增加传统知识可持续发展的能

---

① 参见 Indunil Abeyesekere, "The Protection of Expressions of Folklore in Sri Lanka," in *Traditional Knowledge, Traditional Cultural Expressions and Intellectual Property Law in the Asia-Pacific Region*, p. 349。

力",因此,"即使对于弱者的保护也应注意平衡社会公共利益"。①

二是明确公法保护与私法保护的不同目的,避免立法目的上的越俎代庖。正因为有些学者想以私法保护达到公法保护的目的,所以才会引来个别学者在谈到非遗保护时认为,以私权尤其是知识产权模式保护非物质文化遗产的保护模式"不仅不能从根本上解决非物质文化遗产的传承问题,而且在法理逻辑上也不自洽,甚至还会在其他方面带来负面效应"。其理由在于:第一,不利于实现传承非物质文化遗产的目的;第二,不利于鼓励创新,且与知识产权制度的基本规则相悖;第三,就中国国情而言,不利于中国文化走向世界;第四,将非物质文化遗产权简化为人格权的说法在法学逻辑上亦无法自圆其说;第五,将非物质文化遗产作为集体财产,以私权方式授予某个小团体的做法,也是行不通的。② 这里暂不讨论所有这些理由是否都能成立以及民间文艺与非遗之间的区别,但可以肯定,私法保护的确"不利于实现传承非物质文化遗产的目的",也"不利于中国文化走向世界",因为这些本来就不该是私法保护的目的所在,③ 否则就难逃"民间文学艺术私法保护论者的思维类似于计划经济论者"④ 之类的指责。为了明确私法保护的目的,我们必须首先把公法保护的一些目的排除出去。比如,"文化和文明多样性问题、民族利益问题、保护弱势文化问题……这些都是超出知识产权价值体系,甚至无法由法律承担的任务","传统文化或民间文艺的衰落,不是(私法)立法保护所能解决的。因此,在(私法)保护民间文艺作品的价值选择上,不应当将'保护文化多样性'归入其中"。⑤

---

① 参见刘银良《传统知识保护的法律问题研究》,郑成思主编《知识产权文丛》第13卷,第238~239、246、275页。
② 参见郭禾《对非物质文化遗产私权保护模式的质疑》,《中国人民大学学报》2011年第2期。
③ 李冰青:《对民间文学艺术作品的法律规制研究的反思》,刘春田主编《中国知识产权评论》第五卷,第205页。
④ 周婧:《质疑民间文学艺术著作权保护的合理性》,《知识产权》2010年第20卷总第115期。
⑤ 李冰青:《对民间文学艺术作品的法律规制研究的反思》,刘春田主编《中国知识产权评论》第五卷,第200页。

总之，民间文艺法律保护问题需要以理性的目的论立场和逻辑的思维方式才能得到有效的论证和思考。① 对我们而言，这也意味着超越单纯的经验现象，学会用我们比较陌生而又急需的先验范畴和超验范畴来思考问题，将人人平等和权利公平的理念逐步落实为法治社会的制度框架和现实细节。

（原载《文化遗产》2016 年第 3 期）

---

① 参见户晓辉《民间文艺表达私法保护的目的论》，《民族文学研究》2016 年第 3 期。

非物质文化遗产与知识产权保护体系衔接的几个问题

杨 红[*]

一 世界知识产权组织相关研究概况

无论是非物质文化遗产（简称非遗）保护这项整体工作，还是非遗相关知识产权界定、保护问题，国内外都有许多难题需要攻克，而非遗与知识产权衔接，更是一个复杂的全球性的研究课题。

近年来，世界知识产权组织（WIPO）下设的知识产权与遗传资源、传统知识和民间文学艺术政府间委员会（IGC）不断召开会议，就知识产权与遗传资源未来工作内容进行广泛讨论，确定目标与原则。从IGC的名称可以看出，该委员会的研究对象包括三个部分：遗传资源、传统知识和传统文化表现形式。按照官方释义，遗传资源（GRs）是指"具有实际或潜在价值的遗传材料，指植物、动物、微生物或其他起源的含有遗传功能单元的任何材料"；传统知识（TK）是指"在传统意义上的智力活动中产生的内容或物质知识，包括：农业，环境

---

[*] 杨红，艺术学博士，中国传媒大学文化发展研究院教师，研究方向为非物质文化遗产的数字化保存、展示与传播。

和医学知识，与遗传资源相关的知识"；传统文化表现形式（TCEs）是指"传统知识和文化展现或传达的有形和无形的表达形式，包括：音乐，口头叙述和文学，艺术，工艺，名称和符号，设计，建筑形式和表演"。①从释义可以看出，传统知识和传统文化表现形式两个部分涵盖的内容与非遗存在很大的交集，它们称谓不同但内涵是对应的。换言之，该委员会进行的相关立法与措施讨论，就代表了现阶段非遗在知识产权领域的官方研究进度。

本文从 IGC 召开的第二十届会议（2012 年 2 月 14～22 日，日内瓦）的大会材料中，详细了解了该委员会的研究进度，实际上，之前 IGC 多次召开不同规模的会议，都在不断推进目标与原则的确定工作，来自各国的专家结合本国实际就该委员会未来工作的方向与最可能实现的一些内容发表意见。在笔者看来，专家意见庞杂，侧重点各异，取得的共识并不多，这与各国历史文化背景、知识产权保护立场等不同密切相关。在专家意见中，大家普遍表现出了对遗传资源、传统知识与传统文化表现形式与知识产权保护体系衔接的忧虑，包括理念层面，也包括操作层面。例如，针对保护的对象、范围、方式、程度等，各国专家从各个国家的现状、各自研究的角度与背景，阐释了初步的意见和建议。不过，该委员会的基础性工作还是取得了一定的进展，到目前为止，该委员会已发布了"与生物多样性相关的获取和利益共享协议数据库"（Database of Biodiversity-related Access and Benefit-sharing Agreements）、"现有法规、准则和实践数据库"（Database of Existing Codes, Guidelines and Practices）等数据整合资料。"现有法规、准则和实践数据库"包括有关遗产的记录、数字化和传播的示例代码、指南、政策、协议和标准协议，并在知识产权问题上做了着重强调，它建立在针对不同问题广泛的经验与做法的实证性资料的基础之上，并通过 WIPO 调查和个案研究来不断补充。

---

① 世界知识产权组织（WIPO）IGC 委员会主页，http://www.wipo.int/tk/en/igc/，最后访问日期：2013 年 7 月 5 日。

二 国内非遗知识产权保护概况

非遗知识产权保护的复杂性，体现在不同门类非遗项目包含内容与表现形式各异，涉及著作权、专利权、商标权等知识产权的不同类属，也涉及人身权利与财产权利等不同保护内容。非遗到底归谁所有，谁是权利人，是非遗知识产权保护中的另一个难题。

非遗寻求知识产权的保护，法律自身完善和法律意识普及等的渐进性，使得其整体必然需要经过几个发展阶段。

第一阶段：大多数非遗传承人对非遗项目的知识产权保护意识淡薄，相关法律常识缺乏，并且缺乏维权行动。例如，非遗项目具备申请专利条件的并没有申请专利；部分项目取得了专利、商标等认证注册，但不清楚如何去维权。事实上，一些商业性、生产性非遗技艺，如不尽快申请专利等，无疑会给盗用、仿冒等各类侵权行为制造机会。

第二阶段：一些非遗传承人的知识产权保护意识得到了一定程度的提高，了解了不能抄袭、仿制他人艺术作品的朴素道理，具有了一定的法律意识，较好地维护了正常的传统知识传承市场秩序，使非遗在传承中不断提升。随着知识产权保护意识初步形成，在保护理念、发展规模等方面占有优势的部分个人与组织，通过专利申报、商标注册、著作权确认等形式，获得了特定的知识产权保护。这一阶段，首先，保护了一些非遗项目传承人的人身和财产权益，避免了一些非遗项目的滥用与侵权行为；其次，由于相关立法的不健全，权益内容的界定、实际行使的范围与方式并不清晰，保护基本停留在权益主体人身权利确认、震慑侵权行为发生的程度；最后，由于各类知识产权认定标准不够完善，许多个人与组织被错误确认为非独占的非遗项目技术与产品的专利持有人，造成该项目传承地的广大群体失去应有的利益回报。

第三阶段：全社会关于非遗的知识产权意识普遍提高，可获得全面、充足的法律依据与保障,将大多数具备知识产权保护条件的非遗项目纳入知识产权的保护范畴。当然,允许对之前的一些错误授权进行调整与更正。

显然,国内非遗领域知识产权保护仍处于初级阶段,远没有达到法条明晰、意识健全、保护得力的地步。随之而来的,就是国内非遗领域知识产权纠纷的层出不穷。分析近年来国内发生的一些典型案例,涉及天津"泥人张"、自贡扎染、开封朱仙镇年画、安顺地戏、苏州评弹等许多非遗项目,涉及传统手工技艺、传统表演艺术等各个非遗门类分支,指向著作权、商标权、商号权、专利权等不同知识产权分支。从这些案例,可以折射出国内非遗与知识产权保护衔接中的几个主要问题:非遗项目的权利主体复杂,对非遗项目主体所享有的权利内容范围缺乏明晰的认识,对非遗项目主体的权利行使方式界定不清。

三　国内非遗与知识产权保护衔接中的主要问题

(一) 非遗项目的权利主体复杂

非遗项目存在形态、传承形式、使用情况等的复杂性,使得创造、传承、使用某个特定非遗项目的群体、社区或个人都有可能成为该非遗项目的权利主体,这就在客观上造成了非遗项目权利主体判定的复杂性,无法"一刀切",以简单的、硬性的条款来确定权利主体。具体而言,根据非遗项目存在、传承、从业、传播情况的不同,权利主体可为个人,也可为特定组织;权利可为地域、行业等特定范围内集体所有,也可为全民所有,因而,非遗项目所包含的知识与技艺,可以成为个人、企业等的专利,也可能就是一种公共知识。例如,泰国在对传统泰医药实施知识产权保护时,就对权利主体不同的情况进行了区别规定。《传统泰医药知识产权保护法》为传统泰医学建立了全面的专门保护制度,将传统泰医学处方分为国家处方、私人处方和普通处方三类，规定注册私人处方权在权利人终生和死后50年内有效。[1] 为保证法律政策的有效实施，泰国还建立了处方注册机构，全泰国有75个省办公室依法开展处方注册和其他活动，具体注册只收取较低的登记费，不需要交维持费用，降低了处方注册成本。[2]

非遗项目历史悠久，一方面，许多项目在横向传播与纵向传承中，发生了各种形式的流变，一些传承谱系脉络并不清晰，因此，权利主体判定存在很大困难；另一方面，很多非遗项目目前已处于一定的公开状态，全部或者部分技艺为地域、群体共同所有，那么，它们就不符合知识产权权利主体的认定条件，不具备独占、保密等条件，接近公共知识的范畴，根据现代知识产权的规定原则，难以获得有效的保护。但是，这类特定群体持有的非遗项目也需要一定的权益保障，以防止技艺的滥用，以及造成对权益主体人群、对非遗项目保护本身的侵害与破坏。

因此，事实上，非遗项目的权利主体可分为四个层次。第一，非遗项目的权利主体为个人，一般为非遗项目的传承人，独自掌握核心技艺，技艺的独占性、商业价值和秘密性不存在争议，或者拥有不存在争议的著作权等知识产权其他形式。第二，多个权利主体，包括非遗项目不同的传承人、技艺持有人，共同或分别掌握非遗项目的核心技艺、共同拥有著作权等，但权利主体数量确定，共同或分别有效保护非遗核心内容。第三，一定地域、一定行业群体为权利主体，涉及的人数量较多，涉及地域确定、稳定但范围较大等，无法以授权特定个人或组织专利、著作权等形式维系知识产权，但仍需要通过地域行业自律和法律、制度等外界保护，来谋得一定的知识产权保护。第四，非遗项目涉及的知识与技能，已经成为某一地域或全社会共享的内容，隶属公众知识，不再受到知识产权的特定保护。

---

[1] 知识产权对企业的作用（泰国）网页，http://elib.coj.go.th/Article/articletrupsin8.htm，最后访问日期：2012年10月11日。
[2] 聚焦国外知识产权保护法，国家知识产权局网站网页，http://www.sipo.gov.cn/ztzl/ywzt/zscqzl/zlmt/tszs/200806/t20080602_405120.html，最后访问日期：2012年6月12日。

（二）非遗项目主体所享有的权利内容范围不一

知识产权，是指智力创造性劳动取得的成果，并且是由智力劳动者对其成果依法享有的一种权利，由人身权利和财产权利两部分构成。[1]

非遗知识产权的人身权利，主要立足于对非遗项目出处、来源和同一性权利的保护，防止对非遗的歪曲和篡改。非遗知识产权的财产权利，则主要是赋予特定社区、群体或个人等权利人对非遗专有地进行商业性利用，并从这种商业性利用中获取利益的权利。

同时，知识产权又可分为著作权与工业产权，其中，工业产权包括专利权、商标权以及厂商、原产地名称权等。著作权，也就是作品的版权，是版权所有人享有的针对某具体作品、制成品的人身权利和财产权利，是针对智力成果而言的，包括发表、署名、修改、使用、保护作品完整和获得报酬等权利，出版、出租、展览、复制、翻译、改编、演出该作品等在内的行为都需要版权所有人许可。[2] 在非遗领域，传统表演艺术、传统工艺美术以及一些传统技能都具有各类形式的作品和制成品，都涉及著作权问题。专利权是指对发明创造的专有权，一般有三种类型：发明专利、实用新型专利和外观设计专利。专利权人享有独占权。目前，在非遗领域，较多涉及专利申请和专利权保护的是传统技能、传统工艺美术等非遗门类。商标属于非遗商品或服务区别其他的商业性标志，属于非遗知识产权保护的衍生问题。注册商标，有利于非遗商品获得国家法律保护，从而专有该商标，作为一种法律认可的识别标志，使非遗商品拥有更好的产业发展环境和市

---

[1] "知识产权"词条，百度百科网页，http://baike.baidu.com/link?url＝wivZhJdtoHr-wQUOPfxsspWnx16evJWGKjGDEn1oqlJ7BdorMHk4mi1uDze5n76t28oSALYgTW6SUFhgh_AmsNO-IEjnIebtON9dm9QrnrmZTY5utn5q3GdJbqhw3wdWf，最后访问日期：2012年1月12日。

[2] "知识产权"词条，百度百科网页，http://baike.baidu.com/link?url＝wivZhJdtoHr-wQUOPfxsspWnx16evJWGKjGDEn1oqlJ7BdorMHk4mi1uDze5n76t28oSALYgTW6SUFhgh_AmsNO-IEjnIebtON9dm9QrnrmZTY5utn5q3GdJbqhw3wdWf，最后访问日期：2012年1月12日。

场竞争秩序。

由于非遗的特殊性，其知识产权的内容范围有别于一般主体。

1. 转让权的问题。我们既要充分考虑非遗项目权利人的利益，又要保障其他相应群体的使用受益权，还要考虑不同类别知识产权在转让权方面的区别，合理认定权利转移的范围。可以说，非遗项目的知识产权问题在转让权方面存在一定的特殊性。由于非遗所涉传统技能技艺的特殊传承规律与保护意义，非遗项目在知识产权体系中的转让权是受到限制的，尤其是在人身权方面，不可随意转让，确保非遗项目持有个人或群体的特殊稳定性和相应收益权；而在财产权方面，收益所得就可能存在归属、分配判定与转移等情况，因此，在财产权方面，应有相应的收益转移分配的法律依据。

具体而言，在财产权方面，要根据知识产权的不同类型来予以认定。（1）著作权中的转让权，是指著作权人可将全部或者部分著作权中的财产权转让给他人，如子女、徒弟等。例如，在非遗传承中，师徒间著作权的纠纷屡屡发生，如何解决这个问题就需要更为明确的法律依据和合法约定。（2）专利权的转让，是指一般专利权人作为转让方，将其发明创造专利的所有权或将持有权移转受让方，受让方成为新的合法专利权人。在非遗领域，将传统技能、技艺中的核心技术申请专利后，考虑到会对非遗正常的存在、使用和传承造成重大影响，专利权人原则上不应允许自由转让专利；正常传承情况下的专利转让，应依法定程序进行，并以保护传承为第一要义。（3）商标转让权，是指商标权人可将其注册商标依法转让给他人。由于非遗的特殊性，非遗产品及企业一般不应具有转让与非遗产品相关的商标等的权利。

2. 著作权的问题。通常而言，著作权要保障的是思想的表达形式，而不是保护思想本身。因而，在认定著作权、保障私人利益的同时，必须要兼顾知识的正常传播和社会的文明进程，例如，一些传统数理、天文知识与算法，工具制造设计与技术等就不应划归著作权保障的对象，不具有著作权。

（三）非遗项目主体的权利行使方式未定

知识产权的行使方式，主要依据是相关的法律规定。立法保护非遗，首先是已于2011年6月施行的《中华人民共和国非物质文化遗产法》（简称《非遗法》）。但是，《非遗法》在知识产权保护方面并没有做立法性的规定，只在"第六章：附则"第四十四条中指出："使用非物质文化遗产涉及知识产权的，适用有关法律、行政法规的规定。对传统医药、传统工艺美术等的保护，其他法律、行政法规另有规定的，依照其规定。"可见，《非遗法》侧重对非遗的行政管理提供法律保障，而并没有从与知识产权等相关法律进行衔接的角度给予实质性说明。

其次是要依次梳理我国现有的《中华人民共和国专利法》《中华人民共和国著作权法》《中华人民共和国商标法》《中华人民共和国反不正当竞争法》等知识产权法律制度，采用与非遗相关的条款内容进行有针对性的权益保护。

1. 2008年6月，国务院发布《国家知识产权战略纲要》，明确将"商业秘密、地理标志、遗传资源、传统知识和民间文艺等得到有效保护与合理利用"列入五年目标，并在"完善知识产权制度"这一战略重点中，将"适时做好遗传资源、传统知识、民间文艺和地理标志等方面的立法工作"作为进一步完善知识产权法律法规的内容列出。其中，"专项任务"（六）"特定领域知识产权"第33条规定："完善遗传资源保护、开发和利用制度，防止遗传资源流失和无序利用。协调遗传资源保护、开发和利用的利益关系，构建合理的遗传资源获取与利益分享机制。保障遗传资源提供者知情同意权。"第34条规定："建立健全传统知识保护制度。扶持传统知识的整理和传承，促进传统知识发展。完善传统医药知识产权管理、保护和利用协调机制，加强对传统工艺的保护、开发和利用。"第35条规定："加强民间文艺保护，促进民间文艺发展。深入发掘民间文艺作品，建立民间文艺保存人与后续创作人之间合理分享利益的机制，维护相关个人、群体的合法权益。"① 可见，国家从遗传资源、传统知识和民间文艺三个角度，将与非遗相关的知识产权立法列入了规划。

2. 第三次修订的《中华人民共和国专利法》（2009年10月施行），对遗传资源的专利部分问题做了专门规定，相关条款如下。第一章"总则"第五条："对违反法律、社会公德或者妨害公共利益的发明创造，不授予专利权。对违反法律、行政法规的规定获取或者利用遗传资源，并依赖该遗传资源完成的发明创造，不授予专利权。"第三章"专利的申请"第二十六条："申请发明或者实用新型专利的，应当提交请求书、说明书及其摘要和权利要求书等文件。……依赖遗传资源完成的发明创造，申请人应当在专利申请文件中说明该遗传资源的直接来源和原始来源；申请人无法说明原始来源的，应当陈述理由。"该法对侵害遗产资源权利的专利申请行为予以一定的规定，但是，无法涵盖所有涉及非遗的专利授予情况。

3. 在第二次修订的《中华人民共和国著作权法》（2010年4月施行，简称《著作权法》）中，第一章"总则"第三条："本法所称的作品，包括以下列形式创作的文学、艺术和自然科学、社会科学、工程技术等作品：（一）文字作品；（二）口述作品；（三）音乐、戏剧、曲艺、舞蹈、杂技艺术作品。……"第六条："民间文学艺术作品的著作权保护办法由国务院另行规定。"可见，非遗涉及的项目类型基本涵盖在《著作权法》对"作品"的类型定义之中，但是，《著作权法》就民间文学艺术作品的著作权保护办法没有相关规定，只明确了由国务院另行规定，但国务院尚未正式出台相应的保护办法。

4. 第三次修订的《中华人民共和国商标法》（2014年5月施行，简称《商标法》）中与非遗直接相关的条款基本没有。在我国非遗领域，经常遇到的是"老字号"的认定和权利保障问题，而"老字号"并不直接属于《商标法》保护的范围，《商标法》只对"驰名商标"

---

① 《国务院关于印发国家知识产权战略纲要的通知》，中华人民共和国中央人民政府网页，http://www.gov.cn/zwgk/2008-06/10/content_1012269.htm，最后访问日期：2012年3月15日。

的认定做了相关规定，并予以保护。但是，国外许多国家只认可"驰名商标"享有商标权，包括：如果驰名商标在某国尚未注册，而有人抢先注册，可以取消抢先者的注册，在该国重新注册为自己的商标；在只保护注册商标的一些国家，对未注册的驰名商标也给予保护；在很多国家，即使把驰名商标的类似标识用在非类似的商品或服务上，也可认定为侵权；等等。[1] "老字号"如果无法获得"驰名商标"的认定，就无法得到上述的商标权保障。因而，一些"中华老字号"在国外被抢注的情况十分严重，侵权行为已然发生。

与此同时，国内法律界在做相关法律认定时，又经常参考"驰名商标"来判定"老字号"。《商标法》第一章"总则"第十四条规定："认定驰名商标应当考虑下列因素：（一）相关公众对该商标的知晓程度；（二）该商标使用的持续时间；（三）该商标的任何宣传工作的持续时间、程度和地理范围；（四）该商标作为驰名商标受保护的记录；（五）该商标驰名的其他因素。"可见，"驰名商标"的认定条件，对于"老字号"企业而言，在企业宣传力度和范围、企业字号保护措施等方面都是存在一定差距的。因而，"老字号"在国内也无法得到充分的商标权保护。"驰名商标"对于许多"老字号"而言，是一个无法逾越的门槛。

5.《中华人民共和国反不正当竞争法》（1993年12月施行）第二章"不正当竞争行为"第十条规定："商业秘密，是指不为公众所知悉、能为权利人带来经济利益、具有实用性并经权利人采取保密措施的技术信息和经营信息。"该法对"商业秘密"进行了定义，而非遗项目的核心技艺技能是不是商业秘密，是国内许多非遗项目在寻求知识产权保护中经常遇到的问题。

由上可见，已有知识产权领域的相关法律，对非遗这一专门领域并没有针对性的法条，只能从相关法条寻求非遗知识产权纠纷的解决

---

[1] 驰名商标与著名商标等相似概念的区别，中顾法律网网页，http://news.9ask.cn/sbq/bjtj/201102/1097120.shtml，最后访问日期：2012年3月16日。

依据，法条的解释亟须完善。

总而言之，首要的就是非遗所包含的传统知识、传统文学艺术等各类非遗项目的知识产权保护法律保障机制尚未形成，围绕非遗与其他相关知识产权保护对象的共性与个性，需要进行与现有法律依据的有效衔接，为非遗知识产权保护制定完善的法律依据。

四 非遗与知识产权体系衔接中的主要矛盾与建议

由此，本文认为，国内非遗与知识产权体系衔接的主要矛盾与建议有以下六个方面。

（一）公开与保密

哪些非遗项目可以归入现代知识产权保护的范畴，这个问题无法从非遗保护这个单一角度来考虑，一厢情愿地认为，要利用知识产权手段来实施保护。其中，非遗项目的基本技艺为特定地域与人群公共所有、非遗项目的核心技艺为集体所有等所有权情况，核心技艺保密状况不佳等情况，导致利用知识产权手段来实施保护成为一个难题。

那么，非遗项目的核心技艺要寻求知识产权保护，比如要申请专利，其必备条件是什么？一是核心技艺的独有性，也就是要求他人不掌握核心技艺的全部或者部分；二是所有人主体的确认，特定个人或者集体所有不存在争议；三是核心技艺的保密条件。可以说，非遗项目的核心技艺要寻求知识产权保护，对非遗项目本身、项目所有人和项目外部环境都有要求，而这些都与公开与保密的问题密不可分。

（二）传承与创新

在非遗保护中，传承与创新存在微妙的关系。我们要鼓励技艺在传承过程中的自发创新与自然发展，但是又要明确非遗的核心内涵、特殊价值以及传统认知与技法的传承意义。这一点与知识产权在创新性方面的特殊要求是有所差异的，甚至是存在矛盾的。例如，在已发生的案例中，就有司法部门将当代对非遗技艺的再创新作为知识产权保护的依据。本文认为，从非遗保护的意义来看，知识产权保护的依据不应该是非遗项目在当代的创新程度，这与非遗保护的精髓与发展传承规律是相矛盾的。

（三）特殊扶持与公共利益

对非遗项目持有人这类特殊群体进行扶持，与正常的知识产权权利伸张之间，是存在矛盾的。例如，在"老字号"的保护方面，首先，目前，各级法院对商业"老字号"知名度的认定，一般参照的是《商标法》关于"驰名商标"的标准，如前文所述，"老字号"离"驰名商标"的要求还有一些距离，在广告宣传力度等方面很多时候无法达到；其次，知名的商业"老字号"大多具有上百年甚至更久远的历史，在长期的变迁中普遍权属不清，要以充分的证据证明其知名度，进而保护字号权利、制止不正当竞争，难度非常大。此外，一些学者对于非遗知识产权保护期限的问题存在忧虑，希望对非遗传承人给予特殊的保护，但是，从国外到国内，另一些学者则并不认同，他们认为，过度保护传承人知识产权，是对公共利益的侵害，在现代创造和传统创造的保护上存在不公平的现象。

（四）个人利益与社会价值

非遗项目进行专利申请的意图，应符合促进传承这一基本要义。要引导部分非遗项目传承人等权利主体，改变以专利利益为唯一目的的专利申请意图，形成通过专利保护促进传承、使传统知识与技艺在新的历史条件下发挥更大社会作用的法制氛围。与此同时，也要肯定知识产权是部分商业性非遗项目参与市场竞争的重要工具，保护权利主体合法利益。而在非遗项目传承主体现状各异的情况下，利益的分配又是不可避免的问题，需要因地制宜地建立合理的个人、集体以及社会利益分配机制。

(五) 所有权与知识产权

所有权与知识产权的区别在非遗领域引发的思考，包括以下三点。

1. 知识产权是智力劳动产生的成果的所有权，它是依照各国法律赋予符合条件的著作者以及发明者或成果拥有者在一定期限内享有的独占权利。因而，知识产权具有时间性，有时间限制，在法定期限内受到保护，超过有效期限则自行消灭，相关知识产品成为整个社会的共同财富。所有权则永久存续。那么，非遗项目相关的知识、技艺等属于人类智慧产物，通常应被列入知识产权保护范围，应享有有限保护时效期限；而一些非遗项目又世代传承森严，相关主体认为这是特定家族、特定商号等永久保有的无形财产，享有所有权，在长期单线传承、保密良好而项目价值又长期存在的情况下，以知识产权保护法定期限来强制规定其公开，既破坏了正常的项目生存状态，不利于其传承与保护，也侵害了主体利益。因而，非遗寻求知识产权保护时，就面临有效期限的问题。

2. 知识产权为无形财产权，所有权一般具有具体的内容，所有权的客体一般都为有形的实在物。非遗为无形文化遗产，其制成品、工具、原材料等实物不是非遗的核心内容，知识、技艺、技能等才是核心，因而，非遗主要伸张的是无形财产权。

3. 知识产权是人身权和财产权的结合体，其客体与人身有着密切联系，是人类脑力劳动创造出来的具有很高价值的知识产品；而所有权一般只针对财产，不具有人身权性质。对于非遗而言，围绕知识产权的人身权与财产权同等重要，对于一些非商业、经济价值不明显的项目而言，人身权更为重要。

(六) 传统技艺与商业秘密

事实上，蕴含在非遗项目中的传统技艺，是非遗的核心内容。但是，传统技艺是否构成商业秘密，学术界和司法界一直讨论不休。首先，传统技艺构成商业秘密，得到知识产权保护，需要满足一些条件。

有专家指出，秘密性、具有商业价值和采取保密措施是构成商业秘密的三大要素。对传统手工技艺中已经公开的部分和仍具有秘密性的部分应该区别对待。只有符合这三个条件，特别是在操作环节、配方或技术等方面仍具有不可复制性的传统手工技艺，才构成商业秘密。其次，对那些构成商业秘密的传统技艺，在传承方式上，如师徒传承，缺乏足够的保密意识和措施；在生产性保护中，应着重树立保密意识，建立保密制度，对涉密人员进行严格管理；在对外传播中，应严格把握广告中的公开尺度，避免主动泄密。

综上所述，一方面，非遗相关主体在知识产权的运用、管理等方面的能力有待提高，另一方面，要建立更为合理和完善的知识产权法律制度来保护非遗，从而，让知识产权保护手段成为非遗传承和发扬的重要激励力量。

（原载《民族艺术》2014年第1期，本文为节选）

守正亦须知识产权

高 越 龙 文[*]

近年来,非物质文化遗产保护与开发的矛盾越来越激烈,有识之士大声呼吁:"如果将祖先留下的'遗产'与在专家艺术家指导下完成的'现产'混为一谈,将非物质文化遗产与文化衍生品混为一谈,祖先留给我们的'遗产'就会因糊涂而被偷梁换柱,国家就会因短视而丧失掉一笔最为宝贵的文化战略资源。"[①] "如果我们忘记了非遗保护是把抢救和保护放在第一位,非遗保护是原真性的保护,而不是创意性的变异,因趋利而把文化创意化当成非遗保护,那么,我们可能不仅不能很好地保护非遗,反而会加速失去我们本应珍视和保护的东西。"[②]

产权保护特别是知识产权保护,是塑造良好营商环境的重要方面,传统文化、传统知识的知识产权保护越来越紧迫。中国法律关于对传统文化、传统知识加以知识产权保护的明确条款有两处。一是 2011 年 2 月 25 日通过的《非物质文化遗产法》第四十四条规定:"使用非物质文化遗产涉及知识产权的,适用有关法律、行政法规的规定。"非物

---

[*] 高越,中国戏曲学院新媒体艺术系讲师;龙文,知识产权出版社副编审、高级知识产权师。

[①] 苑利:《把"现产"当"遗产":会不会使中国的非遗保护走上不归路?》,《原生态民族文化学刊》2020 年第 2 期。

[②] 王文章:《把握非遗规律,坚守守正创新》,《中国非物质文化遗产》2020 年第 1 期。

质文化遗产就《非物质文化遗产法》所称，"是指各族人民世代相传并视为其文化遗产组成部分的各种传统文化表现形式，以及与传统文化表现形式相关的实物和场所"。二是《著作权法》，自1990年颁布以来，《著作权法》经过了三次修订，其中有一条历次修改都未加变化，即"第六条：民间文学艺术作品的著作权保护办法由国务院另行规定"。尽管过去30年了，该条要求"另行规定"的民间文字艺术作品的著作权保护办法仍未出台，但并不改变以民间文学艺术作品为代表的传统文化表现形式受知识产权法律制度所涵盖的状况。

《国家知识产权战略纲要》于2008年将"建立健全传统知识保护制度"列入专项任务。2019年11月24日，中共中央办公厅、国务院办公厅印发的《关于强化知识产权保护的意见》要求完善新业态新领域保护制度，研究制定传统文化、传统知识等领域保护办法。"传承精华，守正创新"，这是习近平总书记对中医药工作做出的重要指示[①]，同样适用于知识产权领域对传统文化、传统知识的全面保护。

守正，即正本清源，保护创新的源头。郑成思先生最早以"源"和"流"来比喻民间文艺、传统知识和遗传资源与专利、版权的关系，认为在保护"流"的同时，更要注重对于"源"的保护。[②] 回顾我国司法相关案例，这一保护宗旨通过不同的知识产权诉争得以体现。

一是通过著作权诉争。任何人利用民间文学艺术进行再创作，必须说明所创作的新作品的出处。这是我国民法通则中的公平原则和著作权法中保护民间文艺作品的法律原则的具体体现和最低要求。[③] 在此举出结果不同的两个案例加以说明。

在黑龙江省饶河县四排赫哲族乡人民政府诉郭颂、中央电视台侵犯民间文学艺术作品著作权纠纷案中，原告黑龙江省饶河县四排赫哲

[①] 《习近平：传承精华守正创新　为建设健康中国贡献力量》，《人民日报》2019年10月26日，第1版。

[②] 郑成思：《创新之"源"与"流"》，《中国知识产权报》2003年11月14日。

[③] 李哲：《回顾知识产权保护经典案例：〈乌苏里船歌〉的作者之争》，《中国经济网－经济日报》2016年4月26日。

族乡人民政府请求判令：被告在中央电视台播放《乌苏里船歌》数次，说明其为赫哲族民歌，并对侵犯著作权之事做出道歉；被告赔偿原告经济损失40万元，精神损失10万元。法官判定：以《想情郎》和《狩猎的哥哥回来了》为代表，世代在赫哲族中流传的民间音乐曲调，属于赫哲族传统的民间文学艺术作品形式。《乌苏里船歌》主曲调是郭颂等人在赫哲族民间曲调《想情郎》等的基础上，进行艺术再创作、改编而完成的作品。郭颂等人在使用音乐作品《乌苏里船歌》时，应客观地注明该歌曲曲调是源于赫哲族传统民间曲调。二审判决郭颂、中央电视台以任何方式再使用音乐作品《乌苏里船歌》时，应当注明"根据赫哲族民间曲调改编"，但没有支持原告要求被告赔偿经济损失和精神损失的诉求。

在贵州安顺市文体局状告《千里走单骑》导演张艺谋、制片人张伟平及出品人北京新画面影业有限公司等三被告侵犯安顺地戏署名权案中，原告诉称：在拍摄电影《千里走单骑》时，安顺市詹家屯的八位地戏演员应被告的邀请前往丽江，表演了"安顺地戏"传统剧目中的《战潼关》和《千里走单骑》。这些表演被剪辑到《千里走单骑》影片中，该影片却称之为"云南面具戏"。[1] 原告安顺市文体局认为，张艺谋等人将特殊地域性、表现唯一性的"安顺地戏"误称"云南面具戏"的做法，歪曲了"安顺地戏"这一非物质文化遗产和民间文学艺术，侵犯了署名权，故要求张艺谋等人在《法制日报》《中国日报》（英文版）中缝以外版面刊登声明消除影响，而且以后无论以何种方式再使用影片《千里走单骑》时，都要注明"片中的'云南面具戏'实际上是'安顺地戏'"。[2] 一审法院确认了安顺地戏作为国家级非物质文化遗产之一，本应该给予高度的尊重与保护，却驳回了诉讼；于是

---

[1] 《文化局告张艺谋"安顺地戏署名权"案上诉》，中国法院网，https://www.chinacourt.org/index.php/article/detail/2011/08/id/460939.shtml，最后访问日期，2020年12月19日。

[2] 《安顺文体局为何输给张艺谋?》，国家知识产权战略网，http://www.nipso.cn/onews.asp?id=11774，最后访问日期，2020年12月26日。

原告上诉，二审法院也驳回了起诉。法院给出的理由是，按照著作权法，署名权是作者对作品的权利。安顺地戏与京剧、评剧一样，仅是一个戏剧种类，本身不构成作品。只有安顺地戏中某一个特定剧目，如影片中使用的《千里走单骑》，才能构成作品。①

安顺市文体局的败诉并不意味着被告不侵害著作权法所保护的民间文学艺术作品应有的正当权利，而是因为原告及其律师对法条的理解不准，诉讼请求不当。在诉请署名权时，必须满足两个条件：案件中涉及的对象是具体的作品；有真正意义上的署名行为。② 实际上，法院已经明明白白地指出了正确的路径，即以《千里走单骑》这一由传承人表演的具体民间文学艺术作品的署名权被侵害作为诉求。

二是通过反不正当竞争诉争。《反不正当竞争法》第一章第二条规定："经营者在生产经营活动中，应当遵循自愿、平等、公平、诚信的原则，遵守法律和商业道德。"在此以京津两地正宗"泥人张"诉争为例。

2005年12月，原告张锠、张宏岳及北京泥人张艺术开发有限责任公司诉张铁成、北京泥人张博古陶艺厂及北京泥人张艺术品有限公司非法使用泥人张名称、泥人张域名等不正当竞争行为。北京市第二中级人民法院2006年12月20日做出一审判决，判决张铁成等停止使用泥人张名称、泥人张域名等不正当竞争行为。张铁成等不服一审判决，向北京市高级人民法院提出上诉。北京市高级人民法院于2007年9月20日做出二审判决，判决撤销了北京市第二中级人民法院做出的判决。泥人张传人张锠等不服北京市高级人民法院的判决，向最高人民法院提起再审申请。2010年7月，最高人民法院决定再审，2010年9月开庭审理，2012年2月28日做出终审判决：撤销二审判决，维持一审判决。张锠接受记者访问时表示，"泥人张"官司不是地域之争，而是真假之辨。③

---

① 王逸吟：《非遗产品的知识产权如何保护？》，《光明日报》2013年4月25日，第15版。
② 杨云峰、陈峥：《民间艺术的合法保护和利用》，公务员之家，https://www.gwyoo.com/lunwen/shys/yssclw/201306/552473.html，最后访问日期：2020年12月12日。
③ 《京津两家"泥人张"诉讼7年 天津传人终揽招牌》，《法制晚报》2012年4月16日。

法院认为，在该案中判断被申请人对"泥人张"或者"北京泥人张"的使用是否构成不正当竞争，关键在于两点。一是被申请人对"泥人张"或者"北京泥人张"的商业使用是否有合法合理依据，以及是否违反了诚实信用的原则和公认的商业道德；二是被申请人对"泥人张"或者"北京泥人张"的使用是否会导致消费者产生混淆、误认，即认为被申请人的商品或者服务出自"泥人张"权利人或者与权利人有特定联系，是否损害了"泥人张"经营者的合法权益，扰乱了社会经济秩序。

法院判定，"泥人张"作为对张明山及其后几代人中泥塑艺人的特定称谓和对他们所传承的特定技艺以及创作、生产作品的特定名称，已有百余年的使用历史，已经成为享有很高社会知名度的一种商业标识。被申请人在明知"泥人张"知名度的情况下，使用"泥人张"或者"北京泥人张"作为其企业名称中的字号和在经营活动中作为其商业标识，但又不能提供充分证据证明其使用"泥人张"或者"北京泥人张"的合法合理依据，显然具有借助他人商誉的主观故意，客观上也足以造成公众的混淆、误认，其行为违反诚实信用原则，违背公认的商业道德，构成不正当竞争。

法院在判决书中还就非物质文化遗产保护与本案的关系问题进行了阐述：毫无疑问，非物质文化遗产应当受到法律保护，我国为此还于2011年2月颁布了《中华人民共和国非物质文化遗产法》。由于非物质文化遗产与知识产权法和反不正当竞争法保护的客体有所重叠，因此，两种保护会有交叉之处，但二者各有侧重。对非物质文化遗产的保护，并非一种私权保护，其强调政府主管部门、遗产项目保护单位、遗产项目代表性传承人等从非物质文化遗产的角度进行保护。而知识产权法和反不正当竞争法是从保护私权出发，强调的是私权的保护。在该案中，"泥人张"被纳入国家和地方非物质文化遗产项目名录，并非其应受到知识产权法和反不正当竞争法保护的必要条件。"泥人张"作为非物质文化遗产受到保护，与其受知识产权法和反不正当竞争法保护并不矛盾，相反，在一定程度上，"泥人张"被纳入非物质文化遗产项目名录，也反过来更加证明了其具有长久而广泛的知名度和私权保护的价值。①

三是通过商标权及地理标志诉争。在杭州市西湖区龙井茶产业协会（简称西湖龙井协会）与磐安县尖山镇隆井缘茶叶经营部侵害商标权纠纷一案中，法院认定：2011年6月28日，西湖龙井协会经国家工商行政管理总局商标局核准，注册了第9129815号"西湖龙井"地理标志证明商标，核定使用商品为第30类茶叶，注册有效期限自2011年6月28日至2021年6月27日。2012年5月，"西湖龙井"被国家工商行政管理总局认定为驰名商标。《杭州市西湖区龙井茶产业协会"西湖龙井"地理标志证明商标使用管理规则》载明，申请使用"西湖龙井"地理标志证明商标，须按本规则规定的条件、程序提出申请，由西湖龙井协会审核批准等事项。原告西湖龙井协会作为第9129815号"西湖龙井"地理标志证明商标的权利人，应当受到我国法律保护。被告隆井缘茶叶经营部在阿里巴巴平台上销售的被诉侵权商品为茶叶，与原告"西湖龙井"商标的核定使用商品相同，被诉侵权商品的外包装的正面显著位置上以较大字体使用了"西湖龍井"的标识，易使消费者注意到其对茶叶来源所起提示作用，故属于商标意义上的使用。将被诉侵权产品上标示的"西湖龍井"标识与原告第9129815号"西湖龙井"文字商标进行比对，两者组成的要素均为"西湖龙井"文字，音、义相同，仅在字体上略有区别，这种区别对商标标识的识别性特征未产生实质影响，属相近似标识。法院认为，根据商标法及相关司法解释的规定，由于隆井缘茶叶经营部使用的茶叶外包装上标注了近似"西湖龙井"的字样，相关公众看到该茶叶时，容易对茶叶来源产生混淆，误认系正宗西湖龙井茶。鉴于被告隆井缘茶叶经营部未能举证证明其使用上述商标的合法理由，应确认其上述行为已构成对西湖龙井协会涉案商标专用权的侵犯。②

---

① 最高人民法院（2010）民提字第113号民事判决书。
② 浙江省金华市中级人民法院民事判决书（2019）浙07民初78号。

在上述涉及三种知识产权诉争四个案例的法院判决中，认可了以《想情郎》《狩猎的哥哥回来了》为代表的，世代在赫哲族中流传的民间音乐曲调，属于赫哲族传统的一种民间文学艺术作品形式；"泥人张"是对张明山及其后几代人中泥塑艺人的特定称谓和对他们所传承的特定技艺以及创作、生产作品的特定名称；"西湖龙井"地理标志证明商标用以证明"西湖龙井"产品的原产地和特定品质，他人不得使相关公众对茶叶来源产生混淆，误认系正宗西湖龙井。即便在因诉讼请求不当而败诉的安顺地戏案中，法院亦充分肯定了"安顺地戏"作为国家级非物质文化遗产，应当依法受到国家的保护、保存，任何非法侵占、破坏、歪曲和损毁等侵害和不利于非物质文化遗产保护、保存、继承和弘扬的行为都应当予以禁止和摒弃。

由此可见，尽管专门的传统文化、传统知识保护办法有待制定，但是中国特色的知识产权制度和司法实践不但能够对创新加以保护，而且应该并能够对"守正"加以保护。在进入数字经济时代的今天，我们迫切需要一个既尊重历史又面向未来的将传统文化、传统知识作为知识财产加以保护的新时代知识产权制度，形成存证、确权、维权和司法救济的全链条，去保护这些前工业化时代创造的，历经数千年存续下来的，并仍然在原生境下心传智创、生生不息的人类文化多样性成果——传统文化、传统知识。我们将传统文化、传统知识纳入知识财产保护的根本目的，乃在于保持"文化基因"[①]的活力，使其作为群体共有资源被正当接触（知情同意）和合理利用（惠益分享），不被滥用、盗用和歪曲使用，并经由每一个体心传智创的丰富内容和表现形式不断创生繁衍，真正成为创新的源泉。

---

① 有关文化基因的相关论证，参见龙文《传统知识、知识财产与信息自由》，载周林、龙文、韩缨等《超越知识产权》，浙江大学出版社，2013。

非遗保护语境下民间文学的法律保护

田茂军 兰华平[*]

民间文学属于文学的一个特殊类别，是与作家文学、通俗文学并行的一门语言艺术，是一个民族世代传承的非物质文化遗产，是民族文化传统的重要组成部分。许多民族的民间文学形象，如桩巴龙、九头鸟、孟姜女、刘三姐、阿凡提等，已经成为各个民族或地区的文化符号。民间文学作为一个民族共有的文化传统，是相对独立于作家文学的一种民间文化形态。

在漫长的历史中，人类在创造了赖以生存繁衍的物质生活资料的同时，也以独特的艺术方式创造了大量美丽动人的神话、史诗、传说、故事、歌谣等，这些我们统称为"民间文学"。正如拉法格所言，民间文学是"人民灵魂的忠实、率直和自发的表现形式；是人民的知心朋友，人民向它倾吐悲欢苦乐的情怀；也是人民文学的科学、宗教和天文知识的备忘录"。它是一种"活"着的、与时俱进的、始终保持着新鲜生命力的活态文化现象，不是个人独立创作、单向传播，而是在日常生活语境中，创作者与欣赏者双向互动、共同完成，是一种具有民族传统特色的公共生活。

民间文学是一个民族在生活语境里集体创作，在漫长历史中传承

---

[*] 田茂军，教授，湖南吉首大学非物质文化遗产研究中心主任，主要从事民间文学教学与研究；兰华平，深圳奋达教育集团讲师。

发展的语言艺术。它既是该民族生活、思想与感情的自发表露，是历史、科学、宗教及其他人生知识的总结，又是审美观念和艺术情趣的表现形式，还是该民族集体持有和享用的一种具有民族传统特色的生活文化。①

随着全球化趋势的演进与中国改革开放的不断深化，文化在国际交往中的地位日益凸显，民间文学作为中国传统文化的重要组成部分，在当今社会也受到了越来越多的关注。一个国家的民间文学不仅是反映该国文化资源情况和文化实力的重要标志，而且蕴含着巨大的商业价值，因此对民间文学的法律保护，备受瞩目。

中国在推动对民间文学的法律保护进程中，并没有制定一部统一的民间文学法律保护法典，而仅仅是通过《中华人民共和国著作权法》、《中华人民共和国专利法》和《中华人民共和国非物质文化遗产法》等来构成民间文学法律保护体系。由于相关法律体系不完备，对民间文学的保护范围与保护程度都有缺失，相关法律法规也因民间文学的特殊性而没能物尽其用，对民间文学产生的利益冲突并没有完善的解决方式，民间文学相关权利的行使没有法律依据，导致冲突日趋常态化。

一 民间文学的层次存在

民间文学的研究最早始于欧洲，早期被人们知悉的民间文学形式是古希腊的叙事诗。民间文学作为艺术的第一个名字——Folklore，是欧洲考古学家汤姆斯于1846年提出的，狭义指民间文学，广义指民俗学。国际上近些年通称为Expressions of Folklore，翻译过来就是"民间文学表达"。1976年，在联合国教科文组织和世界知识产权组织协助下，为发展中国家制定的《突尼斯版权示范法》第18条规

---

① 刘守华：《民间文学教程》（第二版），华中师范大学出版社，2013，第2~3页。

定，民间文学是在一国境内，由被认定为该国国民的作者或种族集体创作，经世代流传而构成传统文化遗产基本成分之一的一切文学、艺术和科学作品。1982年，联合国教科文组织和世界知识产权组织在《保护民间文艺表达免受非法利用与其他损害行为的国家法律示范条款》中规定，民间文艺表达形式是由传统艺术遗产的特有因素构成的，由一国的某个居民团体所发展和保持的产品。1977年，非洲知识产权组织颁布《班吉协定》，其中附件7第46条规定，受版权保护的民间文学，指一切由非洲的居民团体所创作的，构成非洲文化遗产基础的代代相传的文学、艺术、科学、宗教、技术等领域的传统表现形式与产品。[1]

在国际条约中，民间文学实际上是以复合形态存在的，可以看作一种文化传统的综合体，包括民间文学创作、民间文化艺术表达、传统文化艺术表达、民间文学艺术作品等，它们都可以作为其名称，中国著作权法称为民间文学艺术作品。由此可见，无论是各国立法还是国际立法，均没法对民间文学做一个确定标准的界定，但是我们必须承认的是，民间文学是非确定个体创作出来的一种集体性成果，是以多元化呈现出来的一种口头艺术表演或创作。

从世界各国对民间文学的界定来看，不难发现民间文学的界定，的确是十分模糊的，缺乏一个层次性的划分，这给法律保护的实际操作带来了困难。对此，在联合国教科文组织和世界知识产权组织的一系列规范性文件以及各国的立法实践中，并没有做严格的区分，因此笔者在进行理论探讨时，倾向于使用"民间文学"，但是不停留于单一层次的文本理解。我们认为，从所有权意义上说，民间文学是特定区域内的社会群体创造的，体现了该特定区域的社会群体性，具有特定的文化内涵与文化品质，代代相传，集体拥有。

---

[1] 严永和：《民族民间文艺知识产权保护的制度设计：评价与反思》，《民族研究》2010年第3期。

二 民间文学的创作属性及法律保护原则

(一) 民间文学的创作属性

1. 集体性

民间文学的集体性是指民间文学由某个民族、某个地域或某个历史时期的广大群众共同创作、共同传承而显现出来的群体性特性。它一方面体现了民间文学的创作活动与传承过程融于一体、同步展开的内在机制；另一方面也反映了民间文学凝聚集体智慧与艺术才华所获得的强劲的艺术生命力，表达了植根于民俗生活的特定民族、特定地域或特定时代的集体概念。民间文学是主要表现在集体情境中的集体创作，如藏族的英雄史诗《格萨尔王传》；优秀传承人个人创作出作品的雏形后，在不同的地域流传，再由许多民间艺人添枝加叶，逐渐完善，如《孟姜女》《牛郎织女》，就是如此。这里既有集体创作，又有个人创作，如民间歌手、艺人包括部分文人的改编、移植、创作等。如湘西土家族的民间叙事诗《撒珠湖》，在酉水流域土家族集中居住的保靖碗米坡一带流传，民间歌手基本会唱，但是没有唱得完整的，土家族山歌能手田茂忠，通过多年的搜集、整理，能够演唱全本，他后来出版了书面的山歌集，收录了这部长篇叙事诗。随着人类社会的发展，集体性的表现形式，无论从渔猎、农耕、战争还是从宗教祭祀、娱乐活动中，都可以看到集体性的价值诉求与表达。

2. 口头性

民间文学大多是通过人们的口头传递、模仿或者表演而流传下去，口头形式无疑体现了其流传途径的单纯性。这和民间文学悠久的历史性、产生地区的偏远性有紧密的联系，其源自质朴的生产生活使得其容易被接受，简单的口头模仿或者表演，在生产生活中娱乐了人们的同时，也成了民间文学得以传承和发展的主要方式。如苗族古歌就是口头流传下来的，主要是因为苗族在历史上没有自己的独立文字。新中国成立后，民俗学家经过搜集、整理，才记录下来不同版本的苗族古歌。

人类运用口头语言的历史，远比运用书面语言的历史长。在漫长的历史发展过程中，广大人民群众与口头语言艺术结下了不解之缘。在广大人民群众享受文化教育、欣赏和参与书面创作的社会条件下，口头文学仍然活跃在民间，继续发挥着它的特殊作用。新时期产生的大量现代民谣、故事传说、笑话等就是例证。

3. *活态性*

民间文学不同于作家文学，它不像作家文学具有固定的书面形态，而是处于不断的变异之中，永远处于一种非定稿的状态，另外它也受传播主体的个性特征影响。这就是民间文学的活态性。民间文学不是静止的而是动态发展的，在创作的过程中，传承人经常会根据自己的爱好、习惯等进行润色、增补或删减。因此，在历经时代变迁后，民间文学打上了不同时代的历史烙印。民间文学至今还在不断孕育与发展，出现了很多新的创作并处于持续的创新之中。由于民间文学多是被人们以口头方式进行传播的，往往体现为非常规的稳定性，经过时间的推移，人们会在传播时加入自己主观的想象，从而使民间文学的某些内容发生改变。民间文学在传播的过程中，也会吸收借鉴其他知识的元素，相互融合演变成新的民间文学，这正是民间文学的高度灵活性与强盛的生命力的体现。

当然，民间文学还具有其他特征，比如传承性、变异性以及地域性等。但是从创作角度看，最基本的特征还是上述的集体性、口头性与活态性，也是上述特点使其保护面临一些难题。

（二）民间文学的法律保护原则

民间文学作为语言的艺术，其外在形式大致可以分为四种：一是语言表现形式，如故事、史诗、传说、诗歌、谜语、文字、标志、名称和符号；二是音乐表现形式，如诗歌和器乐；三是行动表现形式，如舞蹈、游戏、典礼、仪式和其他表演浓缩的某种物质表现形式；四是有形表现形式，如艺术品、工艺品、建筑等。

学术界对民间文学的保护原则进行了多样化探索。在实践中，世界知识产权组织（WIPO）下设的知识产权与遗传资源、传统知识和民间文学艺术政府间委员会（IGC）通过了《传统知识保护的政策目标及核心原则（草案）》，提出了九大原则，综合了多年来理论界和实务部门的意见。这九大原则分别是：（1）反映相关社区的愿望和希望的原则；（2）平衡原则；（3）尊重其他国家和地区协议文书并保持一致的原则；（4）灵活和全面的原则；（5）对文化表现形式的具体特点和特征予以承认的原则；（6）与保护传统知识互补的原则；（7）尊重原住民和其他传统社区的权利和义务的原则；（8）尊重原住民和其他传统社区的习惯使用和传播方式的原则；（9）保护措施的有效性和可获得性原则。在此基础上，有学者又提出了尊重和体现族群意愿原则，有利于民间文学的维持、传承和发展原则，保障族群正当利益原则和利益平等原则。笔者认为，保护原则的确立要考虑民间文学存在的创作特征，对其集体性的特殊属性进行考量。以上核心原则可以作为我国民间文学法律保护的指导性原则。

三 当前民间文学法律保护存在的问题

对于民间文学的法律保护在《中华人民共和国非物质文化遗产法》（以下简称《非遗法》）出台以前，都是点到为止的状态。尽管如此，《非遗法》仍然有许多不尽如人意的地方，如对判定非物质文化遗产价值的标准，《非遗法》是持回避态度的。另外，非物质文化遗产法关注的更多是国家和政府的责任，而对所有权、使用权、署名权等多项权利，却没有涉及和规定。因此知识产权法在民间文学的保护方面，在所有权、使用权、署名权等权利义务的规定上，还需依据相关规定拟定保护细则。虽然《非遗法》对民间文学进行保护是一个突破性的进展,但遇到对民间文学的所有权、使用权、署名权等进行侵犯的问题时,知识产权法还是最有效和可以实施的保护手段。

在民间文学的权利主体方面,首先,版权法的权利主体是某个人或者某个群体,而民间文学在世代相传的过程中不可避免地加入了群体的改造,这就使民间文学的创作主体无法判断。其次,版权法保护的是已经创作完成的作品,而民间文学是处于不断发展和创新中的,这与版权法规定的作品概念是有区别的。最后,就是版权法的权利主体是版权人,包括作者和受转让而取得权利的权利人,而民间文学作为族群存在的不可分离的一部分,不可能与在历史中积累、创造它的族群分开而让与他人。这说明版权体系的经济本性与民间文学格格不入。

从公元5世纪到15世纪,新作品的创作都与传统文化息息相关。著作权宣称智力产品的创造者是权利的第一主体,这个理论可以追溯到早期罗马时代的自然法。我们所熟知的洛克的财产权劳动理论,就是根据这一早期理论形成的,这一理论虽然并没有直接阐述知识产权的相关内容,但其侧面地从劳动的角度,进一步解释了知识产权制度中劳动者应获得劳动财产权的正当性。这种权利在著作权中,不仅是为了保护其创作成果,更是激励创造的方式。

在民间文学领域,想要确定财产权的归属并不容易。民间文学大多是由群体在日常的生产生活中共同创造的,是整体参与的结果,所以民间文学的创作者是难以明确的。这种尚不能明确具体权利主体的民间文学与知识产权制度是无法严格契合的。现有的知识产权法的保护模式尚存弊端,对特定主体的保护仅仅是针对个体,对群体没有激励作用,而个体的创造力与群体的创造力是不可同日而语的,只有群体的力量被激发、释放,我们的民间文学才会得到更好的保护和发展。因此用知识产权法保护民间文学首先要解决的问题是知识产权的主体能否为群体。

知识产权是一种有特殊性的权利,这种特殊性使知识产权被公众称为"最有价值的资源"。它保护的创新性智力成果中蕴含的敢于创新、敢于突破的精神，是知识产权法所激励的。而在民间文学领域，虽然民间文学也是智力成果，但是这个客体内容是古老的，也许经历了几百年，甚至上千年，所以，我们在为民间文学提供保护时，不需要强调严格的独创性。民间文学是民间传统文化的传承，根据这些民间文学创作的有独创性的衍生作品，毫无疑问，也会被知识产权法保护。正是由于对没有独创性的民间文学没有完备有效的法律规定，所以人们才认为知识产权法是最恰当保护它的法律武器。民间文学若像一般的科技产品一样，有了独创性便不可称为民间文学，我们需要保护的，原本就是这种原生态的、不含杂质的母体艺术。因此，只要能够判定民间文学是由哪个族群创作、保有的就可以了。对于民间文学来说，更需要知识产权来保护原创性而非独创性。

四　民间文学法律保护模式的建构

（一）著作权法保护及专职管理模式

民间文学作为一种无形财产，设立法律来保护自不待言，其目的就是确保权利主体能充分、有效地享有并使用自己的权利。但民间文学的权利主体究竟如何确定，国际上也莫衷一是：有的主张将权利主体界定为国家；有的认为权利主体只能是传承、保存民间文学的群体、民族；还有的认为，对民间文学享有权利的主体应该分为多个层次，有个人享有的，有群体享有的，有地方政府享有的，还可能有无主体的。

关于界定权利主体这个问题，应当有相关的著作权法案，设立一个专门的组织，根据相关法律规定，由这个组织作为权利主体，来保护民间文学。这个组织不具备官方属性，完全自治，由它来行使有关民间文学的权利，并将有关收益用于民间文学来源群体的文化、经济事业和该组织的日常运转。结合中国国情来看，成立这种纯民间性质的民间文学作品著作权集中管理机构的条件，目前尚不成熟。民间文学作品大多流传于经济欠发达、文化较封闭的少数民族地区。一方面，民间文学主体权利的保护，离不开国家和政府在著作权方面的立法；另一方面，由于我国各地区发展不平衡，保护程度有的差异较大，因此采取以审批制为纽带的多元化的民间文学作品集中管理机构是可以考虑的。

民间文学主体权利受保护的群体应该是传承人，因为民间文学最初或许是由个人构思的，但传承人对民间文学艺术的保存与传播起着至关重要的作用，在整理、改编等传承过程中也付出了创造性的劳动。① 民间文学在流传过程中，整个群体的思想意识都有加入其中，最终形成了整个族群的集体成果。民间文学的口头性、易变性决定了其本身的脆弱性和不易保存，如果不恰当对待，民间文学便会消亡，正是因为一代代传承人的付出，才使优秀的文化得以传承和展现，民间文学传承人的作用与意义，是绝对不可忽视的。所以，要采取以著作权法为主体，与设立专职管理机构相结合的模式进行保护。

（二）专利法保护模式

民间文学及其有关表现形式，符合专利法规定的实质条件，是可以获得专利保护的。用专利法保护民间文学时，适用的客体，仅限于承载着民间文学表现形式的一些传统技术以及传统工艺。如今，科学技术突飞猛进，传统的技艺被科技所改变甚至取代。为了减少劳动力，减少投入和增加产出，利用科技提高生产力是必需的，但不能盲目追求效益和产量，否则产品会出现瑕疵甚至出现残次品。在市场上，低档的民间文学制品以及大量的盗版，给民间文学的保有人、传承人带来了很大的物质损失和精神伤害，对于民间文学也是一笔不小的损失。

---

① 高迎迎：《论民间文艺财产化困境及解决——以民间文艺概念为切入点》，《理论界》2012年第3期。

想要解决这个问题,关键是要在不阻断技术创新的情况下保护民间文学保有人、传承人的利益,保护民间文化传承。我们应该要求人们在利用现代科学技术生产民间文学制品时,不能损害保有人、传承人的利益,而且要完善利益分享机制。利益分享机制关键要掌握好尺度,不能过于剥夺利用者的利益,这样才不会打击利用者开发民间文学资源的积极性。建立健全的利益分享机制和使用许可机制,当民间文学保有、传承群体之外的人转让专利时要经过民间文学保有、传承群体的同意,如果民间文学保有、传承群体有正当理由,可以拒绝转让。

(三) 特别立法保护模式

如前所述,民间文学具有活态性。非物质文化遗产重视人的价值,重视活的、动态的、精神的因素,重视技术、技能的高超、精湛和独创,重视人的创造力,以及通过非物质文化遗产反映出来的该民族的情感及表达方式,传统文化的根源、智慧、思维方式和世界观、价值观、审美观等这些意义和价值的因素被呈现和传承下来。总之,特定的价值观、生存形态以及变化,造就了非物质文化遗产的活态性。所以采取现行知识产权法对民间文学进行保护虽然能解决很多问题,但是仍然有不妥之处。非物质文化遗产法的缺陷,上文也有所阐述,因此我们在完善知识产权法的同时,也要加强对民间文学保护的特殊立法。可以充分利用国际上现有的特殊立法的有益经验,再结合中国具体国情,完善知识产权法下的特别保护体系,保护民间文学的权利。设立专用于民间文学的权利主体认定模式和主体权利享有、使用模式;明确民间文学传承人的权利义务;明确各当事人之间的关系。在保证保有人群体利益的基础上,建立完善的利益分享机制,避免形成文化垄断,保证中国民间文学的健康有序发展。

例如苗族古歌,就是苗族先祖们在共同的、长期的生产劳动中创造的史诗,是早期苗族社会的百科全书。苗族古歌展现了人人生而平等、生命神圣不可侵犯、万物皆有灵气、人与自然和谐共处的思想,具有极其宝贵的文化价值和社会价值。但目前苗族古歌出现了传承断代的危险,很多年轻人不会唱古歌了。

我们设立的特殊知识产权法,与现有知识产权法之间是补充关系,而不是取代关系。只有这样细致的规定,才能有助于民间文学的传承与发展,使其利用得到全面的监控,确保对民间文学的合理开发和利用,摆脱原有知识产权法的框架的束缚,不用在理论上纠缠过多。这样,就消除了我们在适用知识产权法保护民间文学时的大部分异议,更加自由地处理民间文学遇到的各种问题,使其在合理、健康、有序的法律环境中生存发展。①

(四) 商业秘密保护模式

在民间文学的保护过程中出现的诸多问题,多是受商业利益的诱惑而产生的。反不正当竞争法的宗旨,是保障社会主义市场经济健康发展,保护公平竞争,制止不正当竞争行为。因此,反不正当竞争法与知识产权法以及民间文学的保护,就有了盘根错节的关系。

民间文学的传承人,通常对民间文学信息有独占的权利。这些信息中蕴含着丰富的经济利益,一旦泄露出去了,就会对传承群体的精神利益和经济利益产生损害。所以有的民间文学的创作过程是可以不公开的。而对于不公开的信息,大部分国家都是依据反不正当竞争法的规定来进行保护的。民间文学的信息蕴含着巨大的经济利益,这些信息的传承与传播应该受到一定条件的限制,这符合反不正当竞争法中对商业秘密构成要件的要求,所以若能充分利用商业秘密来保护某些特殊品类民间文学,也不失为一种有效的方法。②

在中国,热情好客的少数民族通常都有淳朴的民风,他们热情地向客人展示自己民族的传统艺术,毫无保留。这使一些少数民族的民间文学保护处于一种十分被动的局面。民间文学信息假如被居心不良

---

① 黄玉烨:《民间文学艺术的法律保护》,知识产权出版社,2008,第234页。
② 许旻斐:《论民间文艺知识产权保护的模式及选择》,《法制与经济》2015年第2期。

者利用,将很难再主张商业秘密的保护。这正是中国用反不正当竞争法保护民间文学时会遇到的困难。这个问题的解决,不仅需要强有力的法律武器,也需要加强法律常识的宣传,增强传承人的法律意识,采取正当的商业秘密保护模式。

(五) 完善现行冲突协调机制模式

民间文学在有著作权法、专利法、商业秘密、特别立法等多种方式的完善保护下,还必须重视这些保护方式的协调。[①] 若多种保护方式各自为政,没有协调一致,必定产生很多矛盾。这不但起不到实际保护作用,反而徒增麻烦与冲突。

冲突协调机制可分为事先协调和事后协调两个部分。事先协调是指在发生多种保护方式冲突之前,采取事先预防措施,防止冲突的产生。可采取建立国家立法部门之间沟通协调的工作机制和制度。通过建立立法部门之间定期沟通协调的工作机制和制度,共同研究需要各部门协作及配合解决的重要问题,共同开展对民间文学的法律保护,共同调研和论证需要调整的重大问题,交流和借鉴各自在立法工作中的技术和经验,保证著作权法、专利法、商业秘密、特别立法之间的衔接与照应,避免它们之间冲突的产生,拓展传承和发展。

事后协调是指在发生保护方式冲突之后采取解决冲突的方法。首先,一般采取特别法优于一般法的原则,既然有特别法保护民间文学,其效力必然优于一般法,否则,特别法的保护就失去了意义。其次,当著作权法、专利法等的规定出现冲突时,理应由制定法律的机构承担解释的责任和解决冲突的责任。最后,可采取最大利益原则,在没有其他方法解决问题时,选择更能保护民间文学的方式解决冲突。[②]

[①] 叶舒宪、苏永前:《对民间文艺权益保护的几点思考》,《民间文化论坛》2012年第3期。
[②] 陈小慧、江振民:《非物质文化遗产法律保护探析——以民间文艺为视角》,《牡丹江大学学报》2008年第8期。

五 结 语

　　民间文学是人类宝贵的精神财富，是人类口头文化遗产中的重要代表。中国是一个处在社会主义初级阶段，文化资源丰富、艺术形式多样的国家，作为一个民间文学大国，依法保护民间文学，势在必行。各国在促进民族文化交流时，已经越来越重视民间文化的交流与学习。一个国家的民间文学是该国文化的重要组成部分和文化软实力的重要标志。在市场经济发展的形势下，民间文学蕴含的巨大商业价值，是不容小觑的，因此民间文学的法律保护，无疑成为我们必须面对和需要解决的现实重大课题。

　　本文对民间文学法律保护问题的探讨，正是为了应对上述问题。保护民间文学不仅是保护民间文学传承人的个人利益，更是保护一个社区、一个民族的公共的集体利益。我们应该尽快对现有的知识产权法律体系进行全面的调整与完善，尽量撇开其中对于民间文学保护不利的因素，制定实施细则，打造一个更有利于民间文学传承与发展的优势环境。在当前非物质文化遗产保护的语境下，要逐渐完善非物质文化遗产法的条款，为民间文学专门设立必要的特殊权利保护，以此进一步推进中国对民间文学的保护，在保证文化信息安全与创作自由无碍的前提下，归置民间文学商业化属性的利益分配，保障民间文学健康、可持续的传承与发展。

民间文学艺术作品的著作权保护思考

郑璇玉[*]

随着我国对优秀传统文化越来越重视和文化自信的增强,民间文学艺术作品(以下简称"民间作品")作为传统文化的组成部分日益受到重视。同时,随着市场化、专业化程度的提高,民间作品的各个门类已经从自用、实用,走向艺术化和商品化,如何界定和保护民间作品,保护民间作品的传承者、使用者的知识产权,已经成为法学界的课题。以民歌为例,社会娱乐经济的发展,改编和利用已有的民歌作品,成为创作和获得大众认可的捷径,其中一些具有较大的社会影响力的民歌名作,因为市场价值高,被翻唱、被改编已经成为一种普遍现象,也产生了较多的纠纷。从著作权的视角看,这些纠纷基本上是围绕民歌作品的再利用而产生的著作权权利归属和权利利用问题。本文以著名山西民歌《走西口》为个案,讨论在民歌的利用形态上是否存在侵权行为,探索民歌权利的保护方式以及回应权利分配形态上的结构质疑,希望以权利归属相对简单的民歌作品为突破口,对民间作品的法律保护问题进行思考。时代赋予了民歌作品乃至民间作品新的活力和生机,而恰当的权利结构将会促成这种利用在有序的知识产权逻辑中良性发展。

---

[*] 郑璇玉,法学博士,中国政法大学知识产权法研究所副教授。

一 围绕着民歌《走西口》的艺术市场现象

民歌是民间作品的一个重要种类，由于具有诗歌和音乐的双重特点，更由于其真性情和传统穿透力，民歌成为娱乐市场进行再创作的对象。从民歌的再创作到产生收益的周期角度看，民歌的再创作在一定程度上减少了原创所需的灵感，而民歌本身所具有的影响力又可以立即附着在再创作产生的作品上，形成直接或者间接的经济价值。这样的再创作过程既降低了创作难度，缩短了创作周期，又提高了市场宣传度。从文化传播的角度看，民歌在音乐传播中兼具民间音乐传播和大众流行音乐传播的双重色彩，同时，民歌的诗歌特点又使民歌具备了一定的故事叙事内容和诗歌表现形式。因此民歌的多重文化传播内涵使民歌作品，特别是知名民歌作品具有了多元开发的价值，也为持续传播和后续传播提供了强大的空间。除了民歌作品从自用、实用走向艺术化、商品化在民间作品中颇具代表性之外，社会热点和创作关注点也为民歌的艺术化、商品化转化提供了外部平台的催化剂，娱乐市场的繁荣以及各种IP剧的巨额收益，都促使人们关注民歌的再创作价值以及形成利用民歌进行再创作的潮流。以上这些因素都使得民歌的知识产权问题，特别是著作权的权利归属和权利结构问题，被提到人们面前，亟待人们深入思考和讨论。

通过民歌进行再创作的著作权纠纷案例已有不少。在已经形成的案例中，最著名的是王洛宾与民歌《达坂城的姑娘》的著作权纠纷案、凤凰传奇的《月亮之上》与民歌音乐作品《敖包相会》的著作权纠纷案等，最早的还可见郭颂的《乌苏里船歌》与赫哲族民歌的著作权纠纷案。相对来说，这些案例蕴含的价值主要在于赋予了从民歌中获得灵感进行再创作，或者吸收民歌的一部分旋律进行民歌作品的再创作以及再利用的再创作者和再利用者的著作权主体地位。因为这些在先的成功案例，许多受到这些案例启发的民歌再创作者开始主张自己的著作权权利,《走西口》的作者就是其中一例。在上述案例中,再创作主要集中于民歌自身的自用、实用功能引起的创作灵感,或者是民歌的自用和实用功能走向艺术化。凤凰传奇的《月亮之上》虽然有一定的民歌从自用、实用功能走向艺术化、商品化的倾向,但更多的是凤凰传奇自身的影响力带来的市场,因此《月亮之上》更多的是借给了凤凰传奇演唱灵感,而不是民歌本身 IP 利用的市场价值。

对于民歌的再创作利用,总括起来有以下几种形式:利用民歌的基调进行同一类型歌曲作品改编;利用民歌的名称进行不同类型歌曲作品改编;单纯引用民歌曲调或旋律;利用民歌所传递的时代情感和歌词本身具有的故事性进行改编。这几种形式如同著作权的作品类型一样,利用形式可以各行其道,也可以相互交叉,特别是对最后一种类型的利用和以后一种类型为主导进行的多种利用形式的交叉汇集,就是较为典型地利用了民歌本身所具有的 IP 价值,比如对著名的山西民歌《走西口》进行综合利用并进行再创作形成的电视剧《走西口》。

对山西民歌《走西口》,中国老百姓耳熟能详。作为中国民歌的代表作,《走西口》在中国民歌舞台上占有重要的地位。《走西口》曲风流畅、山西特色浓厚,每一次主旋律的播放都会呼应歌曲的名称。因此,这种反复出现的主旋律不仅使歌曲内容为人熟识,而且使人一下子就记住了《走西口》的歌名,令人难以遗忘,更是产生了一种超越民歌本身的时代记忆。在人们的印象中,《走西口》已经取代了原来的"山西民歌"的称谓,成为更与民歌本身产生联系的作品名称。在生活中的某些特定场合,我们描述时用一句"走西口"的比喻,就能够直接告诉谈话对象我们所要表述的情感。

这种源自民歌本身的艺术魅力自然也引起了再创作者的关注,民歌《走西口》的市场影响力增值到了再创作的视听作品上,这就是前几年热播的电视剧《走西口》。虽然不能完全认为再创作者是因为这首民歌而创作,但人们对民歌《走西口》的情感与这部电视剧完美契合是该剧成功的一个重要因素。电视剧《走西口》是在历史上真实发生的山西人为求生存而走出山西挺进内蒙古的事迹的基础上创作完成的,由于该剧展现了一代山西人的忍辱负重、重情重义和开拓精神，以及民歌《走西口》主旋律所赋予的强烈情感，该剧播出之后，平均收视率高达 9.60%，单集最高收视率高达 12.47%。电视剧《走西口》也因其高度的思想性和艺术性一举提名第 27 届中国电视剧飞天奖。①

观看此剧，我们会发现《走西口》这首民歌的歌曲和旋律贯穿了《走西口》全剧，在长达 52 集的电视剧中，其音乐旋律累计时间达到 401 分钟。《走西口》主题音乐被广泛地运用于片头、背景等各个方面，在剧中每个重要的情节节点和主要的桥段上，在承载上下的剧情冲突上都发挥了很好的作用，或表达性格，或烘托气氛，使情节更为流畅，情感更为恢宏，引发观众强烈的共鸣。因此可以说，民歌《走西口》的音乐应用是电视剧《走西口》获得巨大成功不可缺少的一部分。每当响起"哥哥你走西口，小妹妹我实在难留，手拉着哥哥的手，送哥送到大门口……"的主旋律，观众们总会被带回到那条黄土路上，一个年代的共同情感积淀通过绵长悠扬的歌声释放出来，每个人都会沉浸其中，深受感动。因此，民歌《走西口》成为视听传播和跨界改编的成功范例，同时，民歌的著作权问题也成为此剧难以摆脱的一个问题，并且十分抢眼地摆在了理论界的案头。

二 民歌再利用产生著作权保护的观念仍需强调

一首民歌的有机组成部分，如民歌的歌名、民歌的关联要素、民歌所表达的历史情感和当时发生的触发事件，是否成为著作权法的保护对象是一个复杂的问题。本文限于篇幅，下面仅就所涉及的作品最初的形式和作品的利用方式加以讨论。

从以往发生的案例来看，民歌产生纠纷的根源往往在于，民歌产

---

① 天津在线，http://www.72177.com/html/201507/31/1972486.htm，最后访问日期：2017 年 5 月 4 日。

生于农业社会环境下,因为并不具有商品价值,创作主体的著作权一般都不明确,这样现代社会的利用者就极容易认为民歌是不享有著作权的作品。尽管已经发生了多起关于民歌作品的再创作者享有著作权的有力案例,但是在跨界的作品利用中,仍存在是否侵犯著作权的问题。在《走西口》的案例中,著作权产生于1950年左右,当时山西省文教厅的下级单位音乐研究会为党献礼,广泛地向机关内和民间约稿,收集优秀音乐作品,集成一本《山西民歌》并印刷出版。其中,王华依托笔名"华夫",以简谱的形式整理、改编了《割韭菜》《走西口》等山西传统民歌。据记载,这是《走西口》第一次被完整记录,歌词、曲谱以文字的形式刊印出版。2003年,受到西部歌王王洛宾顺利获得歌曲《在那遥远的地方》的版权的启发,王华找到了当年的《山西民歌》,并于2003年获得了山西省版权局制发的《作品登记证》,证明《走西口》的著作权人为王华。尽管我国的著作权采取自动保护原则,但是作品登记仍然是著作权人有力的权利佐证。

2005年,山西省电视台制作并播出了电视剧《哥哥你走西口》,这就涉及了王华的权利。制片方未经授权进行改编、使用的行为构成了对王华著作权的侵犯而形成纠纷,这次纠纷以行政调解结束。2009年,央视播出52集同名视听作品《走西口》,其中歌曲《走西口》出现3次,主旋律播出189次,民歌变奏曲出现209次,合计401分钟。[①] 2011年底,王华提起诉讼,案件于2012年结束。这次案件并不是围绕音乐作品和视听作品的同名而进行,而是围绕最基本的权利争议,即视听作品对于音乐作品主体部分的利用和再创作而进行。具有警醒意义的是,对于已经形成主流定论的权利划分,即享有著作权的权利主体的认定,侵权方仍然一脸茫然,也没有花费心思去调查。由此可见,在第一起民歌再创作著作权案例出现多年之后的今天,对民间文艺作品再创作的著作权保护意识普及的迫切性和重要性。

---

① 《电视剧〈走西口〉音乐侵权》,《海口日报》,http://news.163.com/12/0217/11/7QF9637R00014AED.html,最后访问日期:2017年5月4日。

三　民歌再创作者的著作权权利质疑

作为原始出现的民间作品，民歌相对于非民间作品的音乐作品在表现形式有特殊性。第一，在旋律的基调上，民歌往往是一个地区集体智慧的结晶，它往往并非单独一个人的智力创造成果，而是在较长一段时间里众人智慧的沉淀与积累，是另一种意义上的集体创作。第二，民歌自身就具备改编性。民歌在传播中通常采用口口相传的方式，其曲调由于演唱者的不同而形成不同的流派，体现不同的地域特点，歌曲在较为开放的传播途径中由于接触了外在的其他形式的艺术而产生融合，不断丰富，这种自身改编的特点使民歌的形式不易固化，增加了著作权保护的难度。第三，在民歌的传播中，创作者的不明确与民歌形态的固化者的明确之间存在矛盾，也就是通常所说的主体的难以确定性。《走西口》是山西传统民歌，世代传唱，流传甚广，属于民间作品，那么王华收集整理而成的《走西口》是否属于著作权法意义上的被保护的作品的范畴呢？

在这个案例中，在《山西民歌》一书中，王华在《走西口》等作品下明确写了"华夫记"，表明其对民歌有收集整理的智力劳动，是民歌的收集整理者。《中华人民共和国著作权法》规定，改编、翻译、注释、整理已有作品而产生的作品，其著作权由改编、翻译、注释、整理人享有，但行使著作权时不得侵犯原作品的著作权。王华对民歌《走西口》的收集整理可以视为对原作品的演绎，因此享有法律意义上的著作权。

然而，这种著作权主体的认定存在瑕疵。因为王华并不完全占有该民歌的著作权，其进行诉讼维权所凭借的身份仅为民歌的"整理人""记录人"，整理人和记录人的确对民歌的作品形态固化做出了显著的贡献，但是这种贡献不足以使整理人和记录人当然地获取著作权的全部权利，其是否"拥有"著作权仍然值得商榷。如果是正常的原创歌曲作品，对此作品进行整理行为后形成的新作品，必须进行著作权意义上的权利解释以及利益分割。因此，新的作品在权利基础上无法抹去原作品的权利印记，而由此产生的收益也必须恰当地与原权利人进行分割，之后才能形成自己的收益。然而，民歌的权利形态不明，也就是原作品的权利结构不清，而新作品的权利结构清晰。因此，在没有原权利人主张权利的情况下，新作品的权利人包揽了所有权利以及收益。这种不加区分地赋予整理人、记录人与正常的歌曲作品创作人完全相同的著作权的现实，不符合著作权法对音乐作品独创性的要求。归根结底，这是民歌的作品形态是否等同于普通歌曲作品形态的问题。目前，以民歌为权利主体进行权利主张的案例本身就是少数。如果民歌《走西口》的记录者和整理者可以享有著作权，那么《走西口》民歌基调的著作权是否也应该得到承认和主张呢？并且，从民歌出现的基础和流传方式上看，民歌与个人创作的音乐不同，具有一定的公共属性，将民歌的公共属性直接吸收到记录者或者整理者的私有权利上是否合适，也是值得考虑的问题。

从著作权的权利属性来看，创作属于权利的来源，而创作的保护又依托于国家的公权力，那么这种公共属性的"集体创作"是否也能并入集体共享呢？上述种种问题，已经成为民间作品再传播的大问题。

四 关于民歌的再创作及权利保护

不同于普通音乐作品，民歌这种特殊类型的作品存在诸多相关权利人，如传承者、记录者、整理者；普通音乐作品也存在改编者、传播者、再创作者、表演者等权利人。如何划定民歌的再创作者的权利保护呢？

民歌的再创作，主要体现于著作权法上的改编作品和整理作品，争议较大的是改编作品。判断民歌作品再创作形成的改编作品和利用民歌的风格和演唱灵感而产生的原创作品，可以借用对于音乐作品侵权判定的一般规则。

"音乐作品都是由旋律、和声和节奏构成的,音乐作品的独创性产生于其构成要素的结合,所以同一种旋律可以有不同的和声和节奏的变化,要能够在一部乐曲的和声或节奏或二者均被改变的情况下识别出旋律,必须懂得音乐。因为采用同一旋律的作品听起来可以有很大差别,因此,在构成音乐作品的其他要素均被改变的情况下,除非法官是音乐家,否则他必须听取专家的意见才能确定是否有剽窃旋律的行为,对一部音乐作品的剽窃行为只有在其将该作品具有独创性的旋律占为己有的情况下才能成立。"① 这是对于音乐作品的解释,其实说出了民间音乐作品保护的难点所在。

对此,学者的意见主要分为两种,即"旋律说"和"实际说"。前者着眼于两者旋律的比较,后者则以一般听众的实际观感为评价标准。② 目前,对于"旋律说"和"实际说",我国法院均已引入,用于具体案例的判断。但是,不管哪种学说,在民歌的再创作上都存在局限性,假定在民歌的再创作上,再利用的旋律的音乐字节很小,再次形成的作品的独创性的贡献如何认定就成为问题。对此,我国法律并没有明确规定,只能通过引用"旋律说"和"实际说"形成音乐作品的侵权认定,进行独创性的贡献的推断。在音乐作品的侵权认定上,音乐界有"8小节雷同"的行业规定,即两首音乐作品重复达到8个小节即构成侵权。此外,还要全面比较旋律、节奏、主题思想等,综合地对侵权进行鉴别。③

当前,我国法院在具体实践中常常参考美国的相关标准。美国司法判例形成了一整套判定侵权的行为标准,主要包括接触原则和实质性相似原则。④

---

① 陈志强:《论民间音乐作品的法律保护》,《民族论坛》2006年第6期。
② 陈义成:《电视音乐与音响》,中国广播电视出版社,2001,第93页。
③ 李文杰:《流行音乐曲谱抄袭实质相似认定标准研究》,《法制与社会》2014年第2期。
④ 张梓恒:《浅谈音乐作品抄袭的版权侵权认定——以美国法律的相关规定为例》,《法制与社会》2017年第4期。

接触原则是指被告有机会看到、了解到或感受到原告享有版权的作品。① 实质性相似原则并非一种固定的或明确的判定标准，更需要法官结合接触原则运用自由裁量权进行判定。这主要分为两个步骤：一是客观检测，即采取音乐专家的分析意见；二是主观检测，即选取普通听众，让其在未被告知两首音乐作品相似的情况下对两首作品做出主观评价。

但是，上述判定标准可以适用于普通的音乐作品，如对已经形成著作权的民歌的侵权认定可以适用，但是对于原始民歌的旋律和对原始民歌进行再创作从而享有权利的音乐作品的认定还是需要进行具体的鉴定，尤其是一个地区的代表性作品，几乎人人会唱、代代流传，如何认定民歌的再创作较为复杂。目前，仅记录者和整理者享有著作权，明显是不合实际的。

在对民歌的权利保护上，无论是原样使用民歌的行为，还是围绕民歌作品所表达的时代情感进行改编的行为，只要这种行为涉及了最初的作品形式和作品利用，著作权的权利保护就无法回避，《走西口》这首民歌带来的启示就在于此。除了著名民歌，还有普通民歌，如数以亿计的劳动歌、时政歌、革命斗争歌、仪式歌、情歌、生活歌、故事歌、儿歌以及叙事长歌等，这些民歌既有共性，也有各自的特殊性，都有记录者和整理者，如何对它们界定著作权和如何进行权利保护仍然是值得深入讨论的问题。

五　结论

综上所述，在民歌的著作权保护上，以国家的力量形成对民歌的

---

① 接触加相似原则，引自百度百科，http://baike.baidu.com/link?url=0LKIVR7Vrtb_8x8YAQLLWNN4AWNzZjJjzaiE4Y4_eI0pLEDrEDdYnxblRy_j27eTQtVONV6TsTOjCiqw4ONqZwIdB-BW1o3SYyT5fM3FKboiKlxn8_TrStlEYgOW2S4BNuysbRDCWe5I2QkGpN6IYBU9HMPuJtjS_ubq6X6ao03，最后访问日期：2017年6月27日。

统一保护体系仍然存在相当大的提升空间。与民歌类似，所有以群体为权利主体的民间作品的再利用都存在类似的问题。在民间的具体作品形态上，可以运用行政力量、协会和各种志愿者组织等进行著作权的管理和保护，民间音乐作品就属于这种情况。目前，对于音乐界以及民间文艺界来说，类似的民间音乐、民间歌曲资料库已经建立或正在建设之中，民歌的歌词也已经出版并数字化，但是这些资料库如何有效地与著作权的权利确定和利用相结合还需要进一步探索，并且，这些权利的具体内容、具体范围等都还没有界定。在目前既有的形式下，可以考虑并改进协会集体管理的模式，也可以指定明确的职责部门行使权力。对于因年代久远或著作权不明晰而导致无法确定具体作者与完全著作权所有人的，如本文中王华以整理人身份取得著作权的收益，可以由职责部门按照明确的规定进行比例抽取后与当地族群分享，也可以将款项用于民歌的发展之中，将民歌获得的著作权经济效益反哺民间音乐的传承与发展。中国的民间作品，都有着和上述作品一样的搜集者、整理者、出版者的情况，如果能建立完善的体系，不仅让使用者和传播者获益，也让使用者和传播者在轻松的氛围中寻找上游的权利人，与原创共享并促进民间作品的保护，就能更好地促进民歌以及其他门类的民间作品的良性保护与发展。

（原载《民间文化论坛》2017年第4期，收入时略有改动）

浅议谜语的著作权法保护

张雪松　赵　刚[*]

一　谜语及谜语的起源

谜语在我国流传已久，起源于中国古代民间，具体第一人已不可考证，属于中国古人民间集体智慧的结晶。一般来讲，谜语主要指"暗射事物或文字等供人猜测的隐语"[①]。通常情况下，谜语一般由谜面、谜目和谜底三部分组成。谜面是最主要的部分，是猜谜时以隐语的形式描绘形象、性质、功能等特征的一种表达，是供人们猜测的说明文字。谜目是给谜底限定的范围，是谜面和谜底之间的支撑纽带，起到指引作用。谜底则是谜面所提出问题的答案。举例来讲，"七层褥子八层被，一个黑儿里头睡，有个红儿来叫门，蹬了褥子踹了被"为谜面，"打一娱乐用品"为谜目，"爆竹"则是谜底。

---

[*] 张雪松，法学硕士，北京市中伦律师事务所合伙人；赵刚，法学硕士，北京市中伦律师事务所律师。

[①] 汉辞网 http://www.hydcd.com/cd/htm_a/22527.htm，最后访问日期：2019年8月15日。

二 谜语的著作权法保护

谜语在中国古代多见于民间的"口口相传",专门的图书甚少。至近代,由于休闲、娱乐的需要,尤其是在一些节日、娱乐活动中,出现了专门"创作"谜语的行为,也出现了专门的谜语类图书。当然,"借鉴"等有争议行为的出现,使对谜语的法律保护成为现实需求。众所周知,谜语往往不能篇幅过长,大多短小精悍,适合民间"流传",那么谜语本身能否通过著作权法予以保护呢?

笔者以为,要谈及谜语的著作权保护,首先需要对单个谜语的著作权保护和谜语类图书的著作权保护进行区分。

(一)关于单个谜语的著作权法保护

《中华人民共和国著作权法实施条例》第二条规定:"著作权法所称作品,是指文学、艺术和科学领域内具有独创性并能以某种有形形式复制的智力成果。"因此,单个谜语本身是否可以通过著作权法保护,首先要判断谜语是否构成我国《著作权法》的保护客体,即作品,然后在前者成立的基础上再来判断谜语的著作权保护。

1. 从司法实践层面看

目前在我国司法实践层面,并没有单个谜语作为著作权法保护客体即作品给予保护的在先生效案例出现,因此从司法判例层面,目前并没有统一的意见予以指导。

2. 基于作品构成要件分析

如上所述,《中华人民共和国著作权法实施条例》第二条规定:"著作权法所称作品,是指文学、艺术和科学领域内具有独创性并能以某种有形形式复制的智力成果。"根据该条规定,我国《著作权法》所保护的作品至少必须具备以下三个要件:第一,智力成果性,作品应当是文学、艺术和科学领域范畴的人类智力活动的成果,表达人类的一定思想;第二,可复制性,作品必须能以某种有形形式体现,并可复制;第三,独创性,即独立创作和满足最低限度的创造性。

对于创作者独立创作的新谜语,首先,考虑到谜语本身存在一定思想性,猜谜本身就是按照谜面的表达进行逻辑分析,进而通过谜目的指引获得谜底的过程,因此谜语属于人类智力活动的成果,并表达人类的思想,这一点是较为肯定的,符合作品的智力成果性要件;其次,谜语可以通过纸质载体、电子存储等予以记录并进行复制留存,因此亦具备可复制性要件;最后,谜语作为一种文字形式的表达,不是文字的随意排布,在并非常用语或者过于简洁的情况下,能够体现创作者一定程度的独创性,所以也具备独创性要件。

基于上述要件分析可以初步得出结论,即在一般情况下,单个谜语是可以通过著作权法予以保护的。

3. 作品类型

根据谜语的具体表达方式为文字表达这一特点,笔者以为应当适用文字作品类型对谜语予以保护。而根据《中华人民共和国著作权法实施条例》第四条规定:"著作权法和本条例中……文字作品,是指小说、诗词、散文、论文等以文字形式表现的作品。"虽然这里没有明确指出谜语属于文字作品,但关于文字作品的规定是开放的,用了"等"字,因此,笔者以为给谜语以文字作品保护并不存在实质性的障碍。

4. 其他情形

笔者在这里需要说明的是,谜语可以通过著作权法予以保护属于一般情形,在特殊情况下,也存在不能予以保护的情形。在著作权法领域,对于过短的词句、文章标题等,因为文字表达方式的有限性,如果给予这类文字表达以著作权法保护,则势必会造成作者对过短的词句、文章标题的垄断而阻碍他人对文字的使用,因此,这种情况一般不给予著作权法保护。谜语的谜面需要言简意赅,个别谜语的谜面甚至只有一个词,比如"有口难言"(打一字),谜底为"哑"。笔者以为，在这个例子中，谜面的文字表达和思想已经高度统一，难以区分，在这种情况下不给予著作权法保护以保护公共利益将是更合理的选择。因此，单个谜语是否适用文字作品类型享有著作权法的保护，应当视谜语（谜面、谜目、谜底结合起来）的长短以及是否存在可以替代的表达方式来判断，过短的谜语基于公共利益的考量，不宜给予著作权法保护。

我们也可以通过比较的角度看待这个问题。笔者认为，谜语的著作权保护与广告语的著作权保护是可以类比的。篇幅短小的广告语，其内容与形式高度统一，在多数情况下，如果对其进行著作权保护，很容易造成他人的无意侵权。而且在法无明文规定的情况下，增加广告语的权利内容，无疑会使本该进入公有领域的知识、信息形成一定期限的垄断地位，不利于知识的传播和文明的发展。故我国对广告语的著作权保护虽然并未完全禁止，但采取的是审慎的态度。可见，单个谜语的著作权保护可以比照广告语的著作权保护，其思路是可以适用的。

（二）关于谜语类图书的著作权法保护

目前市面上存在一些谜语类图书，如汇集各类谜语的谜语大全。对于谜语类图书的著作权保护，这里也分两个层次来讨论。

第一，谜语类图书中的全部谜语均为图书作者自行创作并汇集成册的，按照上面对单个谜语著作权的分析，图书的作者既可以主张图书内单个谜语的著作权（当然是在谜语本身享有著作权的情况下），亦可以主张对整部图书的完整著作权。

第二，谜语类图书中的谜语并非图书作者创作的，而是图书作者汇集和整理的。我国《著作权法》第十四条规定："汇编若干作品、作品的片段或者不构成作品的数据或者其他材料，对其内容的选择或者编排体现独创性的作品，为汇编作品，其著作权由汇编人享有，但行使著作权时，不得侵犯原作品的著作权。"在这种情况下，根据上述法律规定，如果谜语类图书的作者搜集、整理的谜语能够体现作者独特的选择或者编排时，如汇总整理以历史上 100 位名人为谜底的谜语等，即可对谜语类图书享有汇编权，遭遇抄袭侵权时可以通过主张汇编权寻求法律保护。但同样需要注意的是，其选取的谜语如果本身具有著作权，则应征得著作权人的同意方可入选（当然已经超出著作权法保护期限的如古代流传下来的谜语除外），否则便存在侵犯他人著作权的法律风险。

综上，谜语虽然在 2008 年 6 月 7 日经国务院批准已经列入第二批国家级非物质文化遗产名录，但对谜语的知识产权保护却少有人提及。通过上述分析，笔者以为，单个谜语和谜语类图书的著作权法保护应当有所区别。单个谜语在用语不过于简短的情况下，可以通过《著作权法》予以保护，而纯粹汇总各类谜语的谜语类图书作者，则可以通过主张汇编权以寻求《著作权法》的保护。

工艺美术的专利法保护刍议

——以邹英姿"滴滴针法"为个案

张西昌[*]

对于强调传承、演进缓慢的传统手工艺而言,创造发明依然是其与人类生活相伴相生,从而推进知识生产和积累的内在要素,尤其是在工业时代的语境中,材料、技术与审美的更新,为我们重新认识工艺美术的知识系统提供了更多可能性。

出于经济利益与知识权益保护的需求,专利申请在工艺美术界业已渐多。就专利法保护的范畴而言,工艺美术分为技术专利和外观专利两种。但是,工艺美术行业传统知识的自身结构,以及现行知识产权法框架下专利保护的内部规定性,使得社会各界对工艺美术的专利法保护质疑不断,立场不一。工艺美术是否需要纳入专利法的保护之中?工艺美术是否存在技术创新?工艺美术能不能申请专利?如何界定专利权?专利法是否能对传统手工技艺的知识形态提供保护?这些都是目前存在争议的新话题。本文通过曾在苏绣界引起讨论的"滴滴针法"个案对工艺美术与专利法之间的诸多问题进行讨论。

---

[*] 张西昌,美术学博士,中国艺术研究院博士后,西安美术学院美术史论系副教授。研究方向为工艺美术及非物质文化遗产理论。

一 "滴滴针法":一种技术创新的质疑

2010年4月30日,苏州市高新区镇湖镇的绣娘邹英姿向苏州市知识产权局提出申请,希望她的个人发明——"滴滴针法"能够获得专利,从而借助法律手段对其知识创新进行确认和保护。该事件是中国刺绣界首次针对具体技术保护的专利申请。此前,苏州市知识产权局从未遇到工艺美术的专利申请案例。随后,苏州市知识产权局工作人员前往镇湖镇,对邹英姿的专利提案进行调研和记录,并最终在2010年9月8日确认该刺绣技艺通过专利审批,专利号为CN101824714A。

目前,各国对专利法的规定有所不同,中国和多数国家对发明的基本要求是:新颖性、先进性和实用性。新颖性是指该发明在提出申请之日或优先权日之前属于"未被公知公用的",不与现有技术冲突和雷同。先进性则是指发明不落后于在先资源。实用性则是指该发明能够运用于产业制造。

邹英姿的滴滴针法能否获批,首先需要面对的质疑是——它是否具有新颖性,或曰突破性和创新性,也就是说,该技艺是否与在先的技艺雷同。邹英姿本人宣称,她所创的滴滴针法源自千层纳底鞋针法,由此,她联想到了传统刺绣中的打籽针法,并取"滴水之恩,涌泉相报"之意,来表达对母爱的感恩。

该专利获批后,在苏绣界乃至国内刺绣界引起了较大争议。苏绣界的质疑基本有两点:一是认为"滴滴针法"涉嫌抄袭"点彩绣"针法;二是认为"滴滴针法"与传统的"短针法"相近。关于"'滴滴针法'与已故苏绣大师朱凤[①]创立于20世纪50年代的'点彩绣'针法

---

① 朱凤对苏绣的针法创新做出了贡献,发明创新了"新散针""散套针""点彩绣""针上调色"四种绣法。其中,"点彩绣"是朱凤在20世纪50年代的发明成果,该绣法以"散套直纹组织绣"针法为起点,经过不断实验,在以往复经纬之法排列成之直纹绣的传统技艺基础上,批判吸收西洋画中的点彩法而成。"点彩(转下页注)

相似度极高,涉嫌抄袭"的说法,邹英姿坚持"滴滴针法"原创的立场,她承认自己学习过朱凤的"点彩绣"针法,但两者并不相同,具体表现在:"'滴滴针法'比'点彩绣'的针法要短,刺绣时一次性完成,而'点彩绣'有分工叠加的成分。在底料材质和针线排布上,'滴滴针法'也和点彩绣有区别。点彩绣是在类似格状的材料上施针,针线排布比较规律;'滴滴针法'则使用更为细腻的底料。"① 她认为之所以有争议,是因为很多人对该针法不了解,她会通过自己更多的努力,使二者有更明显的区别。

在《中国刺绣技法研究》一书中,朱凤是这样说点彩绣的:"在原始刺绣就有的'以往复经纬之法排列成之的直纹绣'的传统基础上,结合了点画人像的原理,创作了点彩绣法(绣法的名称是和北京故宫博物院专家们研究后确定的)……它的绣法用的是最规律的绣法,用的铁线纱做绣底,形似戳纱的桂花纹而不同于戳纱的配色,它是和杭州织锦的用经织纬相反,是在纬上绣经而不露纬线,是针针用针上调色的方法绣作。"她还补充道:"这种绣法,据作者所知,是古今绣像所没有的,这种针法和作者1952年创作的散套针绣法的产生以后,可以说给中国刺绣的仿真绣与图案绣两大系统新的进展工作都带来了相当大的影响,不过这种针法是簇新的,还有待于各方的批评改进与扩大应用。"② 点彩绣所用的针法属于短针,全幅通常用一种针法绣制,在针眼中按照表现对象的需要而合线掺色,针迹的长短、粗细亦按绣面需要而定,绣点的大小有别,但针法相同。

(接上页注①)绣"用的是最规律的针法,它以铁纱为绣底,形似戳纱的桂花纹而不同于戳纱的配色。它和杭州的织锦相反,在纬上绣经而不露纬线,每针都用针上调色法绣作。苏州绣娘黄春娅认为,邹英姿的"滴滴针法"与朱凤的"点彩绣"毫无二致,技术类同。邹英姿也就此事做了回应。详情参见《苏州绣娘获针法专利被质疑抄袭》,信息来源:http://jsnews.jschina.com.cn/system/2011/11/04/012001959.shtml,访问日期:2014年4月14日。

① 何寅平、王玲玲:《苏州绣娘获得全国首个刺绣针法专利被质疑抄袭》,信息来源:新华网江苏频道,http://tour.jschina.com.cn/system/2011/11/04/012006728.shtml,访问日期:2012年12月28日。
② 朱凤:《中国刺绣技法研究》,上海人民美术出版社,1957,第44页。

从前述中可知，滴滴针法与点彩绣针法的形态区别有两处。一是点彩绣针法虽为短针，但长短大小不一，而滴滴针法基本是长宽相等的点状针法，或曰滴针法。二是点彩绣线迹叠加，滴滴针法只绣一层。这与邹英姿的说法基本一致。但问题在于，滴滴针法虽与点彩绣针法在形式上稍有差异，但在技术原理上却是一样的。另外，点彩绣的核心特色在于多色丝线合股入针，其余的短针法及以沙底孔眼运针的做法也都有在先技术的存在。但是，点彩绣属于行内认定，并未申请专利保护。

滴滴针法和点彩绣针法都牵扯到"短针法"的问题。通过考察，笔者发现，短针法在我国南北方诸多绣种中都有使用，但名称不一，如传统的发绣，就是使用极短的短针法绣制，在具体的运用中，短针法的针脚大小有别，小到不能再小的绣迹则是一个小点，即针脚的长与宽几乎相等，事实上，这种微差难以用肉眼来分辨，苏绣中也将最短的短针称为"滴针"。可以想见，在长短不一的短针中，针脚的大小（长短）能带来绣迹外观的差异，但在技术本质上是一样的。因此，从这个角度来看，笔者赞同"滴滴针法与滴针法（短针法）并无本质区别"的观点。点彩绣使用的也同样是传统刺绣技艺中的短针法，只不过点彩绣的针法更为规整。另外，至于点彩绣针法叠加，滴滴针法一遍完成的说法，点彩绣针法叠加是由于丝线合股造成的，它需要通过丝线的叠加，来造成类似西方绘画"空间调色"的视觉效果，这也是点彩绣创新的核心点。因此，从是否叠加的角度来强调滴滴针法与点彩绣针法的区别，恰恰说明了滴滴针法与滴针法的相似性。

从上述分析中可以看出，在传统的苏绣工艺中，滴针法作为针法之一，多与其他针法配合使用。邹英姿的"滴滴针法"将滴针法从混合使用的传统工艺中独立出来，单独进行使用，由此出现的问题有两个：其一，如果滴滴针法与传统针法资源界限不清，那么其创新性就必然受到质疑；其二，刺绣针法历来作为公有资源人人共享，如果像"仿真绣"、"乱针绣"和"点彩绣"等这些具有创新价值的针法被视为个人的私有化知识予以"保护"，不仅在行业内很难操作，而且可能要么给刺绣产业造成某些障碍，要么这种认定和保护就形同虚设。

二　技术专利与传统手工艺资源

在滴滴针法的专利书中，对其技术手段的基本特征描述为："在刺绣中，两个针眼之间绣出的针脚长度大于绣线直径的2倍，且小于或等于绣线直径的10倍，使绣线在绣料正面呈点状或短线状针脚；点状或短线状针脚之间以相隔、相叠、相接和相交四种组织形式中的至少一种构成绣迹，绣迹在绣料平面上以疏密变化方式进行排列布置。"①以上所描述的基本绣法因表现对象不同而会产生微调，使之能表现对象的逼真感。由于刺绣针脚微缩，丝线在绣面上的受光性被减弱，所以部分解决了刺绣画面中点状离散光影变化感的表现问题。此针法适合表现雾霭水汽、绘画笔迹、锈迹残斑等，滴滴针法可以单独应用，也可混合应用。经过多年的摸索实践，邹英姿找到了滴滴针法在绣作文物古卷、画像砖石、金属古物等物象时的优长，并创作出一批具有独特技术美感的作品。当然，对于某一针法的单独使用，也有业界人士对其必要性表示怀疑。理由是，较成熟的刺绣工艺都是多种针法的综合表达，针法如笔法，要视不同的表现对象和视觉效果而定，若为了针法而将其限定在具体的范畴中，似乎是不必要的，这样反倒会局限和单调化刺绣工艺的丰富性。他们认为，从艺术表现的角度而言，滴滴针法将刺绣技术唯一化，也是一种僵化的行为，没有哪一种刺绣工艺只用一种针法来表现，这明显有悖于艺术的发展，即便是乱针绣，也是由不同长短、不同方向，甚至疏密不同的空间叠加来完成的。只用一种针法来完成绣制作品，是否违背了艺术手法的多样性呢？如修拉的绘画作品，其单一的笔法表现，使作品趋于理性实验，从而削弱

---

① 《中华人民共和国知识产权局发明专利申请：一种用于刺绣的滴滴针法及刺绣方法》申请人：邹英姿，申请号：201010160653.8。

了绘画创作中作者的情感要素以及笔法变化所带来的视觉丰富性,这也是修拉绘画艺术表达上的短板。

另外还可以发现,专利书中并未就滴滴针法和与短针法(如滴针法)近似的资源关系进行说明,而是将滴滴针法与普通的长针法进行比较。这种做法,是否有意回避了滴滴针法创新与传统针法资源之间的关系?而且,有人反映,苏州知识产权局在邹英姿提出技术专利申请之后,并没有在镇湖镇和苏绣界进行广泛性的社会调研,而只是在邹英姿的工作室对滴滴针法进行了相关技术测定,后经国家知识产权局核准公布。对此,苏州市高新区科技局副局长顾君的解释是:"专利权属于私权,'滴滴针法'是邹英姿直接向国家专利局提出的申请,科技局并未参与具体办理过程。"同时,他也强调说明:"在审核专利申请时,国家专利局会把这种针法与其他针法在全世界范围内进行比对,过程非常复杂和严格。"[1] 这一点恰恰是很多业界人士觉得纳闷的地方,他们的诘问是:既然审核工作非常严格,那如何解释滴滴针法、滴针法、传统短针法及点彩绣之间的关系。

笔者在采访中也问到,既然苏绣界对滴滴针法的反响这么大,为什么没有人站出来,将此事向政府部门进行反映,若经国家知识产权局再度核准,此技术发明不具备效力,则会予以撤销。受访者基本表示,谁也不想让学术争论转化为人事纠纷。作为一种工艺尝试,刺绣届人士尽可在自己的观念理想下大胆摸索实验,而要通过立法保护的路径对其重新确认,各界人士还是要慎重看待。而且,此项专利并未损害某个人的具体利益,即便他人用此针法进行创作,邹英姿也不能依法维权,因为舆论上支持和承认滴针法在公有知识领域的先行存在。至于政府批准的原因,他们认为,苏绣使用他人美术作品稿样的传统习惯,使该行业知识产权纠纷频发,这使镇湖镇乃至苏州知识产权界面临一定的外界压力,滴滴针法的申请在某种程度上可以作为"创新

---

[1] 何寅平、王玲玲:《苏州绣娘获得全国首个刺绣针法专利被质疑抄袭》,信息来源:新华网江苏频道,http://tour.jschina.com.cn/system/2011/11/04/012006728.shtml,访问日期:2012年12月28日。

成果"，对于侵权事件所造成的负面影响予以淡化。从理论上来讲，对某项手工技艺进行技术发明专利注册，将其私有化，肯定会对手工技艺的传播和交流产生阻碍，但因为滴滴针法在技术实质上就是传统的滴针法，所以，作为法律维护的技术持有人，其实在民间实际的技术运用中，也不存在自我权益维护的可能性，因为这项技术本身就是属于公有资源的技术知识。就此来说，政府通过法律手段将一种原本存在的公有技术知识划归为个人所有，本身就是存在矛盾的。

在诸多的传统手工技艺中，女红工艺是最为公开和普遍的手工艺形态，虽然在不同地区的刺绣样式及其历史变迁中，针法的形态非常丰富而且不断有创新，但传统心理习惯都将其归入公有资源。在这一知识系统中，个人发明与集体创造很难清晰划分。同时，传统心理习惯也不大认可其知识权益的私属化。在刺绣针法的变迁史上，未见有私属化的针法形态，杨守玉所创的"乱针绣"、朱凤的"点彩绣"，虽在针法和绣法上有所创见，但都自然归入了公有知识领域。由此笔者也联想到，在绘画领域中，技法创新与传统资源总是有着某种联系，比如张大千所创的"泼彩法"、傅抱石所创的"抱石皴"、石鲁所创的"拖泥带水皴"，以及当代于志学的"冰雪山水"等，都是立足于传统技法之上的创新，但美术界并不是通过专利来体现，而是通过业界的学术认同来凸显自我价值。因为这些富于个性化表达的技艺，并不能完全撇清与传统知识资源之间的关联，而且也不会有人坚持认为自己画作的所有技艺均为自己所创。

三 技术专利与外观专利

手工艺品的生产一般包含三大要素：一是工具材料；二是手工技艺；三是审美观念。工具材料作为"物"，是手工技艺与审美观念的载体，也就是说，非物质要素最终需要通过物质材料来呈现。由此也形成了专利法认定的两个基本内容。

从技术专利的角度来看，专利法保护的是"技术"而非"技艺"。美国文化人类学家莱斯特·怀特认为："技术是知识进化的主体，是人类生存的劳动工具、设施、装备、语言、数字数据、信息记录等的总和。技术是技能和技巧的方法化、系统化和抽象化。技能是个体性的，技术则是群体性的。"① 那么我们可以进一步推论，技术是对技能的普遍性提高与推进，是一种便于推广和继承的相对公有的知识形态。技术的发生与掌握同步，这也成为持有者的一种权利，只不过我们很少将它视为一种对知识资源拥有的权利。因而，可以说，技术是推动人类进步的主体性力量。技能是指手工技术表达的系统总量，它包括技巧，但不特指技巧，在反复的技能训练中，技能与技巧会产生微妙的转换。技巧由于个人体能和心智的差异，更多呈现为一种主观化的、特异性的技术。工艺美术中所说的"技艺"与其等同。

在前文的讨论中，邹英姿的滴滴针法有技术专利不成立的嫌疑，但是作为单一针法的探索性运用，它又的确形成了自身独特的工艺语言和视觉效果，也就是说，就技艺而言，滴滴针法并不是个人技能化的资源，但是该技艺的特殊运用产生了独特的视觉外观。可是，一个值得注意的矛盾点在于，这种由绣迹形成的肌理特征，并不属于目前的外观专利保护范畴，因为外观专利保护的是作品的图案、色彩、造型等显化的视觉形象。此处可举一例略作分析。顾文霞所绣的《猫》，其稿样来自曹克家，手工技艺也是传统的苏绣针法，在现行的专利法中，自然无法对其进行确认和保护。即便从著作权法的角度来看，也无法对顾文霞所绣的《猫》进行保护（确认其制作者身份是可以的）。目前的著作权法对美术作品的保护也只是图像而已，无法就设计者和制作者的知识贡献进行分类确认，而苏绣《猫》所呈现的图像有两重要素：一是曹克家的稿样设计；二是顾文霞的刺绣创作。其中，针法技艺是核心。苏绣稿样设计和刺绣加工，二者虽有关联，但不属于同

---

① 〔法〕马塞尔·莫斯、亨利·于贝尔等：《论技术、技艺与文明》，蒙养山人译，罗杨审校，世界图书出版公司，2010，第35页。

质临摹，而是"二度创作"。就刺绣而言，二度创作的表达核心是手工技艺。工业技术与手工技艺的呈现方式是不同的：手工技艺通常通过显化的视觉痕迹来表现，比如拉胚、绘画、编制或刺绣；工业技术通常通过物的功能性来表达，比如电器或软件技术的更新换代。就刺绣而言，手工技艺的物质载体是绣迹或相关的手工造型，外观专利则通常指的是图案纹饰、肌理及色彩等。在目前的知识产权立法中，更多照顾的是具有图像性的美术知识资源，对视觉并不显化的工艺知识资源难以起到确认和保护作用。

至此可以发现，专利法可以帮助我们部分界定创新知识的归属，但并不能评定手工作品的艺术性。同时，"美术"的视觉要素要比非视觉的"工艺"要素更易受到关注。

就工艺美术的专利来看，其核心是"别"于他人，而不一定是"高"于他人。这也是不少业界人士质疑滴滴针法的核心点，他们认为，与其在技艺上找"新"，不如在传统的基础上求"艺"。事实上，抛开滴滴针法技术专利的争论，邹英姿的确在滴滴针法的具体运用上不断探索。在早期的《缠绕》《问佛》《敦煌彩塑》等作品中，邹英姿一直保持苏绣"平、齐、和、光、顺、匀"的基本特点，侧重在写实的基础上探索体积、光影、色彩和肌理的现实感。在后来的《眸》、《毛泽东像》、《敦煌残卷》及画像砖石系列等作品中，她逐渐过渡到对平面作品肌理的描摹与表达，在这些作品中，她更着迷于痕迹与滴滴针法之间的视觉关联。但这些作品，都是依据古代图像资源制作的绣品，在外观上的独立创作意义仍然不够。《鸣沙山印象》是她受宋代山水画的启发而创作的，画面形象的简纯性，明显表露出她对依赖客观物象写实观念的突破，不仅在视觉上找到了沙子与滴滴针法的契合性，同时在美学上也实现了简纯、宏大与精微的相得益彰。近来，她又创作了《姑苏人家》系列，借助中国传统小写意绘画的理念，使原本平匀且亦步亦趋的针法塑形有所突破，滴滴针的排列变得更加自由放松。

从邹英姿的持续性创作中可以发现刺绣技艺与外观状貌之间的紧

密关联，以及对传统知识资源突破性继承的重要性。经过多方求证及资料比对，笔者认为：滴滴针法是将短针法进一步微缩的独立性运用，其技术与滴针法和点彩绣同宗，但在单独使用的过程中，滴滴针法对不同的表现对象，探索积累了不同的表现技巧。也就是说，在技术上滴滴针法与传统的滴针法是同宗共体的，但在工艺表现方面，滴滴针法具有推进性的创新贡献。

四 工艺美术专利"保护"的反思

滴滴针法的技术专利获批以来，邹英姿一直在思索如何通过该针法实现对苏绣传统的继承性突破，她所理解的突破当然不仅限于技术层面和视觉层面。对于外界视角仅聚焦于针法一事，她也有些无奈。笔者觉得，舆论中的就事论事，在一定程度上误导了民众视线，可能也稀释了对苏绣革新的专业理解。

在种类繁多的工艺美术范畴中，有些属于与材料相关的专利，比如冶铸材料配方的改进；有些属于外观专利，基于美术品的基本属性，该专利与著作权法的互补，成为工艺美术品知识权益保护的重点部分；还有些属于技艺性专利，该领域的立法保护目前存在的争议最大。抛开工艺美术是否适合立法保护的争论不谈，通过滴滴针法的案例，我们可以提出几个方面的思考。

第一，具有创新性的传统手工技艺可以申请国家专利，专利法制度可以为工艺美术提供一定程度的保护。第二，通过专利的申请，一方面可以明确手工技艺发明权的归属，另一方面可以使此项技术进入付费的公有知识领域，对传统手工技艺的传播，以及知识产权意识的逐步提高具有一定的积极意义。第三，在工艺美术手工技艺专利的申请认定过程中，确认技艺的独创性，是极为关键的专业技术环节，要处理好其与在先技术①的关系。第四，传统手工技艺是侧重个人体验感知的技术形态，专利核定和量化描述中的技术形态在多大程度上体现了该技艺的完整性，这是工艺美术手工技艺专利申请认定中需要确认的。第五，传统手工技艺的在先技术没有完善的数据库，与此相关的手工技术发明专利如何避开与其冲突，这是工艺美术立法保护需要思考的。

《中华人民共和国专利法》第二条规定："本法所称的发明创造是指发明、实用新型和外观设计。"另外，该法还进一步说明，发明是指对产品、方法、工艺或者其改进提出新的技术方案；实用新型必须是实体的人工造物；外观设计是指对产品的形状、图案或者其结合，以及色彩与形状、图案的结合所做的富有美感并适于工业应用的新设计。从字面来看，技术专利是指创新性的手工技术，外观专利则是指具有独创性的视觉造型。发明可以是物态的产品发明，也可以是无形的技术发明，当然两者往往是相互结合的，这就要求技术发明必须具有应用价值，而不是一个概念或想法。实用新型的保护客体只限于物态的作品，而不适用于方法或技术。对于物态的作品，其专利核定需要结合内部结构和外部特征的双向条件，这样就使没有固定外部特征的物态作品无法进入此项保护。刺绣工艺的外部特征鲜明，但是这种外部特征会受到空间的影响，比如，一幅用滴滴针法绣出来的作品和一幅用其他绣法绣出来的作品，在较远的空间里，两者的外部差异可能并不大。专利中的语言描述并不直观，而图像的直观性会受到空间变化的影响。另外，专利法还规定，实用新型必须为人工造物，这对一些在很大程度上依赖自然之力的传统手工技艺有一定的隔阂，比如根雕艺术，有些根雕艺术作品的价值主要在于自然造物的神奇以及由此带来的审美感受，但是这些作品也不能缺少人工的点睛雕琢，使其艺术价值得以提升。因为孤件的稀有性，此类作品无法实行外观保护，这

---

① 在先技术又称原有技术，是指在有关技术申请专利之前已经公开的技术。这种知识在专利申请之前或在优先权日之前即可整体地从公共领域获得。原文见 WIPO/GRT-KF/IC/2/6, July 1, 2001。转引自严永和《论传统知识的知识产权保护》，法律出版社，2006，第136页。

也是外观设计保护存在的现实问题。有人认为，外观设计主要适用于可以大量复制生产的工业产品，对于不能复制的手工艺术品则不能通过外观设计来保护。笔者认为，在手工技术的物理层面上，一般性的技术形态是可以复制传播并在一定程度上量化的，但是特殊的个人经验和有独特审美感受的技术表达，外观设计是无法体现并予以保护的。

《中华人民共和国专利法》第五条规定："对违反法律、行政法规的规定获取或者利用传统遗传资源，并依赖该传统遗传资源完成的发明创造，不授予专利权。"同时，针对专利权的保护该法也有较为详细的规定，传统手工技艺申请发明专利首先需要解决的问题是其与先行技术的关系。先技术制度的设立，在一些国家起到了保护传统知识资源的作用。[1] 以印度为主的一些发展中国家极为重视通过在先技术方案对传统知识资源实行保护。为了更快地促进传统知识的数据库建设，WIPO（世界知识产权组织）组建了由中国、印度、美国、欧盟等组成的特别工作组。为了促进传统知识的文献化、数字化、网络化，WIPO还设立了一整套方案和技术性规则，主要是完善传统知识的数据库建设，以确立传统知识在估计层面的在先技术身份，防止各种剽窃行为。

但是，传统知识的在先技术保护目前主要集中于生物遗传资源和医药传统资源，而且数据库建设还远不能满足传统资源保护的实际需求。传统知识的在先技术保护目前存在的问题主要有两个：一是作为传统知识的一种方式，在先技术是对传统知识的最低水平的保护，远未能实现对传统知识的经济价值和财产利益的完全保护；二是传统知识的在先技术化覆盖面是有限的，难以对全部传统知识提供保护。[2] 因此，我国目前有关工艺美术的专利认定机制，还存在不少的现实操作难度。就工艺美术的知识形态而言，其专利申请及专利权益维护，都存在争议和现实难

---

[1] 1994年，欧洲专利局颁布了美国格莱斯公司（W. R. Grace）在印栋树皮上提取杀真菌活性成分的专利。但是该技术在几个世纪以前的印度民间已有使用，1995年，国际非政府组织和印度农民拿出证据，对于该专利提出异议，2000年，欧洲专利局撤销了该专利。参见严永和《论传统知识的知识产权保护》，法律出版社，2006，第139页。

[2] 严永和：《论传统知识的知识产权保护》，法律出版社，2006，第146~147页。

度。尽管《中华人民共和国专利法》对专利权益的维护制定了详细的条例，但是工艺美术知识形态自身的特点，以及工艺美术行业所处的社会环境，使其在权益维护上的可操作性受到了一定的限制。

结　语

通过以上论述，本文得出了下列结论：第一，滴滴针法与传统的短针法（或称滴针法）同质近形，并非业界所传的"打籽绣"。第二，滴滴针法因与传统知识资源重叠，故不可认定为个人专利。第三，滴滴针法虽不可视为"发明专利"，但其将一种针法单独使用，有效解决了苏绣丝线的折光性，同时也探索出了"滴滴绣"独特的绣面肌理和视觉特征，当为一种贡献。第四，滴滴针法专利的获批，反映出我国工艺美术知识产权认定系统存在的某些认识局限或机制缺陷。第五，该专利的认定，在未取得实质性保护的同时，对手工艺专利认知及传播语境产生了某些负面影响。

在农业社会中，传统技艺的持有者往往更信任基于血缘或亲缘建立起来的社会组织结构，然后是依赖于地缘关系的社会组织，最后才是政治组织。在现代社会的市场经济关系中，前两者的社会保障性已经被打破，从而使得工艺美术的技艺知识逐渐向政治组织转流，并且寻求一定的保护。一方面，目前的工艺美术专利保护存在技术认定上的模糊性和复杂性；另一方面，即使工艺美术的技术发明获得专利法注册，也难获得法律的保护，因为在传统的工艺美术行业观念中，技术是流动的共享资源，而且，对其予以所谓保护，理论上不利于工艺技术的发展演进，现实上也难以操作。专利法是否一定适合传统手工技艺的保护？如何进行保护？这样的保护会对行业发展及非物质文化遗产资源的文化生态产生怎样的影响？在相当长的时期内，这些都依然会是颇具争论的话题。

（原载《民艺》2021 年第 1 期，收入时略有改动）

非遗艺术品电子化交易中的知识产权保护问题研究

西 沐[*]

非遗资源是文化资源的重要组成部分，也是一个民族赖以生存的重要财富，更是中华民族最为重要、最为独特、最为丰厚的民族财富。我国拥有丰富的非遗资源，确认与保护非遗及其资源的知识产权，实现其精神、经济、社会价值，对我国经济发展、文化繁荣、社会进步等各项事业，均有不可忽视的积极推动作用。特别是在新常态及互联网经济快速发展的条件下，这一点尤为重要。

非遗艺术品是非遗及其资源的重要载体，非遗艺术品的知识产权保护问题是一个全新而又极为重要的问题，而非遗艺术品实物集成电子化交易（以下称非遗艺术品电子化交易）中的知识产权保护问题，则更是一个非常前沿的问题，甚至在当下，我们还很难找到一个现成的可供参考的案例。

一 非遗艺术品的知识产权保护的现状与问题

1. 非遗艺术品的知识产权保护的现状

非遗艺术品是一种特殊类别的艺术品。经过30多年的发展，我国

---

[*] 西沐，中国艺术经济研究院（李可染画院）院长，中国艺术产业研究院（上海大学）副院长、教授，西安美术学院兼职教授、博士生导师，中国民协理事。

艺术品市场的规模从名不见经传到世界第一，发展之迅速可以说是有目共睹，但法治的滞后所带来的问题也广受诟病。据统计，以艺术品命名的法律文件中，全国人大常委会出台的可以说是空白；而在国务院行政法规层面发布实施的，以艺术品命名的法律文件也是空白；以部门规章形式发布的，像文化部这样的国务院组成部门来说，以部门规章层级发布实施的、带有"艺术品"三个字的法律文件，可以说也为数很少，不超过两个。以上的统计分析只是说明艺术品立法与艺术品市场迅速发展的状况不相适应，艺术品市场的立法已经严重滞后。当然，并不是只有带有"艺术品"三个字的法律文件才能规范艺术品市场，从这个角度上讲，目前艺术品市场的法律也并不是完全缺失，比如，在具体的艺术品市场交易活动中，交易过程就会受到《物权法》《合同法》《文物法》等这些法律规范。对非遗艺术品来讲，还有2011年出台的《中华人民共和国非物质文化遗产法》，只是这部法律过于偏重行政保护，与知识产权法律体系尚缺乏相应的有效衔接。与此相对应，现行的著作权制度等，也很难为民间文艺与非遗艺术品提供更有效的知识产权保护。从目前来看，在知识产权视野中，非遗的知识产权保护，主要涉及传统知识、民间文艺、传统名号三个类别。以上就是非遗艺术品的知识产权保护的一个基本现状。

2. 非遗艺术品的知识产权保护的问题

非遗艺术品的市场规模，虽然目前还不是很大，但其发展的潜力是巨大的。由于非遗艺术品及其市场的复杂状况，其知识产权保护也成为难题。概括地讲，知识产权保护过程中存在的问题，可以说是多且复杂的，很多时候，由于没有典型的案例，法律的适用、认定等问题都需要进一步研究探索，是一项刚刚开始而又极具难度的工作。具体来讲，主要问题可以概括为以下六个方面。

第一，我国知识产权法律制度还不够健全，对非遗艺术品的知识产权保护作用有限。特别是一些知名的老字号，大多具有上百年历史，在长期的变迁中普遍权属不清，进而造成保护老字号权利、制止不正当竞争的难度非常大；许多非遗项目源于民间，由某一地区的一些群体共同掌握,那么权利人的认定问题也很难明确;传统技艺是否构成商业秘密,这也是学术界和司法界一直讨论不休的问题。

第二,非遗艺术品市场还在不断发展过程中,知识产权保护意识普遍缺乏。在非遗领域,一代代的传承人在继承老手艺的同时,创作了许多美轮美奂的非遗作品。然而当前在经济利益的刺激下,一些非遗传承人凭借自己的智慧与技艺辛苦创造出的作品却常常面临被仿制、"山寨"的风险。在落实国家知识产权战略的过程中,非遗领域的知识产权保护问题必须提到议事日程。

第三,在对非遗艺术品的交易过程中,非遗艺术品的知识产权保护体现在对传承人的法律保护上,其实更多地表现为知识产权问题,但在具体的法律实践或签订具体的合同时,往往会被错误地适用法律,造成保护不力、不准等问题的发生。

第四,非遗艺术品知识产权的产业融合能力不断增强,面临更多、更复杂、更前沿的问题。如非遗艺术品在授权过程中,生产商不按照合同规定履行义务,损害著作权人的精神权利和获得报酬的权利的案件时有发生。比如,生产商生产的产品不符合著作权人许可使用时的约定标准,粗制滥造,损害著作权人的保护作品完整权就是一个明显的案例。

第五,随着非遗艺术品知识产权的价值提升,经济利益的引导使知识产权格外受关注,特别是在互联网环境下,知识产权的发展与保护面临新问题,突出地表现在非遗艺术品产业知识产权公共服务体系尚不成熟,缺乏社会公共服务与专业化服务。

第六,随着互联网+非遗的快速发展,新矛盾、新问题、新方法也随之出现,这为非遗艺术品知识产权的保护提出了新课题。特别是在互联网经济条件下,一方面信息共享为侵权提供了便利,使得非遗艺术品的知识产权侵权形态多样化、隐蔽化、动态化;另一方面使得非遗艺术品知识产权侵权行为的认定、取证等的取得、法律适用等,面临新的问题,并不断出现。

二　非遗艺术品及其电子化交易中的知识产权构成

　　事实表明，法律对非遗艺术品知识产权的保护，更多地体现在非遗传承者的创意创作权利被确认和保障，这不但会影响非遗传承者自身的创意积极性，最终也会影响非遗的社会发展。但要做到这一点，前提是我们必须清楚非遗传承者的创意创作权利是什么。从法律角度来看，刘双舟教授曾提出艺术品的"五权"，我在此基础上进一步扩展为"六权"，即非遗艺术品知识产权涉及析权、确权、授权、用权、创权、享权六大法律环节。

　　一是析权。在一般情况下，非遗艺术品与一般艺术品一样，具有多项权利，可以说是一种权利的集合、复合存在。在这种情况下，非遗艺术品要获得应有权利的保护，首先就要分析、分解其不同的权利与诉求，以便对应、适用不同的法律法规。如一件非遗艺术品，在其上可能同时聚合了人身权、财产权、邻接权等多种权利诉求。从著作权取得角度来讲，因为作品本身状态不同，所以其著作权的取得方式也分多种情况，一般来讲，可分为原始取得和继受取得两种。非遗艺术品种类繁多，作品不同，其包含的权利就可能不同。因此，非遗艺术品知识产权保护，首先就是要分析、研究、明白非遗艺术品本身的状况、种类，以及有多少种权利，并进一步明确这些权利都是何种权利，这是非遗艺术品知识产权保护过程中的析权过程，也是非遗艺术品知识产权保护工作的基础与起点。

　　二是确权。由于非遗艺术品大多是在日常生活与市场中形成、发展及传承的，其本身的历史形成与存在情况比当代艺术品要复杂得多，由此形成的知识产权状态也比较复杂，所以，在厘清非遗艺术品的具体权利的同时，还要搞明白、弄清楚这些权利的归属，是个人的还是家族的、集体的，因为这涉及谁来行使权力的关键问题。这一过程，我们称之为确权，其核心是要在复杂的状况下，进一步明晰非遗艺术品的权利主体。

三是授权。授权可以说是非遗艺术品知识产权保护过程中最复杂、最重要的一个方面。在析权、确权的基础上，非遗艺术品的授权涉及的历史与传承状态最为复杂，如何授权，在什么范围内授权，以及在现代经济条件下，如何创新授权路径与方法等，都是授权过程中要遇到的问题。目前，非遗艺术品在析权、确权、授权过程中，会涉及物权法、知识产权法、合同法等不同的法律，而在非遗艺术品授权过程中，最主要的是合同法适配问题。在这里，我们把这一过程称为授权。

四是用权。在非遗艺术品知识产权的保护过程中，经过合法的手段取得授权之后，被授权人可以依据法律和合同规定的具体条件与办法，在一定的范围内使用其所获得的权利，有的是设计创意，有的是制作，有的是市场销售，有的是版权，等等。在这里，我们把这一过程称为用权。

五是创权。创权是非遗艺术品知识产权保护过程中的一项特别的而又重要的权利。在非遗传承与发展领域，目前尚存在传承与变异的争论。在这种情况下，非遗艺术品知识产权在使用过程中，可能存在新的创意、设计或是生发活动，从而产生或是生发新的知识产权及其他法律权利，这一过程可以看作一个创造新权利的过程。我们把这一创造、衍生新权利的过程，称之为创权。

六是享权。在非遗艺术品知识产权保护过程中，如何使用非遗艺术品的知识产权而获得收益，是一个既核心又普遍的问题。一般来讲，使用非遗艺术品知识产权参与经营或是产业活动，就有分享经营成果的权力。我们把这一分享成果的过程称为享权。

由此可见，非遗艺术品知识产权的保护是一个复杂、动态及权利增值的发展过程，它不是一个静态的过程，而是一个不断循环发展的动态发展过程。而在这一发展过程中，每个环节都与法律的保护、保障分不开，问题的关键是，我们必须明确这一过程的内在规律以及每一个环节的保护重点。

三　非遗艺术品电子化交易模式的内涵及主要特点

1. 非遗艺术品电子化交易的内涵

要分析非遗艺术品电子化交易的内涵，就必须明确非遗艺术品实物集成电子化交易是一个创新性较强的业态，不仅是一个跨界的探索，而且是一种具有高度学术与政策敏感性的实践。这种新兴的电子化交易模式最根本的内在规定就是：基于综合服务平台的，在会员中进行的标准化标的物的持续的电子化交易。所以我们讲，这是一种非遗艺术品交易模式的创新。

2. 非遗艺术品电子化交易的主要特点

非遗艺术品交易模式的创新，具有突出的价值。非遗艺术品电子化交易的主要特点表现在五个方面。

第一，非遗艺术品作为标的物，标准化程度高，单价较低，易于进行电子化交易。

第二，探索了文交所发展的方向："平台+互联网"。同时，这也是在新的发展环境下，"互联网+"所展示给我们的在交易模式创新之中的价值取向。也正是从这个角度，我们愿意积极地看待非遗艺术品电子化交易在交易模式创新过程中的积极意义。

第三，标准化标的物的集成化交易。把单个实物的一对一交易，变成了规模化的平台交易。

第四，常态化持续、连续交易。

第五，使非遗艺术品价值发现的机制，不断平台化、大众化。

至于非遗艺术品电子化交易在交易模式创新发展的背景、基本依据、合规性、合理性等问题，我在其他的文章中已有阐述，限于篇幅，在此就不再展开了。

四 非遗艺术品电子化交易中知识产权保护的新要求

通过非遗艺术品电子化交易模式的特点我们可以看出，在非遗艺术品电子化交易过程中对知识产权保护的要求至少有以下几个方面。

1. 互联网的共享机制与过度保护问题

在目前的非遗艺术品运营中，无论是从事原创，还是从其他渠道授权生产，知识产权保护和授权之间的平衡问题早已成为行业的焦点。特别是在互联网经济时代，过度的保护会影响非遗的传承与发展，而无限制的仿制又会损害非遗艺术品的原创性。

2. 传承小圈子与寻找解决问题的新架构

目前，法律上对非遗知识产权的保护还有较多空白，非遗作品的创作者想要维权还不太容易，非遗产品权利人的认定还比较困难，传统技艺是否构成商业秘密等也是学术界和司法界一直讨论不休的问题。所以，如何在新的框架下寻找解决问题的路径就成为当务之急。其中，名人、名品、名牌的架构就是一个重要选择。非遗艺术品电子化交易中的知识产权保护一定要放在名人、名品、名牌的架构下展开，在资源的融合转化以及资源的资产化、产业化过程中去分析研究，去找路径对策，而不能仅仅在非遗保护与传承的封闭的小圈子中去考虑问题。

3. 按照非遗艺术品资源特性探索新机制

这种新机制就是"平台+互联网"。深刻认识"平台+互联网"这一根本的融合机制，首先要强调建构非遗艺术品实物集成电子化交易的综合服务平台，即强调利用平台的公信力，来实现对非遗艺术品需求及资源的整合，通过交易鉴证与登记来提高信息的透明度，通过提高信息对称程度来降低交易成本，提高交易效率，减少交易风险。同时，依托金融体系与市场支撑体系不断拓展平台的业务能力。互联网机制及其平台架构使非遗艺术品资源有了新的平台、视角、方式与方法，并且能够推动传统文化资源实现价值最大化。

4. 创新适应于非遗艺术品电子化交易的方式方法

非遗艺术品电子化交易是非遗艺术品开发的新理念、新路径、新模式，体现了"互联网+"环境下非遗艺术品交易的新变革，开创了用互联网方法解决非遗艺术品交易问题的新思路和新方法。与此相对应，我们要不断探索，促进原创非遗艺术品在互联网环境下的价值转化效率，有效解决互联网条件下出现的种种知识产权问题，如在新的发展环境下，面向互联网版权的快速授权的解决方案——"版权印"等，就是有益的探索。

5. 探索以立法为核心的监管新体系，保护投资人权益

非遗保护工作的基本思路是不断探索有效保护的办法，争取在保护和传承等重难点环节上有所创新和突破，包括对非遗进行合理的生产性保护：一是秉承传统，不失其本；二是改良制作，提高品质。所以，探索以立法为核心的监管新体系，是知识产权保护的新要求。例如，在完善立法的同时，开展贯彻非遗法的执法检查，对近年来非遗保护工作进行督查，纠正和解决执法不严、监管不力、保护责任不落实的问题；再如，创新建立国家级非遗代表性项目的评估制度和监测体系，对已经立项的非遗项目的保护工作要定期评估发布报告，然后接受社会的监督等。

五 非遗艺术品及其电子化交易中的知识产权保护的基本路径

从以上分析可以看出，非遗艺术品及其电子化交易中的知识产权保护，不仅是一个动态的过程，更是一个体系，不可能用某一个条款或具体某一部专门法来解决所有问题，而必须用系统的、综合的手段

来解决复杂而又前沿的问题。

1. 进一步完善立法

进一步完善《中华人民共和国非物质文化遗产法》，加强与知识产权法律体系的有效衔接。进一步探索修订现行著作权制度，为非遗艺术品提供更多、更有效的知识产权保护。

2. 建立新的知识产权保护架构

由于非遗的传承比较复杂，非遗艺术品知识产权的保护难度较大，如果仅从技艺、材料等层面去寻找非遗艺术品及其电子化交易中的知识产权保护的路径，很难满足互联网经济与电子化交易的需求，亟须建立新的知识产权保护架构，即在名人、名品、名牌的市场与产业体系架构下来解决问题。一是对于传承性的非遗艺术品，用"三名"体系来保护更为简洁有效；二是对于创新式的非遗艺术品，以原创+"三名"体系来保护更系统有效。

3. 建构综合服务平台，提升知识产权保护能力

非遗艺术品实物集成电子化交易这种平台化交易的创新，为非遗资源或非遗艺术品价值发现建构了新的平台，为非遗资源及其产品价值链的建构打下了基础。我们知道，平台最大的价值在于它是建立在"三公"原则基础之上的，具有公信力，它具有增信功能，这是一个平台的最大价值所在。非遗艺术品在这个平台上，通过大量、快速、反复的高密度、高频次的交易，为非遗艺术品挖掘内涵、挖掘价值、发现价值、提升价值提供了非常重要的公开的路径与可能性，有利于推动实现非遗艺术品市场及其产业与金融的融合发展。可以说，互联网机制及其平台架构，正在不断成为非遗艺术品资源价值最大化的助推器，提升了非遗艺术品知识产权的保护能力。

4. "互联网+"的运用

运用互联网技术，特别是大数据、云服务等技术，建构非遗艺术品电子化交易的信用管理机制，通过征信不断完善信用机制对市场与交易的规范功能，从技术层面为非遗艺术品的知识产权保护提供支撑。

5. 充分发挥知识产权的作用

重视科技创新在非遗艺术品实物集成电子化交易的知识产权保护中的作用。通过科技融合发展，大规模降低版权授权成本，用市场机制实现对非遗艺术品知识产权的保护。如"版权印"技术，就是通过"版权印"平台提供了版权保护、快速授权、交易保障和辅助维权等一系列服务，力求通过最大限度地降低授权成本，鼓励使用原创内容，压缩盗版空间，从而达到保护非遗艺术品知识产权的目的。

6. 创新监管理念与方法

坚持以推进立法为核心，创造性地进行监管创新，既要防止出现监管空白，又不要过度监管，窒息非遗艺术品创新的积极性。充分利用大数据、云计算、物联网、移动互联网等新信息技术与服务支撑手段，不断创新市场监管办法，提升监管水平与能力。完善监管体系：监管制度——体系（分类监管）——行业协会——自律（主体），即通过创新监管体系来落实与提高监管效能。强化投资人权益的保护机制，投资人权益的保护主要有两大块：一是风险教育，它包括风险识别能力的提升教育与风险接受能力的提升教育；二是风险管控机制，主要包括对准入风险、运营风险与退出风险的管控。从目前来看，非遗艺术品实物集成电子化交易的退出风险虽然没有政策与法律障碍，但有社会风险存在，应予以重视研究与探讨。

7. 加强知识产权的普及教育

加强非遗艺术品电子化交易的知识产权保护意识的普及教育。通过广泛的普及与教育，进一步提升人们对非遗艺术品知识产权的自觉性，不断净化市场环境，提升非遗艺术品电子化交易的发展水平。

（原载《人文天下》2016年第8期，收入时略有改动）

基于平台化艺术品交易模式的产业生态建构的法律法规及政策研究

李亚青　西沐[*]

艺术品平台化交易的健康发展,需要一个公平、公正的环境。法律法规的建立健全对于规范市场的运行,营造公平、公正的市场运行环境,有着极其重要的作用。在法律法规的支撑下,艺术品平台化交易市场可以少一些行政干涉,少一些行政调节,而主要运用法律去运行市场,用法律去干涉和调节市场,在创新管理中建立市场的长效机制。一方面确保文化艺术资源规范有序的开发;另一方面注重对文化遗产及自主知识产权等的保护。以立法的形式确立艺术品平台化交易市场运行的统一规范,更加符合降低交易成本的要求。有人认为,由市场自发完成交易,将会更有效率。但由于艺术品平台化交易的标的物是非标准化的艺术品,艺术品具有信息不对称和价值不确定性等特点,故需要通过政策法规的形式,规范艺术品平台化交易各方的准入以及退出程序,有效监督相关的产品和提供服务的积极健康,等等。[①]法律法规的建立健全为艺术品平台化交易的健康发展提供了法律保障。

---

[*] 李亚青,女,研究员,北京联合大学学报编辑部主编;西沐,中国艺术经济研究院(李可染画院)院长,中国艺术产业研究院(上海大学)副院长、教授,西安美术学院兼职教授、博士生导师,中国民协理事。

① 李亚青、西沐:《论文化金融发展过程中的法制法规建设》,《郑州航空工业管理学院学报》2014年第5期。

在基于平台化的艺术品交易模式的产业生态建构过程中，国家政策、法律法规、行业规范、部门规章、标准与企业规则等多层次、多样态的规章制度构成一个完整、统一的体系。随着中国艺术品市场的发展，新的交易模式不断出现，新技术、新手段不断发明、运用，法律法规及政策也处于不断更新、不断颁布、不断实行的动态的过程中，研究基于平台化艺术品交易模式的产业生态建构的法律法规及政策对于产业业态的健康、可持续发展具有积极的保障作用。

一　艺术品交易模式的产业生态建构的法律法规及政策的现状

艺术属于文化的范畴，目前我国关于艺术品交易的国家政策大多包含在文化及文化产业政策之中，主要有文化部、国家发展改革委、财政部、国家文物局于2016年5月颁布的《关于推动文化文物单位文化创意产品开发的若干意见》，文化部颁布的《文化部"十三五"时期文化产业发展规划》。

对于艺术品交易，目前尚不存在专门的由全国人民代表大会或者全国人民代表大会常务委员会制定的法律文件，将来出台这样的法律文件的可能性也不会太大，但是，这并不意味着艺术品交易不需要法律来规范或者可以不在法律的框架内运行。法律对艺术品交易的作用主要有三个方面：一是确认和保护权利，即对艺术品交易中各个交易主体的权利予以确认和保护；二是明确义务，即通过法律手段来明确交易各方的义务，并督促其认真履行；三是规范行为，通过规范使艺术品交易安全有序。艺术品交易必须遵守与其相关的各项法律，如《拍卖法》《消费者权益保护法》《商法通则》《反不正当竞争法》《反垄断法》《价格法》《著作权法》等。其中，需要特别强调的是，文物艺术品交易一定不能违反我国《文物保护法》。

与艺术品交易相关的行政法规有《国务院关于清理整顿各类交易

场所切实防范金融风险的决定》、国务院办公厅《关于清理整顿各类交易场所的实施意见》、中宣部《关于贯彻落实国务院决定加强文化产权交易和艺术品交易管理的意见》、证监会《关于禁止以电子商务名义开展标准化合约交易活动的通知》等。

在艺术品市场管理及交易中，行业自律规范起着非常重要的作用，目前，发展比较成熟的有拍卖行业的《中国文物艺术品拍卖企业自律公约》，画廊、文交所都只有各自制定的交易规则，尚没有行业内公认的自律规范。

与艺术品交易有关的部门规章主要有文化部2016年1月18日公布的《艺术品经营管理办法》以及2016年2月出台的《文化市场黑名单管理办法》，商务部于2010年7月1日实施的《文物艺术品拍卖规程》，2016年12月国务院关税税则委员会发布的《关于2017年关税调整方案》，国家税务局2007年发布的《关于加强和规范个人取得拍卖收入征收个人所得税有关问题的通知》等。

二 基于平台化艺术品交易模式的产业生态建构中法律法规及政策面临的主要问题

艺术品交易法律法规及政策的建立健全对于基于平台化艺术品交易模式的产业生态建构具有极其重要的作用，这一点已经被越来越多的业界人士、机构、政府管理者及研究人员认可，他们分别从各自的职责范围着手建立相关的法律法规。在艺术品交易法律法规及政策的建设过程中，总的来说，目前面临基于平台化艺术品交易主体发育缓慢、体系建设不健全、行业管理缺失、服务标准及规范未建立、法律人才缺乏、法律法规及政策理论研究滞后等问题。

1. 基于平台化艺术品交易主体发育缓慢

文化产权交易所（简称文交所），是基于平台化艺术品交易的主体，自2009年6月15日我国成立首家文交所——上海文化产权交易所以来，经过十余年的坎坷发展，目前我国文交所不足百家。由于国家相关部门的清理整顿，以及2017年1月9日开展的清理整顿各类交易场所"回头看"工作，全国各地文交所发展缓慢，大多处于观望、等待的状态，各项业务也是能停就停、能退就退。基于平台化艺术品交易主体发育的缓慢，使艺术品交易法律法规及政策的建设难以准确、全面、有效。

2. 基于平台化艺术品交易体系建设不健全

基于平台化艺术品交易在主体发育的基础上，还需要信誉体系、评估鉴定体系、价格体系以及监管体系等的支撑。在信誉体系的建设方面，目前我国在银行业内部建立了信用体系，从公共信用、企业信用、个人信用三个方面构建起来的社会信用体系，为发展我国社会主义市场经济，保持我国国民经济持续、稳定增长，防范金融风险和深化金融改革，提高我国金融竞争力提供了保障。但在艺术品交易领域，信誉体系尚未建立，诚信机制的缺失已经成为制约艺术品产业发展的瓶颈，有学者呼吁建立艺术品行业的征信体系，并就艺术品市场建立征信体系做了深入的研究。[1] 在评估鉴定体系方面，艺术品交易标的物艺术品的精神性使评估鉴定标准难以统一，官方监管的与具有官方背景的权威鉴定机构匮乏，鉴定专家主要依靠经验进行鉴定，因此，有专家提出要规范鉴定，认为除对鉴定人员和鉴定机构实行准入制度外，还要规范鉴定程序，公示鉴定的机构、人员、时间、环境、方法、步骤等信息；还要规范鉴定收费制度，割断鉴定收费与估价之间正相关的关系；积极推动科技鉴定，从单纯依靠专家学者的学识眼光和经验等的鉴定方式转向更加倚重客观的技术鉴定方式上来。目前，基于平台化艺术品交易的监管体系也未建立，需要探索新的监管体系或在现有监管体系的基础上创新。基于平台化艺术品交易体系建设的不健全，使艺术品交易法律法规及政策建设无所依托。

---

[1] 李亚青、西沐：《关于中国艺术品市场征信体系建设的探讨》，《电子政务》2009年第6期。

3. 基于平台化艺术品交易行业管理缺失

尽管在 2012 年底,一些文化产权交易平台机构共同发起成立了文化产权交易行业自律组织"全国文化产权交易共同市场",发布了《共同诚信自律宣言》,但从行业管理来说,这些机构处于多个行业管理之下,造成了多头管理最终哪头都不管的状况。行业监督力度不够,体制、制度以及管理方法也不尽完善,使基于平台化的艺术品市场交易领域处于无从监管的状态。只有从建立与健全艺术品市场管理体制的角度重视行业管理职能,不断完善与建立相应的行业管理组织,加强自我管理,以及自律与他律等行业管理工作的不断落实,才能为艺术品交易法治监管工作的深入落实打下坚实的基础。①

4. 基于平台化艺术品交易服务标准及规范未建立

事实上,整个艺术品市场都存在服务标准及规范缺失的问题,再加上网络平台是个新生事物,导致服务标准及规范缺失问题更为凸显。标准及规范也可以看作基于平台化艺术品交易法制法规建设的内容,有待建立与完善。

5. 基于平台化艺术品交易法律人才缺乏

人才的缺乏严重阻碍了基于平台化艺术品交易法律法规及政策的建立与发展。艺术品产业是与其他产业有较大差别的一个新兴产业类别,传统产业的经验与知识很少能借鉴过来,而且艺术品产业起步时间晚,发展历史非常短暂,人才教育与培训的步伐跟不上产业的发展。基于平台化艺术品交易模式注定了该产业需要的是复合型人才。他们既要熟悉相关法律法规,又要懂得艺术品以及网上交易的规则,这在我国目前法律人才普遍欠缺的大环境下,难度无疑是巨大的。

6. 基于平台化艺术品交易法律法规及政策理论研究滞后

没有系统、科学的研究,便没有艺术品市场交易法律法规的完整构建,出现的很多是碎片化的局部法律法规,难以从根本上起到保障

---

① 西沐:《中国艺术品市场违法成本过低导致赝品泛滥》,《美术报》2012 年 4 月 28 日。

艺术品产业发展的目的。因此，必须加强关于艺术品市场交易法律法规的理论研究及拓展能力，鼓励与推动艺术品市场交易法律中介机构的健康发展。

三　问题产生的原因及解决的途径

1. 问题产生的原因

概括地讲，基于平台化艺术品交易模式的产业生态建构中的法律法规及政策存在的主要问题产生的原因，虽然比较复杂，但总的来讲，可以归纳为以下三个方面。

（1）基于平台化艺术品交易模式的产业生态建构是一个新的事物，我们本身对基于平台化艺术品交易模式的发展及其规律的认知还不系统、不深入，需要在发展与探索的过程中，强化有关系统性的认知。

（2）基于平台化艺术品交易模式的产业生态建构是一个系统性的跨界融合创新业态，平台化艺术品交易模式面对的要素比较复杂，环节交叉，且横跨不同的创新业态，对运营及其风险的认知与把控都还需要一个过程，所以，法律法规及政策难免滞后甚至出现问题。

（3）基于平台化艺术品交易模式的产业生态建构所面对的是艺术品及其资源，艺术品及其资源的一些特性与传统产品及其资源的特性有很大的不同，需要更为系统全面的支撑服务体系来支撑完善，包括相关法律体系的建构与人才的培养。

2. 解决的途径

在基于平台化艺术品交易模式的产业生态建构过程中，很多问题的解决一靠创新，二靠法律法规，而这两者都需要依赖产业发展机制的有效运行。

（1）加强理论研究，进一步强化对基于平台化艺术品交易模式的产业生态建构发展规律的认知，突出战略与规划布局，搞好顶层设计，充分发挥政府职能与产业政策的导向功能，特别是进一步明晰基于平台化艺术品交易模式的产业生态建构现实发展的重要战略视角，建立健全跨行业、跨部门的联动工作机制，加强统筹协调，整体推进基于平台化艺术品交易模式的产业生态建构发展战略智库建设工作，走好基于平台化艺术品交易模式的产业生态建构发展的第一步。

（2）创新基于平台化艺术品交易模式的产业生态建构业态与跨界融合发展。在新常态下，充分利用"互联网＋文化＋金融"的机制，不断改变、完善、深化市场机制，围绕价值建构，发展不同层次的全产业链服务平台，创新基于平台化艺术品交易模式的产业生态建构业态与跨界融合发展，用创新突破瓶颈，推进创新发展。在国家政策效应的推动下，利用互联网、云计算、大数据和移动支付等信息技术在基于平台化艺术品交易模式的产业生态建构领域的运用，发挥互联网机制开放、包容、简便和高效的特质，充分发挥"市场＋互联网"的融合机制在资源配置中的主导地位，寻找实现新机制、政府意志与民意融合的接口。①

（3）建立相应的教育体系，强化基于平台化艺术品交易模式的产业生态建构人才培养。紧紧围绕我国基于平台化艺术品交易模式的产业生态建构发展的需求，按照基于平台化艺术品交易模式的产业生态建构发展规律，用国际化的视角与理念，建立相应的教育体系，强化人才培养。

（4）完善社会信用体系，推动基于平台化艺术品交易模式的产业生态建构监管创新。以诚信机制与信用管理为基础，树立正确的中国艺术品产业发展的价值文化观，努力建构新形势下基于平台化艺术品交易模式的产业生态建构发展的文化体系，健全金融风险防控机制。

（5）加强法治环境建设，建立健全基于平台化艺术品交易模式的产业生态建构的相关法律体系和风险防范体系。良好的法律法规环境是基于平台化艺术品交易模式的产业生态建构生存和发展的基础。基于平台化艺术品交易模式的产业生态建构的鸿沟主要源于对行业风险

---

① 西沐：《一个创新业态：艺术品市场平台化》，《金融博览（财富）》2015年第11期。

认知的能力与水平差异，而文化艺术品产业是属于轻资产、高风险型的，这一矛盾的解决，需要建立健全完善的基于平台化艺术品交易模式的产业生态建构的相关法律体系和风险防范体系，以减少或避免因不确定因素带来的各种风险。

四 艺术品交易模式的产业生态建构的法律法规及政策的发展趋势

艺术品交易模式的产业生态建构，需要法律法规及政策的引导及保障，从而更好地规范艺术品交易的行为，降低艺术品市场交易的成本，进而促进艺术品平台化交易的需求并鼓励需求创新，促进艺术品市场交易效率的提高。基于平台化的艺术品交易模式的进一步发展，特别是交易模式产业生态的建构，使法律法规及政策呈现如下发展趋势。

第一，基于平台化的艺术品交易模式创新更加强调合规合法。其中，首先是艺术品交易创新不踩法律红线；其次是艺术品交易创新不违反监管的规范；最后是艺术品交易创新符合政策导向。

第二，法律法规与政策，特别是监管规范的实施要随着艺术品交易模式创新的进行不断调整。

第三，高新科技的应用及与新技术的融合发展使得艺术品交易模式创新的监管手段更加丰富。

第四，基于平台化的艺术品交易模式创新的监管更多地依赖行业标准、规范以及行业自律。

第五，艺术品交易创新主体的信用管理将成为法律法规与政策，特别是监管的核心。

第六，艺术品交易创新的法制、政策与监管研究，人才培养将成为重点与热点。

第七，基于平台化艺术品交易模式的产业生态建构的法律法规及政策支撑服务体系的发展成为热点。

五　基于平台化艺术品交易模式的产业生态建构的法律法规及政策体系建构

"法律既是政府治理的基本理据，亦是形塑新兴产业的有效工具。"[①] 基于平台化艺术品交易模式的产业生态建构作为一个新生事物，更需要建立健全相关的法律法规。

1. 法律法规及政策体系建构的基本原则。法律法规及政策体系的建构需要与产业发展的水平与进程相适应，既不能过度超前，也不能滞后，当然适度超前是必需的，关键是审时度势，做好调研。基于平台化艺术品交易模式的产业生态建构的法律法规及政策体系在建构过程中须遵循的原则主要包括实事求是原则、协调原则、全面与适当相结合原则、国家与地方相配套原则等。在基于平台化艺术品交易模式的产业生态建构的法律法规及政策体系的建构过程中，还要重视知识结构及智能水平的匹配，提高法制法规建设的质量及针对性，注意防范交易风险，提高交易效率。艺术品产业轻资产的特性，使艺术品交易具有不确定性和较高的道德风险，因此会降低艺术品交易的可能性和交易的效率。为了刺激平台化艺术品交易模式的创新和增加供给，采用完善的技术信息定价制度、规范艺术品交易的具体行为，[②] 成为法律法规及政策建设的技术原则。

2. 基于平台化艺术品交易模式的产业生态建构的法律法规及政策体系建构的步骤为：第一，开展战略研究，系统布局；第二，分层次建构基于平台化艺术品交易模式的产业生态建构的法律法规及政策体系；第三，开展相关法律法规、规章制度的清理与整合。

---

① 徐信贵、陈伯礼：《台湾文化创意产业的政策推动与法制构造》，《亚太经济》2010年第5期。

② 杨海瑶：《自主创新战略下我国技术市场地方立法检视》，《科技进步与对策》2011年第7期。

3. 法律法规及政策体系建构的基本规划。基于平台化艺术品交易模式的产业生态建构的法律法规及政策体系可以分为基本法律法规及政策、配套性法律法规及政策、相关规章与实施细则三个层次。

（1）基本法律法规及政策。基本法律法规及政策用来规范艺术品交易活动的基本性质，统领、约束、指导、协调其他法律法规，基于平台化的艺术品交易基本法律法规及政策的核心内容，应是关于基于平台化的艺术品交易方面的基础性的政策与规定，如定义、范围、法律地位和基本规范等。基本法律法规及政策应以权利和义务为核心内容，应具有一定的超前性。

（2）配套性法律法规及政策。在建立基于平台化的艺术品交易基本法律法规及政策的基础上，还要建立与之配套的相关法律法规及政策，在艺术品市场交易主体、交易运行、宏观调控、财产权制度、金融风险防范、退出机制等方面明确权利、义务与具体措施。首先，构建体制层面的法律法规及政策，通过立法，形成产权归属清晰、评估透明、保护严格、流转顺畅的艺术品交易运行机制。其次，构建规范层面的法律规范，围绕艺术品市场交易主体的权利、义务的界定和市场进入、退出条件等进行立法。最后，构建经营层面的法律规范，根据市场经济的运行规律和艺术品市场的特殊性制定法律法规。

（3）相关规章与实施细则。法律法规及政策的落地实施，需要制定一系列部门规章、实施细则及地方规划。国家层面的法律法规及政策在具体环节上不可能面面俱到，需要相应的管理部门结合实践再做补充和阐释。各地针对发展的不同定位，结合各地自身特点，建构有利于促进当地艺术品市场发展的地方性规划。地方各级人大和政府，应根据宪法和法律赋予的立法权限，对国家颁布的法律和行政法规，做好促进法律法规实施的相应实施细则。[①]

---

① 杨积堂：《文化产业发展的立法现状与法制构建》，《北京联合大学学报》（人文社会科学版）2012年第2期。

六 基本对策与建议研究

1. 构建具有整体关联性和实际可操作性的艺术品交易法律法规及政策体系

基于平台化的艺术品交易法律法规及政策体系要加强顶层设计,其所遵循的原则是运用系统论的方法,从全局的角度出发,对艺术品交易法律法规及政策所涉及的各方面、各层次、各要素统筹规划,以集中有效资源,高效快捷地实现艺术品交易法律法规及政策体系建设。

2. 建立艺术品交易征信体系

诚实守信是艺术品交易之本,是市场经济运行的基本原则,社会信用体系受到破坏将严重影响艺术品市场的发展。只有把诚信文化建设摆在突出位置,营造良好的诚信环境,基于平台化的艺术品市场交易才能顺利进行,艺术品交易法律法规及政策体系建设也才能更加安全有效。对于诚信的问题,仅靠行业自律远远不够,必须有良好的约束机制,应借鉴银行业的做法,建立个人及企业的征信体系。《关于深入推进文化金融合作的意见》明确提出:加强文化企业信用体系建设,依托人民银行征信系统、文化市场监管与服务平台等,推动部行信用信息基础数据互联互通,弥补市场缺失,促进文化企业与金融机构之间的信息联通。

征信体系的建立本身也离不开法律法规的支撑,艺术品交易信用信息数据的收集、公开、使用、披露、个人隐私、商业秘密和国家机密的保护,违反信用行为的处罚等,都属于法律法规的范畴。艺术品交易征信体系的建立,可以有效降低艺术品市场交易中由于信息不对称而引发的道德风险,避免逆向选择问题,对中国艺术品市场乃至整个社会经济发展都可以发挥重要的作用,也使基于平台化的艺术品交易法律法规及政策体系建立在信用可靠的基础上,从而能发挥更好的作用。

3. 建立健全社会监督体系

做好艺术品交易法律法规及政策执行情况的监督检查，建立健全社会监督体系，保证法规正确。对艺术品市场交易活动实施监督管理，可以分为他律和自律两个层次。他律，即监管主体根据国家的法律法规对艺术品市场交易机构及其活动进行监管，属强制性监管；自律，是艺术品市场交易机构自身为有效防范金融风险、保障金融安全而建立的自我监管机制。就监督管理而言，国家对艺术品市场交易机构及其活动的监管是最高层次的刚性监管形式，需要建立透明高效的监管机制，保证市场秩序正常、稳定和公平，维护市场参与者的权利。在强化国家监管的同时，艺术品市场交易机构的自我管理即内部控制自律机制也是至关重要的，自律机制是艺术品市场监管最基本的约束机制，也是社会监督体系建立的基础。

艺术品市场交易法律法规及政策体系建立起来后，关键在于执行。在认真贯彻执行相关法律法规的前提下，对法律法规执行情况进行检查和监督也是非常重要的，需要结合实际情况，采取有力措施监督检查法律法规的执行情况，保证健全完善的法律法规及政策在制定出台后能得到具体有效的实施，做到有法必依。对于在执行过程中发现有偏差的，要及时上报相关机构或部门，经过审核认证，报全国人大常委会或相关部门修订，确保法律法规及政策正确的执行。

4. 增强综合调控能力

提高艺术品市场交易法律法规及政策的专门化和系统化，增强综合调控能力。艺术品资源所具有的非标准特性、复用性，消费过程的增值性，价值的复合性，环境的友好性等，是艺术品区别于其他产品的根本原因。在基于平台化的艺术品市场交易中，艺术品价值的认定以及艺术品价值链条的传递对法律法规及政策的依赖性较强，因此，建设专门化和系统化的艺术品市场交易法律法规及政策体系成为一项重要任务。基于平台化的艺术品市场交易法律法规及政策体系还要加强公众和投资者的风险防范意识和合法投资观念，使公众和投资者对艺术品投资有正确的认识，增强艺术品市场交易各方的综合调控能力。

5. 与国际接轨

制定与国际化发展需要相配套的艺术品市场交易法律法规及政策体系。在我国，基于平台化的艺术品交易是新生事物，同样的，在其他国家，包括发达国家，基于平台化的艺术品交易也是新概念。可以说，我国由于近几年网络支付的飞速发展，基于平台化的艺术品交易是走在世界前列的。但是，发达国家市场经济发展较为成熟，国家法律法规体系健全，法律法规的设立、立法的经验及法律制度等，都比较成熟。与它们相比，我国还存在一定的差距。因此，我们需要加强对发达国家以及其他新兴市场经济国家建立健全法制体系的学习和研究。随着我国的文化企业"走出去"以及国际文化企业"引进来"，艺术品市场的国际化发展趋势将日益明显，因此，艺术品市场交易法律法规体系的国际化也是发展的必然选择。

6. 建立并推动行业协会的发展

行业协会是一种民间性组织，是指介于政府与企业之间，介于艺术品生产者与经营者之间，并为其提供咨询、沟通、监督、协调等服务的社会中介组织，是政府与企业沟通的桥梁和纽带。随着我国艺术品市场的进一步发展，建立艺术品行业协会甚至艺术品交易行业协会逐步成为相关有识之士的共识。有很多省已经建立了艺术品行业协会，如广东省艺术品行业协会、浙江省艺术品行业协会、江苏省艺术品行业协会等，随着市场进一步分化发展，有必要建立艺术品交易行业协会。首先，行业协会开展的行业自律，通过推动诚信体系建设和倡导实施行规行约，规范艺术品交易市场竞争秩序，为艺术品交易法律法规的建立奠定了基础。其次，行业协会以维护艺术品市场交易各方的合法权益为己任，是企业和个人向政府表达诉求的平台，推动基于平台化的艺术品市场交易发展政策环境向好的方向发展。最后，行业协会在一定程度上可以发挥法治的职能，既全面地实现并保障艺术品市场交易各方的私权利,也有效地制约并保障公权力的良性运作。行业协会还通过设立门槛,实施准入制度,提高艺术品交易市场支撑体系的素质,进一步规范与发展我国艺术品市场。

7. 加快艺术品交易法律复合型人才培养

基于平台化的艺术品交易发展时间不长,因此,特别需要加快基于平台化的艺术品交易法制人才培养,提高相关人员的法律素养。首先,努力构建基于平台化的艺术品交易法律人才支撑体系,主要包括八个方面,即组织体系、政策体系、舆论体系、市场体系、投入体系、学习体系、培养体系、服务体系。其次,构建基于平台化的艺术品交易法律人才评价体系,即按照规定的原则、程序和标准对人才素质、业绩及价值进行综合测评,科学、公正、客观地评价人才,促进优秀人才脱颖而出。最后,构建基于平台化的艺术品交易法律人才监督体系,创新监督体制,整合监督资源,建立监督主体间的良性协调机制,形成监督合力,从而避免在基于平台化的艺术品交易法制法规建设过程中滋生腐败。基于平台化的艺术品交易法律人才属于多学科融合的复合型人才,既要有金融学、经济学及艺术学的学科基础,又要有一定的文化艺术品鉴赏力、宽阔的文化视野、现代产业管理意识和敏锐的经济学头脑,还要精通法律知识,因此,基于平台化的艺术品交易法律人才的培养有相对大的难度。一是学校培养,在课程设置上构建复合型课程体系,打破传统法学专业的课程体系,精选开设文化艺术、经管类课程,加强实践教学。二是机构培养,开展在职工作人员教育培训,为法学人才继续教育培训艺术品知识,为艺术品市场经营人才强化法学知识的培训,这与当今社会所倡导的终身学习理念是相吻合的。三是校企联合,拓展产学合作道路,开展艺术品市场交易纠纷解决实务研究、法制服务社会活动等,为学校的实践教学提供重要的、鲜活的平台,也为企业提供解决方案及人才储备。

基于平台化的艺术品交易法律法规是实施行业监管、保障交易安全的法律依据,也是艺术品产业规范化、法制化发展的根本保证。在建立基于平台化的艺术品交易法制法规体系的基础上,还要重视执法体系、司法体系的建设，依法治理艺术品交易市场，严格管理，严格监督，保证基于平台化的艺术品交易安全、高效、稳健运行。

（节录自西沐主笔《中国艺术品产业生态建构引论——基于平台化艺术品交易模式产业生态建构研究》，中国书店，2018）

当下国内民间艺术品品牌培育存在的问题及其发展对策研究

高 峰[*]

一 品牌培育为国内民间艺术品的发展提供创新动力

民间艺术品是以民间手工艺人为创作主体,结合民间文化发展特征,以反映人民群众的艺术审美需求为导向的一种艺术品类别。民间艺术品作为民族与地域特征的重要实物载体之一,既有外在的大众实用商品属性,也有内在的艺术符号价值与人文精神内涵。

民间艺术品的产生与发展同农耕经济下的生产、生活方式密切相关,并且随着历史的发展呈现动态的过程。与其他传统艺术品类相比,民间艺术品更加凸显某一特定民族、特定地区的艺术风格。因此,其消费需求也受到了自身内在特征与外在环境因素的影响。

随着当代社会、经济的不断发展,民间艺术品的生存环境也在发生变化。国内的民间艺术品逐渐从农耕文明的附属产品转变为现代商

---

[*] 高峰,艺术学博士,浙江传媒学院文化创意与管理学院讲师。

业文明的大众商品。虽然少数手工艺人（如国家级工艺美术大师）制作的民间艺术品具有较高的收藏价值和投资潜力，受到市场追捧，其价格甚至可以达到数百万元以上，但许多由民间普通艺人制作的民间艺术品却呈现边缘化趋势。

大量手工艺人制作的民间艺术品由于无法适应当今社会的消费环境逐渐淡出大众视野，一些由相关艺术符号、工艺模式等衍生的大众化、商品化的民间艺术品却随着全球化时代国内外消费水平的升级，逐渐与世界礼品产业、大众文化消费品产业等关联产业实现了产业链融合，成为国内文化创意产业国际化发展的重要组成部分。

展望民间艺术品未来发展的新趋势，品牌培育作为商业营销过程中的重要环节，已成为国内许多民间艺术品经营者未来发展的重要创新途径。民间艺术品的大众化、市场化发展离不开消费群体的购买行为，而对于民间艺术品，消费群体关注的主要是民间艺术品外在所表现出的工艺、设计符号元素，以及由以上元素符号汇聚形成的品牌形象所传达的艺术符号价值，并由此对民间艺术品区别于同类一般商品的符号价值与品牌形象形成品牌认知。

作为品牌符号和体验经济的重要结合形式之一，民间艺术品要形成具有市场影响力的品牌形象，就需要结合品牌塑造、品牌传播、品牌整合等品牌培育方式，进行相关的品牌培育行为，从而为相关企业及其产品的品牌化营造适宜的环境，实现民间艺术品产业设计、生产与销售诸多环节的整合一体化发展。

品牌培育可以为民间艺术品经营者提供品牌增值效益，为民间艺术品的生产企业提供品牌带动效应，同时也为民间艺术品的销售企业提供品牌辐射作用。此外，品牌培育作为产业间互动整合的重要创新手段，也可以为民间艺术品产业同关联制造业、服务业的整合一体化发展提供创新思路与解决途径。

二 国内民间艺术品品牌培育中存在的主要问题

（一）民间艺术品的目标消费群体与品牌推广渠道模糊

近年来，国内的民间艺术品市场由于品牌资源不足、品牌授权产业发展环境不成熟等，盗版侵权问题尤为明显。如陕西秦始皇帝陵博物院周边的一些商铺就以销售未经授权开发且质量粗糙的兵马俑雕塑工艺品为主，对该地区民间艺术品的综合品牌形象造成了一定的负面影响。

由于国内的民间艺术品产业整体上仍处于较低的发展阶段，相关的知识产权保护观念一直比较落后。迫于民间文化的国际化、市场化发展需要，一些由政府主导的民间艺术品经营者在企业的品牌化发展中，主要以照搬其他领域的品牌运营模式为主，并未研究制定适合民间艺术品自身特征的品牌本土化策略，民间艺术品相关知识产权的开发与保护也相对滞后。

国内一些民间艺术品经营者，往往无视民间艺术品所特有的符号价值和品牌体验特征，照搬其他大众消费品的设计、生产和销售模式，并未针对目标群体的消费习惯和喜好特点进行前期的市场调研，民间艺术品的开发和品牌推广效果自然不理想。例如，国内一些陶瓷工艺品集聚区的艺术陶瓷品牌企业缺乏畅通的市场运作模式，加之不重视国外消费者的品牌体验和消费需求，导致该地区现有的艺术陶瓷品牌及其产品无法有效地打开海外市场，致使大量优秀的陶瓷工艺品错失海外订单而被迫选择低价出售的经营策略。

民间艺术品在市场话语权和文化软实力方面的竞争优势，主要取决于民间艺术品产业对于品牌信息的把控能力。一般来说，品牌认知度高的经营者主要依靠报纸、电视等传统媒介，在同类品牌的信息传播中也具有明显的排他性。国内的民间艺术品经营以景区店铺式销售为主，多数未能实现与线上传播渠道的整合对接。此外，相关从业者往往将精力投向民间艺术品的设计生产环节，对民间艺术品的市场需求定位与营销推广策略的落实还很不到位。已有的民间艺术品线上推广平台，由于普遍缺乏行之有效的产品运营模式和品牌宣传模式，也面临推广效率低下、参与人物过少等实际问题。

（二）民间艺术品的品牌发展规划不明确

近年来，虽然国内很多地区都在大力推进文化创意产业（含民间艺术品产业）的发展，各地政府也相继出台了相关的扶持政策，但由于文化市场体制、出版发行等方面的缺失，民间艺术品产业链的体系建设和品牌发展规划并不完善。中国文化创意产业网2012年4月21日统计，中国已建成文化创意产业园区1216个，其中，广东和上海超过了100个，北京、江苏、福建、山东等地也都超过了50个。各地大量兴建文化创意产业园区，造成了园区建设同质化现象不断加剧，不仅难以形成相应的产业链品牌竞争力，而且浪费了大量宝贵的品牌资源。

中国大陆地区的文化创意产业发展较晚，企业品牌意识也相对不足。很多从业者主要关注的是民间艺术品外在功能层面的差异，对基于民间艺术品自身特点的品牌培育相关理念缺乏必要的理解和重视。一些民间手工艺人在发展目标不清晰、品牌理念不明确、产品研发策略相对模糊的情况下，就急于扩大民间艺术品的包装宣传，导致市场反应与预期效果出现较大偏差，客观上也造成了国内民间艺术品研发成本与市场资源的巨大浪费。

阻碍民间艺术品实现品牌化发展的问题还包括品牌结构的不稳定。民间艺术品的品牌一旦失去了目标消费群体的信赖，其所具有的价值就会大打折扣，导致品牌的知名度越高，品牌的声誉度就越低。一些从业者面对市场竞争，首先想到的是价格战等短期效果明显，最终却严重损害品牌形象的发展策略，不仅会影响民间艺术品的品牌长远规划，而且会由于自身质量的下降导致民间艺术品品牌声誉的恶化。国内的民间艺术品从业者大多采用"家族式"的管理模式，导致民间艺术品的品牌发展策略与经营管理体系难以常态化。

（三）民间艺术品的行业管理与政策支持有待完善

国内的民间艺术品产业在整个文化创意产业中相对边缘化，相关的产业链发展长期处于研发创意不足、设计样式单一、产品质量不过关的状态，出现了设计生产工艺难以满足目标消费群体的实际需求等问题。这一方面是因为部分民间艺术品从业者过度追求短期利益，不顾产业和品牌的长期效益，另一方面是因为行业管理和政策支持力度不足，阻碍了民间艺术品的品牌化发展。

国内有关部门对民间艺术品的生产和消费缺乏应有的引导，未能从保护艺术创作者的利益出发，有针对性地制定和完善民间艺术品的相关法律和法规，导致民间艺术品市场充斥着品质低劣、做工粗糙、材料廉价的民间艺术产品，市场自身潜在的消费需求无法得到有效转化。此外，民间艺术品所在的文化保护领域，也未建立针对该类产品发展特点的行业协会组织，使得民间艺术品的品牌培育始终处于企业间互相模仿，甚至产业链内部的品牌资源过度消耗的阶段，无法结合产业链的优势价值形成品牌合力。

三 针对国内民间艺术品品牌培育现有问题的发展对策研究

（一）实现民间艺术品个性差异化品牌文化的塑造与传播

在消费社会，商品种类极大丰富，而且商品生产者不断创造出更多的消费需求。大众消费已经不是一种简单的经济行为，而是逐渐转化为一种生活方式和文化行为。在民间艺术品的消费过程中，消费者考虑的首要因素不再是民间艺术品本身，而是其背后所蕴含的品牌文化和精神价值。面对激烈的市场竞争，民间艺术品的品牌培育必须积极探索自身品牌的差异化路径,将构建品牌文化作为企业实施品牌培育的核心策略。

作为塑造品牌形象、构建品牌价值体系的关键,品牌文化可以赋予民间艺术品独特的品牌符号特征,使消费群体在品牌识别基础上产生心理认知,从而引导其通过对相关民间文化、艺术产品的消费营造独特的消费气氛和精神追求,实现心理共鸣。民间艺术品虽然以特定的物质形态面向市场销售,但其背后所蕴含的精神文化属性才是其有别于一般商品的主要特征。因此其品牌文化也需要独特的品牌定位与个性化的品牌塑造。为了避免品牌文化的定位缺乏个性,民间艺术品品牌应树立包括品牌名称、品牌标识、品牌宣传语等品牌元素在内的品牌文化形象。在确定品牌文化元素的同时,基于民间艺术品的符号价值和体验经济特征,关注目标消费群体的品牌消费需求和品牌认知特点,认真分析民间艺术品消费群体的需求所在,通过细分市场确立品牌的核心价值。

现代消费社会更加关注商品使用价值背后的象征符号,消费者也从商品形象及其所代表的品牌价值获得一定的情感体验。品牌体验不仅是对民间艺术品外在功能的满足,更是对其内在的符号价值和审美特征的情感需求。

以品牌体验为中心的传播模式强调以受众为中心进行品牌传播,通过分析、了解消费群体的不同需求,为其量身设计符号价值和体验经济的实物载体,同时吸引消费者在品牌文化的体验中得到满足。如台北故宫博物院推出的"婴戏图"公仔就是将宋代绘画中的孩童形象转化为可拆解的现代公仔,消费者可以将人物的头部和身体拆解并进行互换,组合成新的人物。消费者在体验过程中,同时完成了衍生产品的再设计过程,实现了衍生产品与受众的互动。

(二)建立"互联网+"平台下的民间艺术品低成本营销体系

当下互联网通信技术与信息管理技术的不断创新,以及大数据技术对于市场资源与体系的整合，使民间艺术品的品牌培育逐渐转向基于互联网技术的交易服务平台化模式。互联网技术与人际交互模式的变革，为民间艺术品的品牌培育提供了一种更加便捷高效的方式。"互联网+"平台下的品牌传播在改变人们生活方式的同时，也成了社会经济资源配置的一种重要方式。

民间艺术品的品牌培育应思考如何应对传统媒体、互联网平台与移动终端多元渠道下的品牌维护问题，及时制定符合民间艺术品自身发展规律的品牌低成本营销体系，在提供同类民间艺术品及其服务的同时，通过民间艺术品产业链内部的成本控制，在民间艺术品的研发、生产、销售等领域，通过品牌符号的植入赢得更高的市场占有率。

国内许多民间艺术品企业从品牌培育的初期就一直面临资金、技术等方面的不足，无法像大型知名企业一样采取高投入而短期回报不明显的传统品牌培育方式，它们必须更多地依靠互联网平台，通过优化内部顾客关系网络，在特定分众中进行有针对性的低成本营销。民间艺术品的品牌拥有者应在目标消费群体数据的调研方面投入更多的时间和精力，不断挖掘潜在消费群体的品牌和产品需求，在产品的外观品质以及功能设计等方面凸显个性差异化特点，促进潜在消费群体对于民间艺术品的品牌认知度。

民间艺术品的品牌低成本营销，关键是要在有限的成本把控下，实现品牌文化高效地传递给目标受众群体。为此应主要采用口碑营销和事件公关两种方式，通过策划和利用网络事件和网络媒体话题的关注焦点，锁定网络消费群体中的"网络红人"或"意见领袖"，与其合作开展系列品牌营销活动，重点展现企业的社会责任感和行业诚信度，从而提高受众对品牌的认知和信任程度。由于主流产品的市场竞争激烈，相关生产、销售企业很难实现利润，而"长尾市场"的小批量定制产品则可以提供利润丰厚的个性化产品。因此应适当降低市场主流产品的品牌投入比重，增加"长尾市场"的品牌培育力度。

（三）加强民间艺术品的品牌战略规划与顶层设计

国务院办公厅于 2016 年印发了《关于发挥品牌引领作用推动供需结构升级的意见》（简称《意见》），指出"以发挥品牌引领作用为切入点，充分发挥市场决定性作用、企业主体作用、政府推动作用和社会参与作用，围绕优化政策法规环境、提高企业综合竞争力、营造良好社会氛围，大力实施品牌基础建设工程、供给结构升级工程、需求结构升级工程，增品种、提品质、创品牌，提高供给体系的质量和效率，满足居民消费升级需求"。

为此，国内民间艺术品的品牌培育在品牌授权、生产制造与营销推广环节上，应结合《意见》内容，进一步加强战略层面的规划研究与顶层设计，依托鼓励文化创意产业发展的时代背景与政策导向，积极完善体制，强化诚信与监管，培育品牌发展的市场环境。通过搭建产业创新平台，增强民间艺术品品牌主体的软实力建设，为发挥品牌的引领作用创造条件。

国内主要金融机构和中介组织也应努力协作，一同探索民间艺术品文化知识产权（包含品牌培育）的具体评估方法，推动创建相关的民间艺术品产业发展基金，重点扶植民间艺术传承人品牌的维护与创新。

同时，推动文化组织结构从政府主导的单一型向政府、行业协会、社会组织共同协作的混合型转变。按照"行业自愿组建为主，政府推动为辅"的原则，组建民间艺术品行业协会，发挥其在企业品牌培育中的辅助作用。将一些原本由行政机关负责管理的事务，改为由政府出台鼓励传统制造业、服务业创建自主品牌的资金扶持政策，通过招标购买服务的办法，交给行业协会、社会组织承担。引导民间手工艺人学习品牌培育方面的相关知识，协助民间艺术品行业协会，共同提高区域性品牌的管理。

此外，各地方政府也应参照《关于发挥品牌引领作用推动供需结构升级的意见》相关精神，结合国家质量监督检验检疫总局印发的

《"全国知名品牌创建示范区"建设工作指导意见》内容，突出品牌生态链的战略地位和重要性，发挥产业集聚区的汇聚功能和规模效应，加大区域品牌生态链的培育与创建工作。在相关的品牌培育过程中，加大对品牌所在区域文化的挖掘力度，为品牌注入文化价值。通过扶持区域内具有代表性的民间"老字号"进行自主创新和品牌推广工作等方式，将提高企业的自主创新能力、加大企业的品牌保护作为调整地区经济结构、转变增长方式、盘活区域竞争力的重要环节。

非物质文化遗产的区域品牌设想

郑璇玉[*]

非物质文化遗产体现了民族文化与民族审美的意义,对于我国民间信仰的传承与发展具有重要意义,然而,面对经济全球化以及东西方文化融合的挑战,目前我国非物质文化遗产的保护情况并不乐观。如何实现民间信仰的传承与生态保护和谐发展,成了挑战我国非物质文化遗产保护与开发的难题。

目前,一些地区试图对非物质文化遗产进行商业化开发,通过创造并运营区域品牌的方式来保护民间信仰与当地生态环境,取得了不错的效果。然而在商业开发的过程中,也出现了一些弊端,例如为了商业利益,过度刺激当地生态与民俗,为开发而开发,反而使地方特色消退,伤害了当地民间信仰与生态环境。

当前,区域品牌的持久发展已经成为热门话题。区域品牌不是一个严格意义上的学理概念,但在讨论非物质文化遗产的经营与保护时却常常出现,这也是本文希望从非物质文化遗产保护的角度观察区域品牌生态维护的一个重要原因。在大量的区域品牌的保护和生态发展中,非物质文化遗产及其产品又往往和区域品牌的持久发展紧密联系在一起。也许正是由于非物质文化遗产及非物质文化遗产产品的独特性,区域品牌才有了持久号召力。反之,区域品牌的崛起和地区骄傲

---

[*] 郑璇玉,法学博士,中国政法大学知识产权法研究所副教授。

的树立，也促进了非物质文化遗产保护内部驱动力的形成。因此，本文从非物质文化遗产的角度观察区域品牌的生态维护，并试图给出一定的知识产权制度解决方案。

一 区域品牌和非物质文化遗产的初步解释

（一）区域品牌

区域品牌不是一个严格意义上的学理概念，但在讨论非物质文化遗产的经营与保护时却频频出现。似乎，区域品牌与非物质文化遗产有一种天然的血脉联系。有学者认为区域品牌是指用来识别一个或一组产品和服务以使之与竞争者区别开来的具有地域性特征的名称、符号、设计或它们的组合[①]，由区域特点、品牌内涵及品牌标识等内在要素构成。

非物质文化遗产与非物质文化遗产的区域品牌的关系仍然是含混不清的，两者之间有时似乎可以画等号。而在本文看来，非物质文化遗产的区域品牌的范围应比非物质文化遗产大，应包括商品和服务，离不开商业开发、商业利用和商业竞争，所以，从这一点出发，区域品牌应包括与非物质文化遗产紧密相关的文化开发和文化利用。根据文化遗产区域品牌的不同形式，大致可以分为物质文化遗产的区域品牌和非物质文化遗产的区域品牌。前者以物质形态的建筑或建筑群、文物及文化景观为载体，后者则体现为民族风情、传统习俗、特种知识和技能、特定场所等。因此，非物质文化遗产整体可以理解为区域品牌的内涵。

（二）非物质文化遗产区域品牌的特点

非物质文化遗产区域品牌的特点主要体现在以下两个方面。

[①] 参见吕寒、胡慧源《论文化遗产区域品牌的形成机制与培育模式》，载《现代经济探讨》2012年第7期，第50页。

其一，文化性。一方面，非物质文化遗产区域品牌通过长期的传播和历史的积淀，能够反映特定地区或特定民族的心理特征，包含着当地人民约定俗成的行为习惯和价值观念。另一方面，从非物质文化遗产区域品牌的功能来说，它能通过品牌的使用和经营来实现文化的延续和传承，完成增强非物质文化遗产的生命力的使命。

其二，价值性。非物质文化遗产区域品牌蕴含经济属性，具有经济价值。虽然非物质文化遗产含有无形的信息，但多数非物质文化遗产具有物化的、有形的载体，可以作为商品进行生产和消费，满足人们的需求，丰富人们的物质生活。这为区域品牌的建设提供了前提条件。若能有效经营非物质文化遗产区域品牌，则有利于把文化价值转化为经济价值，推动当地经济发展。

《保护非物质文化遗产公约》将非物质文化遗产定义为"被各社区、群体，有时为个人，视为其文化遗产组成部分的各种社会实践、观念表述、表现形式、知识、技能以及相关的工具、实物、手工艺品和文化场所"。这说明非物质文化遗产的传承人可以是社区、群体和个人，而非物质文化遗产产品可以是社会实践、观念表述、工艺品和文化场所等，它们和区域文化品牌有天然的联系，是突出的地区标志。因此，发掘非物质文化遗产的区域品牌价值、推动区域品牌建设是利用这种宝贵资源的有效途径，也有利于非物质文化遗产生生不息，在活态化中实现文化的传承和繁荣，推动当地经济的发展。

二　区域品牌的良性维护

按照我们的文化特色，区域品牌的发掘简单易行，但是区域品牌的生态维护相当欠缺。比如凤凰古城，其重要的区域品牌就包括作为非物质文化遗产的苗族银饰锻制技艺、湘西苗族鼓舞等。这种以非物质文化遗产为内核的区域品牌的生态维护，大致有以下两种模式。

（一）依靠政府投入进行开发保护的模式

在这种模式之下，旅游者无须购买门票或者支付景区维护费即可进入景区游览，古城镇的开发与保护完全由政府主导进行：由政府制定并实施保护政策，主导开发战略的规划和运行，由财政支出负担古城镇非物质文化遗产的保护和传承。这固然体现了非物质文化遗产的公共属性，是政府履行其文化职能和经济职能的应有之义，能够充分调动各方面的力量，从宏观上把握古城镇的开发与保护，但也出现了政府越权滥权、非物质文化遗产失去原有风貌等问题。

（二）政府主导、旅游者付费的开发保护模式

这种开发保护模式以平遥古城和丽江古城为代表。前者实施古城景区门票一票制，后者则向旅游者收取一定的古城维护费。旅游者支付的费用成为当地政府财政收入的一部分，用于古城的环境治理、基础设施建设等，"取之于古城、用之于古城"，实现"以城养城"的目标。这种开发保护模式能够通过价格杠杆有效解决古城镇游客过多的问题，有助于维护非物质文化遗产原貌，平衡古城镇的开发与保护。

从法理上看，行政机关收费行为的正当性是存在疑问的。其一，古城镇往往既保存了古建筑和非物质文化遗产，同时也是当地居民的日常生活场所，不区分景区和日常生活区域而笼统收费不仅损害了旅游者的合法权益，而且影响了居民的正常生活。其二，行政机关收费的权利来源存在瑕疵。以凤凰古城为例，古城镇非物质文化遗产应当为当地居民共同所有，当地政府做出大门票制改革的决定时应当充分听取居民意见，反映公共意志。其三，费用收取后的利益分配不透明，当地的居民并不一定能实际享受到收费所带来的惠益。其四，收费程序违法。凤凰古城改为大门票制后甚至拒绝公开价格听证会材料和调研报告。

三 知识产权的制度解决渠道

非物质文化遗产的区域品牌和地理标志之间存在若干共同点，如都受到自然因素和人文因素的影响，都具有地区性和民族性，在非物质文化遗产上都不可转让。这些共同点向我们提供了一种思路，即通过地理标志这一种新兴的知识产权来保护、活化非物质文化遗产区域品牌是可行的，从而实现对非物质文化遗产区域品牌发展的良性维护。

（一）地理标志保护区域品牌的可行性

从符号的视角来看，区域品牌的标识要素与我国《商标法》中的法定用语"地理标志"有着异曲同工之妙。

《知识产权协定》（TRIPS）第22条第1款规定："地理标志是识别一货物来源于一成员领土或者该领土内一地区或地方的标识，该商品的特定质量、声誉或其他特征主要归因于其地理来源。"[1] 而我国《商标法》第16条第2款将其定义为"标示某商品来源于某地区，该商品的特定质量、信誉或者其他特征，主要由该地区的自然因素或者人文因素所决定的标志"。

地理标志既不同于原产地名称，也不同于货源标记，有其特殊性。首先，从构成要素来看，地理标志可以是文字，可以是图形符号，还可以是非"直接的地理名称"的其他名称，只要该名称具有标示商品地理来源的功能即可。[2] 其次，地理标志指示了商品的特定质量、声誉或其他特征与地理环境的关联性，彰显着地理环境因素带来的深刻影响。

地理标志具有知识产权的某些属性，如专有性、客体的无形性，

---

[1] 中国人民大学知识产权教学与研究中心、中国人民大学知识产权学院编《知识产权国际条约集成》，清华大学出版社，2011，第376页。
[2] 冯晓青：《知识产权法》，中国政法大学，2010，第483页。

同时也有一定的特殊性。

第一，地理标志具有集体性。在通常情况下，地理标志很难依靠一人之力形成和维护，而需要通过某个地区、某个民族的数代人才能完成创造、成熟、发展、传承、革新的过程。如景德镇陶瓷就蕴含从古至今无数艺术家和生产经营者的投入和贡献。而从地理标志的权利归属来看，其并不属于个人或者企业，而应当由产地内的生产者和经营者集体共有。

第二，地理标志具有地区性和民族性。地理标志的一大特点是具有地区特色和民族特色。地理标志不仅由某个民族或地区的社会群体创造而成，而且能够在深层次上反映该民族或该地区的生活条件、自然环境、风俗习惯，与特定民族或当地人民的生活密切融合。地理标志的地区性还表现为排斥产地外企业和个人的使用行为，而不管该商品是否具备相同特质。

第三，地理标志具有不可转让性。地理标志"生于斯，长于斯"，不能脱离其诞生地而存在，因此任何使用此种标志的主体都不可对外转让或许可他人使用，否则会导致公众对商品出处的混淆，破坏既有的市场秩序。

（二）地理标志保护非物质文化遗产区域品牌的实证

贵州玉屏箫笛于2006年入选第一批国家非物质文化遗产名录，同时也在商标局成功注册，是首个获得地理标志证明商标的乐器类产品。[①] 仔细观察我国入选联合国教科文组织非物质文化遗产名录的三十六个项目，[②] 可以发现：有十一个项目的名称直接显示了与该非物质文化遗产相关的地区，如福建南音、南京云锦；有七个项目的名称强调了创造非物质文化遗产的少数民族，如蒙古族长调民歌、蒙古族呼麦等；史诗《格萨尔王传》和《玛纳斯》两个非物质文化遗产项目则是

---

① 参见金黔新闻网，http://news.gog.com.cn/system/2009/02/18/010488109.shtml，最后访问日期：2013年10月29日。
② 截至2011年11月底。

直接以少数民族的特色文学艺术表现形式命名。

这些实例和数据说明，以地理标志来保护非物质文化遗产区域品牌具备可行性。就地理标志对非物质文化遗产的保护而言，由于地理标志必须识别来源地，所以只有十一个项目有这种可能性。而地理标志是用来识别商品的标记，因此，这十一个项目中只有与商品相结合的非物质文化遗产才有可能获得地理标志的保护。但如果是保护非物质文化遗产的区域品牌则不同。与非物质文化遗产相关的商品并不属于非物质文化遗产，而属于非物质文化遗产区域品牌的一部分，所以以地理标志进行保护是可行的。可以这样推理，如果区域品牌获得了地理标志的保护，那么一般来说，其中的品牌内核非物质文化遗产应该可以得到地理标志的保护。

玉屏箫笛是"贵州三宝"之一，其独特的制作技艺被列入非物质文化遗产名录。非物质文化遗产的保护不仅涉及这种独特的工艺，也延及制作出来的箫笛本身。因为箫笛本身是商品，所以箫笛能成功地申请地理标志。区域品牌是地域性特征的名称、符号、设计或它们的组合，以箫笛为开发对象的设计或者符号等不可能成为非物质文化遗产的保护对象，却可能成为区域品牌的一部分。当箫笛与这些开发的设计或者符号连为一体的时候，就出现了以地理标志进行非物质文化区域品牌保护的可能。按照地理标志的核心要求，只要该商品具备了主要归因于其地理来源的特定质量、声誉或其他特征，即可以通过地理标志对其进行保护。这些要求并不是并列的，而是满足其中之一即可。如果以非物质文化遗产为核心的区域品牌获得了声誉，那么就满足了地理标志所要求的条件。

（三）以地理标志保护非物质文化遗产区域品牌的行政、司法效力

以地理标志保护非物质文化遗产区域品牌的保护思路在我国有实行的可能性。我国长期以来实行的是《中华人民共和国商标法》（简称《商标法》）与《地理标志产品保护规定》并用、质检和工商两个部门

并管、行政保护和司法保护模式并行的法律制度。对于非物质文化遗产区域品牌来说主要有以下两种可选择的路径。

第一，将非物质文化遗产区域品牌注册为集体商标或证明商标，取得专有性权利，获得商标法的保护。《商标法》中明确采用了"地理标志"的概念，并在《中华人民共和国商标法实施条例》中做出了细化的规定，如第6条规定："商标法第十六条规定的地理标志，可以依照商标法和本条例的规定，作为证明商标或者集体商标申请注册。"证明商标是一种开放型商标，允许生产同质商品的单位或个人使用；而集体商标具有封闭性，仅供团体成员使用。

第二，申请为地理标志产品并注册登记，即非物质文化遗产区域品牌可以根据《地理标志产品保护规定》的要求，向国家质检总局提出地理标志产品的申请，按照要求提交地理标志产品的证明材料和其他文件，由国家质检总局发布批准该产品获得地理标志产品保护的公告。

此外，非物质文化遗产区域品牌还可以根据《反不正当竞争法》第5条和第9条，《消费者权益保护法》第8条，《产品质量法》第5条和第53条获得一定的保护。

四 地理标志沟通二者的设想

以地理标志的知识产权体系沟通区域品牌的生态维护、非物质文化遗产区域品牌的完善并建立良性渠道是可行的。

《保护非物质文化遗产公约》（简称《公约》）将"保护"解释为"确保非物质文化遗产生命力的各种措施，包括这种遗产各个方面的确认、立档、研究、保存、保护、宣传、弘扬、传承（特别是通过正规和非正规教育）和振兴"。[①]《公约》采取的是一种"大保护"的观念，

[①] 中国社会科学院知识产权中心：《非物质文化遗产保护问题研究》，知识产权出版社，2012，第4页。

将完善、保养之外有助于非物质文化遗产传承的各种措施都纳入"保护"的范畴。虽然通过地理标志保护非物质文化遗产区域品牌具有可行性和科学性，但由于地理标志属于相对较新且诞生于国际公约的术语，我国在理论和实务方面都没有形成统一的、体系化的认识，仍有许多问题没有解决，因此未来可能需要从实体上和程序上逐步完善，才能更有说服力和可操作性。

（一）实体方面

1. 明确权利主体

法律关系的主体是权利和义务的承受者，它直接关系着权益的分配和权利的行使，是构建法律制度的重中之重。无论是证明商标形式、集体商标形式，还是地理标志形式，本质上其提供的都是产权形式的保护。遗憾的是，地理标志的权利主体和非物质文化遗产区域品牌的权利主体，当前都没有得到法律的正面回答，正唯如此，才存在地理标志争取的空间。

非物质文化遗产区域品牌具有公共产品的属性，由区域内的人们共同创造，凝聚着该地区、该民族的传统文化，一定程度上代表着公共利益。如果任由个人或少数人堂而皇之地代表公共利益，非物质文化遗产区域品牌将无法得到妥善的保护。因此，其权利主体应当为一个团体。在实践中，证明商标一般被对某种商品具有监督能力的组织控制，由组织之外的单位或个人使用。而集体商标通常由团体、协会或者其他组织注册，使用者为团体的成员，如黄桥镇烧饼协会将"黄桥烧饼"注册为集体商标。[①] 在商标法体系下，权利主体似乎没有疑问。

但并不是不存在争议。《地理标志产品保护规定》规定有权申请地理标志产品的主体为"当地县级以上人民政府指定的地理标志产品保护申请机构或人民政府认定的协会和企业"。但问题在于：第一，这未

---

① 冯晓青主编《知识产权法》，中国政法大学出版社，2010，第310页。

解决申请主体和权利主体的关系，申请机构可能是临时性的，或者是由某个政府部门暂代申请工作，在地理标志产品申请工作完成之后就不再履行行使权利、保护权利、管理监督的职责，导致"注而不用""注而乱用"的情形；第二，申请人不一定是权利主体，政府指定的某些机构和个别企业可能不具备享有权利的正当性，反而造成权利归属的混乱，因此，建议由合法成立的协会成为适格的权利主体，由协会对内行使准入、管理和监督的权力，对外履行维权职责。

2. 规范权利内容

确定非物质文化遗产区域品牌之上地理标志的权利内容是完善非物质文化遗产区域品牌的地理标志保护机制的必要环节。

首先，权利保护的范围应仅限于商品而不包括服务。根据《知识产权协定》对地理标志的定义，地理标志仅指示商品的出处，表明商品的质量、声誉和其他特征。因此，意图获得地理标志保护的非物质文化遗产区域品牌也应当以商品为载体。技艺类的非物质文化遗产区域品牌只有与商品结合时才能获得地理标志保护，戏曲、歌舞类的则需要具体到服饰装扮、场景布置等物化形态并实现商业性使用才有获得地理标志保护的可能。

2010年，甘肃西和"女儿乞巧节"选入了国家级非物质文化遗产名录。从标志上，它明确了西和的地理名称；从对象上，它明确指向漫长农耕社会所形成的西和女性的文化状态，具有文化性、价值性，是当地未婚女性的共有节日。"女儿乞巧节"以甘肃西和为代表，二者之间建立了紧密的联系。但是，"女儿乞巧节"并不是商品，所以无缘地理标志。如果进行非物质文化遗产的区域品牌开发，则必须对其中的人文因素和地理环境进行商品物化并进行商业利用，这需要漫长的时间。

其次，权利内容的维护。非物质文化遗产的区域品牌保护包含三层含义：非物质文化遗产的品牌、非物质文化遗产的区域品牌以及地理标志。那么权利内容的维护至少应当依靠非物质文化遗产法及相关体系和《地理标志产品保护规定》及相关体系。

非物质文化遗产法上的品牌概念不以商品为要件，这里的品牌概念更接近强有力的知名度，与法学意义上的品牌概念相去甚远。但是这与法学离得极远的品牌却同样能创造声誉，带来地区的知名度和发展。"不要人夸颜色好，但留清气满乾坤"的时代已经过去，当今是"但愿广播颜色好，赢得盛名满乾坤"。广西歌圩、侗族大歌，都提高了地区的声誉，造成了非物质文化遗产法上的品牌效应。

与地理标志发生联系的非物质文化遗产的区域品牌必定着眼于商品形态，而以商品形态呈现的非物质文化遗产的区域品牌在商业开发和商业利用的同时，必须着眼于其内核非物质文化遗产的保护。非物质文化遗产法要求的活态化表现和旅游开发有着明显区别，区域品牌的过度开发往往会导致对非物质文化遗产活态化的变相损毁。

最后，从权利的种类来看，应以财产性权利为主。国际条约和许多国家将地理标志权归入知识产权法体系，此权利也如传统知识产权一般有人身和财产双重内容。笔者认为，人身权利可以名称权为核心，即未经权利人的同意不得歪曲、丑化地理标志。不过，鉴于地理标志本身就与商品的生产、经营活动紧密相连，最重要的当属财产性权利：一方面，保护人身权利的落脚点在于实现财产利益；另一方面，这是维护非物质文化遗产区域品牌，增强文化生命力的直接动力。受限于地理标志的本源性特征，权利人无法实施许可、转让行为，只能自己使用，如将地理标志附着于商品或印刷在商品包装上；或禁止他人使用地理标志，如禁止地区之外或本地区内不符合要求的人使用。

3. 结合《商标法》和《地理标志产品保护规定》，减少权利冲突

由于地理标志两种保护模式的存在和法律的不同规定，实践中不乏矛盾，如金华火腿案就是地理标志产品与注册商标冲突的典型案例。[①] 浙江省食品公司作为"金华"商标的所有者与"金华火腿"这一标志的使用者发生纠纷，这个案例使人注意到《商标法》和《地理标志产品

---

① 参见浙江省杭州市中级人民法院（2004）杭民三初字第391号民事裁定书和北京市高级人民法院（2005）高行终字第00162号行政判决书。

保护规定》在法律效力层级方面的上下之分等问题，因此有必要对二者进行有机整合，对地理标志的权利主体和权利行使等内容进行融合，减少权利冲突。

4. 明确限制权利的情形

地理标志权并不处于超然的、绝对受保护的地位，相反，它仍然要遵循公共利益、诚实信用等原则，受到一定的限制。《知识产权协定》在第24条第4款至第9款规定了在先使用或善意使用、作为通用名称使用、姓名权的使用等限制情形，对我国未来地理标志法律制度的完善有着借鉴意义，对非物质文化遗产区域品牌的保护更有指导作用。以"安徽宣纸""浙江龙泉青瓷"这两种非物质文化遗产为例，将其纳入地理标志的保护范围并不能排斥他人对"宣纸""青瓷"这两种商品通用名称的使用，否则将导致地理标志权利的扩张，给公众利益带来消极影响。

（二）程序方面

地理标志须得经过法定程序才能取得。根据《地理标志产品保护规定》，申请人应当经过地方行政机关和国家质检总局两个阶段。在第一个阶段中，申请人必须征求地方政府的意见，由其提出产地范围的建议，再由省级质检机关提出初审意见，然后上报。在第二个阶段里，国家质检总局须对申请材料进行审查并处理异议，异议期为2个月。若没有异议或异议不成立，国家质检总局将公告批准该产品获得地理标志保护。这种逐层上报、行政把关的程序设置无疑体现了我国对地理标志产品认定所持的审慎态度，但过分冗杂的程序可能会使非物质文化遗产区域品牌保护失去良机，不仅可能损害正当权利人的经济利益，而且会不利于良好市场竞争秩序的形成和传统文化的保护。因此，现有的认定程序应当从两个方面进行完善。第一，简化地方行政机关的审查程序，将目前涉及的县、市、省政府机关的提出建议职能和省级质检部门的初步审查职能进行整合。第二，明确各个阶段的审查期限，提高政府部门的工作效率。

综上所述，在非物质文化遗产区域品牌日益得到重视的今天，从知识产权法视角来研究此问题也获得了越来越多的认可。传统知识产权的保护方式或多或少存在一些法律障碍，而通过地理标志保护非物质文化遗产区域品牌既有先天优势，又可获得法律支持。同时应当明确的是，想要获得地理标志保护的非物质文化遗产区域品牌也应当以商品为载体，技艺类的非物质文化遗产区域品牌只有与商品结合时才能获得地理标志保护。戏曲、歌舞类的则需要具体到服饰装扮、场景布置等物化形态并实现商业性使用才有获得地理标志保护的可能。总之，关于非物质文化遗产区域品牌保护还有很多工作要做，地理标志法律制度也要进一步完善，使其更好地发挥保护非物质文化遗产的作用。

通过地理标志保护非物质文化遗产区域品牌，能够回避原有的法律障碍，有效地解决传统知识产权框架下非物质文化遗产保护的难题。对于非物质文化遗产的保护，有的学者主张通过著作权法来保护，却无法回答作品的独创性问题，因为非物质文化遗产经过漫长的传承和再创作，独创性部分和非独创性部分相互交织，难以分离。有的学者主张通过商标权来保护，却忽视了非物质文化遗产的公共性和不可转让性。商标权是垄断程度较高的专有权，权利人有权自由行使、转让权利并禁止他人使用，而非物质文化遗产是由当地人共同创造的，体现了公共利益，不能阻止他人正当合理的利用行为。如果通过专利权保护非物质文化遗产的话，那么新颖性、创造性和实用性的判断就会成为无法跨越的障碍。

非物质文化遗产得到地理标志的保护已经不是障碍，因此，在这里，地理标志关注的是以非物质文化遗产为品牌内涵所形成的区域品牌。地理标志仅仅要求标志、对象和联系三个要素，即某个标志能够指向与特定地理环境相关联的商品，如果某非物质文化遗产的整体有可能作为商品的内核，那么地理标志就能够最大限度地与非物质文化遗产区域品牌的保护相契合。

网络大数据下民族民间音乐作品著作权保护模式疑难问题与解决思路探究

昌 青[*]

引 言

《中华人民共和国著作权法》(简称《著作权法》)正式纳入我国司法体系已有三十余载,对我国的智力成果起到了至关重要的保护作用。然而,对民间文学艺术作品的保护,虽然有《著作权法》第6条"民间文学艺术作品的著作权保护办法由国务院另行规定"的保护前提,但原生作品自身具有的口头传播、流传变异等特性,使其在法律主体的确立、客体的认定和权利内容确定等方面面临诸多问题。民间文艺作品的自在特质使其在特别保护条例的制定上莫衷一是,而特别保护条例的空白以及基于公有领域建立保护体系的主张,使得域外拥有技术与商业思路的文艺工作者对我国民间文艺作品虎视眈眈。

随着互联网设备的普及与技术迭代速度的提升,高新技术在为我国民间文艺作品的传承和探究提供保护新途径的同时,也加剧了民间文艺作品在商业化进程中海外流失的现象。虽然《非物质文化遗产保

---

[*] 昌青,中央音乐学院音乐学系艺术管理专业讲师。

护法》为原生作品的保护打开了行政保护的大门，但作品的归属、商业使用规范等问题仍然未通过私法模式形成保护方案。私法模式是保护民间文艺作品确立作品归属、防止本土文化流失、规范商业使用途径的必由之路。在私法保护的前提下，对于作品的有效保护需要从技术层面入手，结合特别保护条例的制定，设计相辅相成的参照工具来为多元复杂的问题提供简单方便的解决方案。随着数据收集及分析技术的成熟，原生作品的保护问题将通过客体的变体呈现以及非诉讼情境下的衍生作品创作属性认定等技术手段，获得新的解决途径。本文将分析以大数据为基础形成的民间文艺作品数据库（参照系），结合民间文艺作品特别保护条例模式，为保护民间文艺作品提出有效思路。

本文所指参照系即民族民间音乐保护参照系，是指在协同生产原则下汇集形成大数据，对汇集形成的大数据进行处理分析，形成具有音乐形态判定、权属登记、作品储存与司法参照等功能的原生作品存储及分析处理数据库。参照系通过对民间文艺作品的收集和登记逐步形成统一的民间文艺作品数据库，以数字化的统一制式为民间文艺作品的客体认定提供充分条件，同时，简化原生作品的著作权登记与整理渠道，使广泛的民间文艺作品能够获得客体认定并得到充分的法律保护。在民族民间音乐领域，乐谱是数字化呈现模式的最佳载体。经过对传统载体下乐谱的数据化处理，参照系将通过大数据的分析方式形成"音乐形态算法"，为非诉讼情境下的衍生作品创作属性提供有效认定途径。通过对改编作品与创作作品的区分为原生作品特别保护条例的权利内容提供清晰的保护范围，制定不同的使用规范，在此基础上从精神权利与经济权利两个方面充分保障权利人权益。在文中，笔者尝试从民间文艺作品中的民族民间音乐作品领域引出作品在著作权体系下所面临的主体、客体和权利内容等特殊问题，逐一进行分析，根据分析提出"互联网+"时代下以技术结合法律保护的参照系模式思路，为民族民间音乐作品的法律保护模式提供可行的技术化路径。

一　民族民间音乐作品著作权模式疑难问题及解决思路

本文所指民族民间音乐作品是在民间文学艺术作品概念下，由我国各地、各民族在不同时期不断创作、修改的民间歌曲、舞蹈音乐、民间说唱音乐、戏曲音乐及民间器乐作品的总称，又称原生音乐作品。原生音乐作品在传承与发展过程中逐渐形成了集体性、历史性、地域流变性及口头性等特征，然而从著作权保护角度来看，这些鲜明的特性却为其在法律上主体的认定、客体的著作权认定及权利内容的确立增加了难度。无论国内国外，民间文艺作品的保护条例制定由于其自在特质，均难以效仿基于作者的现代著作权保护模式，难以为权利人获得完全的权益追溯途径。民间文艺作品中民族民间音乐作品保护问题的特殊性在于当下原生作品的社群性权利主体与客体表达的外延性，主客体的界定难题导致权利内容保护范围的不清晰。笔者认为，界定并确立原生作品的法律主体是制定特别保护条例的第一步，在此基础上，将口头化、即兴化的原生作品通过技术手段数字化，继而使原生作品获得数字化的客体认定。当主体和客体问题得到解决，民间文艺作品的保护条例便可制定范围清晰的保护方案：在集中化的代行主体执行下，通过数字化载体的客体形式，以作品创作属性的辨析确定对不同作品权利内容的保护范围，进而创制精神权利兼经济权利的私法保护形式。

（一）法律主体的确定

确定原生作品法律主体是完善民族民间音乐作品私法保护模式的首要步骤。基于我国原生民族聚落形态不一，经济条件存在差异，各民族对私法保护模式的认知程度不同的情况，直接将法律主体认定为原生民族的特别保护条例在执行上存在一定难度，直接划归的方式将导致权利主体和诉讼主体不对称的现象。一方面,"分散化"的主体认定模式极有可能导致公权参与私法诉讼的主体不适格情况;另一方面,各主体对原生作品保护程度的差异将造成原生作品统一化的保护规范难以落实,原生作品载数字化的客体认定将无法统一同步完成,进而集中力量建立参照系保护模式的设想无法实现。

针对此问题,现阶段的私法保护模式需要一个兼有协调和指导职能,同时具有社会公信力的代行机构(主体)协助原生民族对原生作品进行保护。集中化的代行主体不但可以最大限度地集中协调、收集、整理和登记我国原生作品,而且能够通过集中建立共同数据库(参照系)的形式帮助各民族的原生作品获得有效的客体认定。针对各民族的不同情况,统一的主体模式可根据各民族普遍的保护要求进行充分考虑,为制定符合各民族权益的特别保护条例创造充分可能。作为适格的诉讼主体,代行主体将有代表权利主体诉讼的职能,面对原生作品的著作权纠纷问题时,可统一代表原生民族进行交涉,在保证原生民族权益不被侵害的同时,减少因市场自发性产生的作品流失情况。对于代行机构,笔者认为由知识产权主管部门设立特别非政府机构是适合的,[①] 在此基础上,通过集中原生民族权利人的方式,为客体与权利内容制定创造集中化的执行前提。

(二) 客体的认定协同性

在客体的表达概念上,由于原生音乐在传播过程中易形成作品,故在保护对象的载体选择上可采用基于现代著作权的固定客体模式。原生作品的固定载体需要解决其口头性、即兴性和流传变异性自在特质带来的非固定和变体的问题。所以,对于客体的选择需要考虑载体能否呈现因自在特质产生的变体及能否给予未载体化作品外延化的保护。虽然音像材料与乐谱等传统载体形式能够满足作品的固定要求,

---

[①] 除建立新的机构外,对现有的适格主体通过权利人调查等形式考察具有同样重要的意义。

然而传统载体形式难以通过有效手段在同一载体中呈现作品的变体，进而无法解决外延化的变体保护。因此，在载体的选择上，需要寻找一种能够在同一载体形式下体现变体多元性，并能通过变体呈现与权利内容中的"音乐形态判定"结合的新型载体。① 载体的选择是原生作品衍生作品创作属性认定的基础，因此，载体的选择不仅需要考虑载体与变体呈现的匹配性，还需要考虑其能否与权利内容制定有机结合，进而为特别保护条例的制定提供完整的思路。

由于呈现模式的直观性与数据处理的便捷性，数字化的乐谱载体模式是当下客体的最佳选择。其通过数据转换技术将传统载体形式下的原生作品统一数据化处理的方式，以乐谱音乐形态在数据间的相似性整理形成形态归纳算法，并在算法的整理过程中将原生作品的本体特征和变体表现一并呈现于数字化乐谱之上，最终以集合形式形成"趋于完全化"的民族民间音乐作品数据库（参照系）。② 获得完整的私法保护是制定数字化客体形成数据库集合的另一项考虑，数据库不仅有获得整体知识产权保护的可能性，还可能因原生作品的"在客观表现形式上与受著作权法保护的当代作品无差别的形式"使各原生作品获得趋于著作权法前提下的独立客体认定形式，通过数字化客体模式，为权利内容的作品创作属性认定提供实施前提。因此，基于客体和权利内容协同性的考虑，数字化的客体认定模式是其在保护变体基础上与权利内容有机结合的体现。

（三）权利内容制定中的创作属性认定

保护精神权利是民间文艺作品设立特别保护条例的基本诉求，也是现阶段民族民间音乐作品面临诉讼时主要的切入点。而私法保护模式决定了特别保护条例在保护精神权利的前提下体现经济权利内容的必要性。经济权利的体现不仅是建立原生作品衍生作品在商业范畴使

---

① "音乐形态判定"是区分原生作品衍生作品创作属性的重要手段。
② 具体模式请参见后文核心设计原则和思路部分。

用规范的重要途径，更是扶持原生民族民间文艺发展的重要手段。

创建私益与公益的平衡是经济条例制定的参考标准，在权利内容的制定过程中，既需要考虑明确作品的归属，为权利人取得合理的权益保护，又需要考虑权益的保护是否会对现有音乐创作环境产生消极影响，因此，权利内容的制定需要一种能够以音乐创作属性区分衍生作品与原生作品关联程度的手段，进而以此制定程度不同的保护规范。作品的创作属性是界定衍生作品对原生作品参考程度的有效手段，对于参考程度不同的作品，通常以"改编"与"创作"进行区分。二者创作属性上的区别取自衍生作品本身对原生作品音乐形态的参考程度：对原生作品的材料解构程度越高，与原生作品原始音乐形态的相似性就越低；相似性越低，则"创作"程度越高。"改编"亦然。不同创作属性的作品，在对原生作品的保护过程中应当给予不同的使用规范：创作作品由于智力投入较高，在音乐形态上与原生作品的关联性较低，所以是著作权的直接保护对象，从权利内容角度对其保护范围的最大限制应不超过精神权利的规定；改编作品由于对原生作品的参考程度较高，所以在特别保护条例中倾向于制定形同著作权体系下改编作品的约束条例，在尊重精神权利的基础上在商业使用中向权利人支付作品使用费用。以创作属性认定为基准，划分不同类别作品的使用规范，是特别保护条例保护公共创作空间与权利人权属所有的必要手段。

对音乐作品创作属性进行认定，需要通过音乐形态判定的方式进行分析。在客体统一数据化的背景下，亟须对大数据算法的音乐形态判定进行可行性验证。音乐形态的分析与鉴别内容抽象且复杂，当前，除业内专家的判断标准外，很难通过其他方式完成作品的创作属性的认定。传统客体认定形式下的音乐形态判定是由领域内的专家在诉讼过程中对原生作品的节奏、旋法、调性等一系列内容进行作品创作属性判断，其判定通常是诉讼情境下的集中化形态认定模式。然而，大量原生作品衍生作品涌入市场，使得权利内容的制定必须通过一种非诉讼手段来完成创作属性的认定，这就使市场对一种专家经验判定结合大数据算法的平衡效率与准确性的综合认定形式产生需求。在技术革新的推动下，多项技术的迭代将算法化的音乐形态分析判定推向设计试验阶段，通过多元化的技术解构与重组的方式，给予大数据音乐形态判定算法化的模式，形成了专家判定结合算法化音乐形态分析的雏形，进而，通过作品属性认定的技术功能区分创作属性以制定边界清晰的改编作品与创作作品使用规范。

综上，民族民间音乐作品在著作权保护方面所面临的问题多元而复杂，其历史性、口头性以及流变性等使原生作品不好采用私法保护模式，特别保护条例的制定也困难重重。然而，技术革新与迭代迅速的"互联网＋"时代为民间文艺作品的私法保护模式提供了新的配套思路，当技术水平达到原生作品领域的要求时，对原生作品进行类著作权式的私法保护难度就随之递减。在主体、客体和权利内容协调统一的情况下，统一的代行主体可汇集最广泛的力量，协同海内外知识产权领域专家、音乐学者为原生作品取得有效的客体认定，通过协同参与制定民间文学艺术作品的特别保护条例的形式为我国的民间文学艺术作品的私法保护途径提供新的思路。

二 民族民间音乐作品技术化保护模式的核心原则与设计思路

21世纪初，知识产权界的学者曾提出关于民间文艺作品数据库的设想，学者们希望通过设计"完全化"的民间文艺作品数据库为原生作品提供数据库前提下的整体化客体保护。遗憾的是，这一设想鉴于当时的技术限制未能真正得到实践。技术革新的浪潮为民族民间音乐作品著作权保护打开了新的思路。趋于完全化的民族民间音乐保护数据库，即参照系，在技术成熟的前提下将进入探索阶段。网络通信技术的发展不仅加快了互联网通信与传输的速度，而且产生了"协同生产"式的知识生产模式。"协同生产"的出现改变了数据收集与存储的形式，为衍生作品的音乐形态分析创造了条件。

（一）协同生产核心原则

"协同生产"是通过互联网技术在用户独立性的基础上形成的共同创作形式，参照系的"协同生产"，即学者、田野工作者以及原生民族独立上传原始乐谱，协同完成数据库原始资料收集的过程。参照系的设计应以"协同生产"为核心原则，形成作品的数字化基础，进而形成音乐形态分析功能。协同生产核心原则将学者、田野工作者以及原生民族纳入参照系的原始数据汇集过程。通过将学者、田野工作者和原生民族记录的传统载体下的乐谱以统一渠道载入数据库的方式形成原始乐谱数据库，在光学识别扫描技术①等数据转换技术下完成对乐谱的数字化呈现。数据归纳以及运算处理技术随着民用互联网设备的普及而普及，为这一模式创造了可行性，从数据积累的角度看，协同生产是数字化原生作品的根基，也是大数据音乐形态判定、权属登记等功能的依据。其通过协同生产核心原则设计的作品收集、登记统计与数据处理一体化有序地为原生作品提供了形态判定算法基础，进而形成将以大数据参照系模式为核心的技术手段与特别保护条例相结合的保护模式。

（二）保护参照系的基础功能设计思路

从功能细分的角度看，为了整理和转换数据库中的原始数据并最终形成形态判定功能，参照系应当具有数据转换、数据匹配分析以及权属整理登记三项基础功能。数据转换功能是将原始数据转换为统一制式的根基，也是实现其他功能的基础。从设计角度看，数据转换应包含原始数据储存模块和数据转换模块，原始数据储存模块通过大容量存储设备存储上传的原始谱例资料，数据转换模块通过光学识别扫描技术等数据转换技术将原始谱例转换为统一语言的计算机字符，进

---

① 光学识别扫描技术是指电子设备检查纸质媒介打印的字符，通过检测暗、亮的模式确定其形状，然后用字符识别方法将形状翻译成计算机文字的过程。

而为数据匹配分析功能形成制式统一的处理单元。数据匹配分析功能是形态判定功能的基础，是对原生作品自身的音乐形态同形态特征的音乐类别归纳和整理的功能，通过对参照系中的原生作品进行解构，根据数据上的相似性形成音乐形态的归纳算法，在此基础上构建同形态特征的作品架构分类，形成商业作品的形态判定模式基础①。另外，数据匹配分析功能通过前置分类的框架设计，将为权属整理登记功能优化整理过程，简化登记流程。权属整理登记功能是技术手段与特别保护条例相结合的功能呈现，是对原生作品所属民族情况进行进一步核实与登记备案的功能，是代行主体对作品进行统一权属保护的参考依据，也是结合作品形态判定功能，反映原生作品衍生作品的登记途径，在产生经济权利内容的情境下，权属整理登记功能还是原生作品付酬情境的统计检测功能，在为经济权利的执行提供具有公信力的数据支持的同时，体现技术手段与特别保护条例相结合的多元特性。

（三）作品形态判定功能的设计思路

作品形态判定功能是私法保护模式的技术化体现，也是特别保护条例判定作品性质的技术依托。作为参照系的功能核心，其通过参照系基础功能形成的音乐形态算法化的归纳方式，达到原生作品与商业作品"对比查重"的目的。形态判定功能应当以音乐学者判定音乐形态的三个前提为逻辑依据，制定设计方案。这三个前提是大量原生作品的积累、对原生民族音乐地域形态特征的充分了解以及对相似作品解构后诸音乐因素相似程度的综合判断力。对应地，当计算机进行音乐形态判定时，通过对传统载体下乐谱的数据转换形成数量级的计算机数据进而形成制定算法的基础，以算法对音乐形态在数据上表现的

---

① 数据匹配分析功能的算法准确性将由数据库的基础数据量决定，协同生产核心原则带来的大量基础数据不仅将满足基础数据量的运算，还将产生新数据归纳的算法红利。当新数据进入参照系后，便可根据自身的音乐特性（算法表现为数据相似性）被归入符合相应音乐形态特征分类中，一方面，精准的算法将简化数据的归纳流程，另一方面，新数据的涌入在扩充基础数据量的同时再次完善归类算法。

相似性为依据，整理形成原生作品地域形态特征归纳算法。通过算法比较原生作品与商业作品，通过比较商业作品解构后诸音乐要素与原生作品的相似程度，来判断作品的创作属性。从设计角度看，形态分析的呈现架构形同于学术规范中使用的"论文查重"的功能结构，通过商业作品与原生作品的匹配程度来对两者的音乐形态进行全面分析，得出二者的相似比例。专家经验判定结合算法形态判定的模式保证了作品形态判定的准确性与高效性，通过主体机构设立具有音乐形态判定监测职能的专家委员会，为算法音乐形态判定划定了清晰的创作属性值[①]。在此前提下，通过对作品形态判定功能中出现的数据误差采取测试和定期抽样的形式，验证和保障功能的准确程度，以技术与专家团队结合的形式，确保作品形态判定功能的可靠性。

在技术化衔接机制下，参照系还需与特别保护条例结合，形成汇集衍生作品的渠道并进行创作属性认定。对于商业作品的汇集，除诉讼途径的判定外，还可通过两种形式进行。一是由创作者或代理著作权机构主动向主体机构进行参测申报，通过主动申报的形式完成作品创作属性的认定，对于此类主动申报的创作者和机构，主体机构应当制定相应奖励机制，根据作品的创作属性对其进行相应的激励，通过创作属性作品的收录或展示，改编作品的支付费用减免等激励机制创造衍生作品创作申报的良性循环，进而保护原生作品和权利人的权益；二是通过代行主体向国家版权局申请，由版权局向代行主体提供指定的作品著作权登记机构，以年为单位对参照系提供本年度登记的作品进行参测和抽样，进而完成作品创作属性的判定。两种汇集形式将根据参测结果公示参测作品的作品形态，对于已参测、认定创作属性的作品，作品权利人应当在了解作品创作属性的基础上在商业行为中行使其权利并履行对原生作品及其权利人的相应义务。若权利人无视认定结果逃避履行义务，主体应当及时提出警告，并通过征信或黑名单形式对其进行警告。对于无视警告并继续侵犯原生作品权利的权利人，

[①] 即根据商业作品与原生作品的相似程度值划定创作或改编属性的数值范围。

主体可通过法律诉讼途径维护原生作品的权益，以参照系提供的数据为受侵犯的作品提供证据支持，全面保障原生作品及权利人的相关权益。

综上，在"协同生产"的核心原则下，以作品形态分析为参照系核心功能的集群将为原生作品的权属登记、作品性质判定等方面提供技术支持，通过技术化手段进一步优化特别保护条例的制定，为民族民间音乐作品著作权保护提供新的思路。此外，从衍生功能角度看，参照系还可在资料汇集的过程中，通过归档梳理民族民间音乐的时间和地域发展脉络，生成原生作品的地缘形态特征、区域流变形态特征等框架性数据，进而随数据的不断积累为民族民间音乐作品的挖掘抢救和研究创造可持续价值。

三　结语

随着技术条件的成熟，将以大数据参照系模式为核心的技术手段与特别保护条例相结合，使全面保护权利人权益的设想成为可能。笔者认为，建立民族民间音乐保护参照系一方面可为特别保护条例的制定提供大量的数字化客体和标准化的作品属性认定；另一方面，协同生产核心原则下的参照系将在民族民间音乐作品的挖掘、抢救等方面创造衍生价值。代行主体统一管理，集中力量保护原生民族和原生作品的权益，为作品创造数字化的客体呈现形式，在规范作品创作属性的基础上，从精神权利、经济权利两个方面制定权利内容保护条例。在当下的民族民间音乐作品保护中，法学界应当协同音乐学界，从法律本体和音乐分析的角度共同探讨适合原生作品创作和发展的特别保护条例。唯有携手共进，才能真正解决民间文艺私法保护的疑难问题，进而真正以技术手段结合特别保护条例的模式为原生作品和权利人创造私法保护的可能性。

民间艺人的身份归属与知识权益

——以库淑兰及其剪纸作品为例

张西昌[*]

    库淑兰是由联合国教科文组织评定的"杰出民间艺术大师",在她由封闭的乡土空间逐渐走向公众视野的过程中,其剪纸作品及人生故事一再被人关注。笔者认为,除了剪纸作品,库淑兰的人生遭际及其与作品传播交织生成的"库淑兰现象",更能引起人们的思考,也更能从不同角度印证非物质文化遗产保护的复杂性与立体性。本文以库淑兰及其剪纸作品为例,讨论民间艺人的身份归属,期望引起当下社会及业界对非遗保护机制的深度反思。

    自20世纪90年代以来,学界对库淑兰的关注多在其个人的身世及作品的本体研究方面,学界对作为非遗传承及保护主体的民间艺人的研究,大多处于"见物不见人"的学术惯性之中。如何关注非遗文化中"人"的要素,避免停留在简单的人生经历记录或者贡献铺呈阶段,而是将之作为非遗文化的传播者或生发体进行研究,是我们应该思考的问题统一。就目前的普遍状况来看,人们还没有真正认知到特殊个体对于非遗传承与创新的现实作用,宁愿将其模糊为一个群体,这与对主流艺术家的看法大不相同,这便是"工艺家"与"个人作

---

[*] 张西昌,美术学博士,中国艺术研究院博士后,西安美术学院美术史论系副教授。研究方向为工艺美术及非物质文化遗产理论。

家"社会身份的差异性。这种传统看法,在很大程度上决定了民间艺人的身份归属,从而影响了他们的切身利益。

从非物质文化遗产保护及其理论研究的角度来看,民间艺人不仅是知识资源的活态载体,也是文化生态的核心体现。越来越明显的事实是,非物质文化遗产的知识资源越来越脱离原本的乡土空间,而进入他文化的消费语境之中,因而,从知识权益角度对非物质文化遗产及其主体进行理解与关照,是研究民间艺术文化生态的新角度,也是本文的基本立足点。

一 身份界定:文化保护的机制属性

传承人制度是非物质文化遗产保护工作的核心,这是由非物质文化遗产和民间艺人的"具身性"关系所决定的。传承人所享受的津贴补助与体制内美术工作者的工资酬劳有本质上的不同,该项制度已成为民间文化保护工作的重要部分,在此之前,民间艺人一直游离于政府利益机制之外。

民间艺人的主体是农民。靳之林先生曾在《中国民间美术》一书中,将以农耕为主业、以手工技艺为副业的人员称为"能手"而非艺人。[①] 意思是说,依靠土地生产而非完全以出卖手艺为生的人不是严格意义上的"民间艺人"。他们的技艺和作品大多是为了满足自身或族群的需要,所以,他们与主流艺术家群体有本质上的区别,后者的艺术创作是为了自身之外的"他者"。

从这个角度看,库淑兰为我们提出了一个问题,即民间艺人的作品是否只为自身及其亲近群落的族民制作。

20 世纪 80 年代初,库淑兰被文为群等文化馆干部"发现",进入由政府组织的半辅导性的民间美术创作培训班,在文化馆干部的适

---

① 靳之林:《中国民间美术》,五洲传播出版社,2010,第 105~106 页。

当引导下，库淑兰的作品逐渐突破原本对乡土环境的功能性适应和形式粘连。从工艺技术的层面来看，库淑兰的作品依然属于传统范畴，但在使用功能上，她的作品已经突破了乡村生活的物质空间，也突破了传统剪纸在时令节庆上的时间约束。她的作品甚至是为她自己所做，用她自己的话解释，就是"剪花娘子让她剪的"。"剪花娘子"是库淑兰臆造的一位神灵，剪花娘子有时与她"灵肉相合"，成为一体，具有"巫"的色彩。库淑兰创造了一个人物形象，也形成了自我表达的一套观念、方式和手法。此类作品极富个人推进性，当时学界称之为"彩贴画"。在创作上，库淑兰比一般的剪纸艺人更自由，她的作品在规制上越来越大，有些作品长 3~4 米，在农暇时，库淑兰常常不由自主地进入"创作"状态，并且一边唱一边剪，对此，她自谑为"老不要脸"。其实想想，"剪花娘子"极有可能是她为自己巧设的一个"护身符"，从而将自己从世俗的价值判断中跳脱出来。因此，库淑兰不是靠技艺谋生的"手艺人"，也不是在乡土生活规范中按部就班的"能手"。她极具"个人化"特征的创作已经具有了"公众艺术"的鲜明特征。只不过在相当长一段时间内，库淑兰的作品虽然已经脱离了约定俗成的乡土环境，却没有被更大程度地公布于众。

对于这样的创作者，该如何从艺术价值和身份上进行确认呢？

要获得官方艺术体制的接纳和确认，大抵有两条途径：一是摆脱个体私有者的身份，进入公务人员序列；二是掌握某项主流艺术技能，介入其利益和价值体系。而这两条途径基本上是将乡土社会中的民间美术从业者排除在外的。这也是像库淑兰这样的民间艺术家难以被官方艺术体制认可的最主要原因。其农民的身份属性问题，不是一个个人化的问题，而是一个有一定普遍性的问题；不是一个当下性的问题，而是一个历史性的问题。农民生活的相对封闭性及其生产的目的性，使其与主流文化和政治形态有一定的距离。生活在乡村空间之中的艺术能手，其作品是否具有社会性价值，这种社会性价值的界定标准是什么，该群体的身份归属该如何确认，其利益如何回馈和保证，等等，均值得重新思索。库淑兰生活贫困，这是区域经济和家庭要素叠合的结果，她有时甚至连剪刀和纸张都买不起。我们从其人生故事中可以了解到，库淑兰受到了物质与精神的双重压抑，她的精神压抑与童婚失学、孩子早夭、丈夫殴打的直接经历有关，也与那个时代带给人的诸多精神制约有关。在贫困环境中长期受到压抑的人性，自然会在适当的时候寻求满足和释放。因此，我们通过一些材料看到，当来访者越来越多时，库淑兰开始索要物质。她开始是含蓄且不好意思地要纸张和剪刀这些价格低廉的创作材料和工具，然后是要脸盆和奶粉，再然后是拍照要钱。① 最后甚至是要房子。② 对此，很多人可能不大理解，甚至有人因此做出库淑兰"质变"的判断。

但是从反向的角度来思考，库淑兰为何如此呢？库淑兰的这些言行，除了体现其性格中的癫怪和表演性因素之外，其实也反映了库淑兰对困窘环境的惧怕、无奈。因为痴迷剪纸，库淑兰有时会忘记做饭，因此被丈夫殴打，他丈夫甚至连锅都砸了。县政府及文化馆的干部曾出资为其购买锅灶，这件事被库淑兰编成歌谣唱道："库淑兰做这剪纸，实为她的身和口来么先。"剪纸能换来国家干部为她买锅，其内心的自豪之情溢于言表，同时也让人内心五味杂陈。库淑兰作为贫困地区的高龄农妇，其生活主要依靠子女赡养和农业收入，但这些都是微乎其微的，甚至库淑兰剪纸所得的钱财，还要用来贴补生活贫

---

① 2000年，被誉为"中华民族文化守护者"的管祥麟曾经寻访库淑兰，后来他在博文里记述，当他把糕点放在土炕上时，库淑兰哈哈大笑："同志们可好着哩，还给我买好吃的，下次来，你再给我买些豆奶粉、脸盆子（要求很低），我给你持（拿）花。"她爬上了炕头，可又转了回来，"我对你说，下次你来给我买上随（小）剪子，还有红纸、绿纸、毛蓝纸。"作为看花的条件，我答应了她。她这才从炕头上翻出压在最底下的一个纸箱，拿出一大卷卡纸，当她要展开时又说："拍照要给钱哩！二百元。一张'花'四百元！"参见管祥麟博客：http://guanxianglin.blog.sohu.com/9719170.html，访问日期：2012年10月18日。

② 库淑兰有时会为访客的真诚热心而兴奋，有时也会为此伤心或厌烦，以至变得功利而实际，甚至说出"不给钱，我不唱！""拍下那，能吃嘛能喝？"之类的直白且带有调侃的话，有人在书中写道："后来以致对谁都不放心，对任何人的来访都不分对象，不讲形式地大肆哭穷，张口要房子、要钱。她学会了讨价还价，甚至有些狡黠。"

困的子女儿孙。因此，当得知自己的作品被人认可并且可以换取金钱的时候，库淑兰得到了从来没有过的精神满足与物质激励。但是，由于自身的局限性，库淑兰并不能在这样的臆想空间里发挥主动作用，远道而来的采访者，并没有给她的生活带来实质性转变。作为由联合国教科文组织认定的杰出民间艺术大师，库淑兰一直生活窘迫，居无定所。2003年6月，陕西省创建文化先进县工作指导委员会办公室曾经下发红头文件，其中规定由旬邑地方政府每月按20元的标准给库淑兰发生活费，但要到年底才能发（库淑兰于2004年底去世），因此未对库淑兰的生活起到帮助作用。

作为被联合国教科文组织认定的"杰出民间艺术大师"，库淑兰几乎没有得到政府的物质帮扶。传承人津贴制度并非一种纯粹的经济抚恤行为，获得传承人津贴的相当一部分传承人并不依赖该项津贴，而是将之看作一种荣誉，他们看重的是其所带来的隐形经济效益。对于作品难以市场化、生活窘困的传承人而言，这笔津贴则显得弥足珍贵。这是目前传承人津贴制度中很难解决的现实矛盾。当然，按照目前省级传承人的津贴标准，这笔津贴对库淑兰也无法起到实质性的帮助作用，但会在精神上对其起到一定的抚慰作用。

传承人津贴制度的出台预示着政府对民间艺人文化贡献的认可，相对于民间艺人群体，能获得传承人津贴的只是极少数。对此，民间文艺工作者管祥麟曾向国家文化部门提出设立"中国民间艺术家保护基金"的建议。在2010年两会期间，歌唱家谭晶也曾以人大代表的身份提出"规范发展本土文化，研究制定扶持本土文化发展的国家战略与政策"的建议，其中即有为老艺术家设立专项基金的内容。[①] 此机制可以作为非物质文化遗产传承人津贴制度的有效补充，但到目前为止，这些建议还没有得到社会及政府层面的有效回应。

---

① 《谭晶呼吁为老艺术家设立专项基金，保护本土文化》，信息来源：http://ent.qq.com/a/20100310/000512.htm，访问日期：2011年1月15日。

二 传承人：被异化的文化责任

2006年7月13日，中国财政部和文化部颁布了《国家非物质文化遗产保护专项资金管理暂行办法》，其中即有对传承人及传习活动补助费用的相关规定；2012年5月4日，又印发了重新修订的《国家非物质文化遗产保护专项资金管理办法》，对于传承补贴的数额及发放办法都做了进一步完善。可以看出，该办法在对传承人生活的物质体恤中包含了对其文化角色和精神价值的确认。在此之前，各地政府所颁布的《民间艺术保护条例》及《工艺美术保护条例》中，均没有对于艺人价值的确认和保护。

库淑兰生前没有被认定为非遗传承人，但在她去世之后，剪纸技艺被列入首批国家级物质文化遗产保护名目，在各地分别确定了相关传承人。库淑兰的剪纸被冠以"旬邑彩贴剪纸"，审批为陕西省省级非遗项目，库淑兰的盛名带来了众多的"追随者"，也因此引发了关于传承人的纷争。在陕西省省级非遗项目旬邑彩贴剪纸的传承人申报书中，库淑兰被确定为第二代传承人，第一代是范双芹，第三代传承人为何爱叶和魏伊平。笔者认为，该传承谱系是将区域内的民间美术项目局限化了，旬邑彩贴剪纸大放异彩无疑是由于库淑兰。值得注意的是，这些传承人之间，并不存在严格紧密的传承关系，但在库淑兰去世之后，有不少人刻意强调与库淑兰的师徒关系，或以各种说法将自己与库淑兰扯上关系，只要生前与库淑兰有所接触，便说自己与库淑兰是师徒关系。但在管祥麟2002年为库淑兰所拍摄的视频中，管祥麟问及徒弟一事，库淑兰说："只有一个，一天忙忙背背地做庄稼呢，没人学么……"库淑兰并未道出这个人的名字（不知她说的是不是视频中出现的同村姑娘孙秀娥）。她辞世之后，非遗越来越受到重视，许多人前来认师。

什么是徒弟？什么是传承人？这些似乎是浅显且无须讨论的问题，但在目前的非遗工作中，这些却是不好理清的现实问题。剪纸之类的开放性技艺，大多不存在显化或严格的师徒关系，但是当制度化标准需要佐证的时候，僵硬或违背现实的事情便会发生。当年与库淑兰在旬邑县文化馆有过短暂交集的年轻人，是不是她的徒弟呢？村子里和她有过技艺和情感交流的人是否有资格申请为她的传承人？在这样的语境中，师徒关系如何认定？我们看到许多人声称自己是库淑兰的徒弟。也许对于谁是库淑兰的徒弟或传承人，当事人都没有发言权，这些传承人只是官方表格中形式连缀的一种需要而已。

关于如何认定传承人，中国民间文艺家协会曾召集专家议定了几项参考标准："第一，传承人所传承的文化应是具有特殊的文化价值的民间文化表现形式；第二，所传承文化的濒危程度和稀有程度；第三，传承人代表性作品的数目、地方特色、个人特点和风格，以及创造和创新；第四，目前传承的状况，包括传承代数、方式、徒弟数量、仪式、文字、曲谱、舞谱等的情况；第五，传承技艺的艺术价值；第六，技艺技巧难度和复杂程度；第七，传承人及技艺宣传和推广的程度，包括社会影响、行业知名度、市场化程度、展出、展演情况、规模，以及受到奖励的情况，被调查和记录，对本民族或社区的文化和社会影响。"[①] 这些参考标准在理论上使认定制度有所细化，但在目前的具体操作中，我国传承人评定所存在的现实问题仍然很多。

我们有时不无悲哀地看到，传承人认定制度加重了非遗传承的功利性倾向。那些试图在表面关系上与库淑兰靠近的民间艺人，也在模仿库淑兰的作品风格，这种技艺门槛不高的民间美术传承更多的应是审美情感与文化精神。剪纸技艺属于一般性的公有化知识资源，而作品的艺术性是民间艺人个体的精神外化，这才更应该成为非遗传承的核心。失去这种精神核心，在对制度的巧妙迎合与利用中，民间艺术只能是徒有其表的符号堆叠。因此，如何确认传承人制度中的"血缘"关系，并不是一项简单的事务性工作。

非物质文化遗产保护理念的提出，使原本对"物质"形态的保护转向对"非物质"形态的保护，而保护非物质文化遗产的最直接体现，

---

① 中国民间文艺家协会编《中国民间文化杰出传承人调查、认定、命名工作手册》，2005。

就是对其活态载体——传承人的关注。从这个角度来看,传承人制度是非物质文化遗产保护工作的核心。但是,我国目前的传承人认定机制存在诸多现实问题。

我国的非遗传承人认定机制目前主要存在以下问题。(1) 申报程序。非物质文化遗产保护工作主要依靠文化行政部门执行,其申报的基本程序是经过县、市、省和国家逐层上报,每层均由政府和文化机构组织专家组进行评审。这种依赖国家机构"垂直嵌入式"职能的官方体系,在一定程度上保证了行政配合的有效性,但是,这种程序难免会对公开性、公正性和严谨性产生影响,如遇到多选一的情况,其公正性极有可能受到影响,甚至出现管理人员或政府行政人员等非手艺人成为传统手工技艺传承人的情况。① 在非遗传承人的认定工作中,如果文化行政机构干扰过多,就会影响传承人认定的客观性和公正性。(2) 认定方式。在非物质文化遗产传承人的认定中,我国目前采用的是"个人认定"的方式,但绝大多数传统手工技艺往往不是家族单传,而是有相对庞大的产业集群,集群中的优秀艺人往往不止一位。在认定不同层次的传承人时,多会参照艺术贡献、职称、资历、职务、产业规模、年龄等条件。差距较大的艺人不太会存在纠纷,但是年龄相仿、资历相当的艺人大多各有所长,在认定时就存在较大的难度。很多非个人之力能完成的项目,也因为"个人认定"机制而产生内部矛盾,或者有些地方在认定活动相持不下的情况下,会出现空缺不报的现象,因此导致现实"缺位"。日本的经验值得借鉴。日本在"无形文化财"传承人的认定上,有三项具体措施:个人认定、团体认定和综

---

① 比如,中国民间文艺家协会主席冯骥才说:"贵州丹寨造纸文化传承人的称号本应该给一位老造纸能手,但却让一位商家弄去了。内蒙古报了一个'勒勒车',当地真正会做这个车的老人没上,结果地方官员自己成了传承人了。北京有一个鹤年堂,是很有名的中药店。要它报传承人,本来有几个制药的工人应该上的,但是这个鹤年堂包给私人了,董事长非要上不可,当地的政府还不错,就不给他上。要知道,对'非遗'传承人,国家一年给8000块钱。传承人得是真正的传承人,另外同行要服你。我问澳门申报醉龙的,我说你有传承人吗?他说有啊。我说你报谁啊?他说我报一个11岁的。我说可能吗?"参见鞠靖《中国"非遗"保护工作的红与黑》,《南方周末》2009年12月4日。

合认定。其中，前两种认定方式适用于工艺技术领域，即我国所说的传统手工技艺，较好地解决了个体贡献与群体贡献之间的关系。

（3）传承人津贴的尴尬。传承人认定在经济上的体现是国家给予其相应的津贴，一是肯定其艺术成就，二是为传承人提供生活贴补以及为传承工作提供辅助。当然，目前我国的传承人津贴与日本、韩国等发达国家相比还有较大差距。① 对于生活比较困难的传承人，津贴会在很大程度上缓解其生活困难并对技艺传承起到实质性的作用。而一些产业经营较好的传承人看重的并非津贴本身，而是这种荣誉所带来的更为丰厚的隐性利益资源。传承人的认定机制出现失衡，会导致一些生活比较困难的传承人无法得到政府的有效补助，从而使其技艺失传，传承人认定机制的公正性和纯粹性也会受到普遍质疑。②

---

① 自1955年开始，日本对"无形文化财"认定的传承人每年给予200万日元（约合人民币15万元）的经费补贴。我国文化部于2011年开始，将国家级传承人的经费补贴调整至每人每年1万元。由于地区经济水平的差异，我国各个地区对各级传承人的经费补贴也有不同，如浙江省政府自2007年起，对列入国家级和省级非物质文化遗产名录项目的代表性传承人、省文化厅命名的省民间艺术家和其他在民族民间艺术传承、发展中有突出贡献且生活艰难的民间老艺人实施专项补贴。65～69周岁的传承人，每人每年给予3000元的补贴；70周岁及以上的，每人每年给予4000元的补贴。广东省自2008年起，对国家级非遗传承人每月补助400元，直至该传承人去世。江苏省规定61岁以上的省级非遗传承人每年可领取经费4000元，国家级传承人的传承经费则为8000元，主要用于资助、补贴传承人传艺带徒，并对其进行个人生活补助。青海省规定对省级非物质文化遗产代表性传承人每人每年给予5000元的补贴；陕西省政府规定给予省级非遗传承人每人每年4000元的经费补贴；贵州省政府规定省级非遗传承人每人每年给予5000元的津贴补助；自2008年开始，云南省政府对省级非物质文化遗产传承人每人每年给予3000元的经费补贴。

② 中国工艺美术大师的评选已经成了工艺美术界五味杂陈的话题。一位业内的青年人在博客中写道："如今随着评比过程中名额成倍数的扩大，参与的人员越来越复杂，条件也越来越宽松，大师评比也变成了名利场，变成了艺术家'咸鱼翻身'的战场。报评大师不仅要考艺术家的艺术水平，更要考大师的心理素质、文笔写作、社交能力、经济基础，一个都不能少。当大师黄袍加身时，订单如潮水涌来，整天需要面对各级领导看望、多路记者采访、国际大赛云云。随着这个头衔而来的是令人眼晕的金钱、物质、财富、地位，那么静下心来用于对瓷艺的钻研和再创作的时间则会越来越少，在这种'糖衣炮弹'下艺术家很难保持清醒，这和众多艺人成名后走上街头都有狗仔队跟踪、粉丝要签名道理是一样的。"详见《关注第六届中国工艺美术大师评选》网络地址：http://blog.sina.com.cn/s/blog_6f8d31650100sz4v.html，访问日期：2012年10月22日。

许多人自称库淑兰的徒弟，无疑是受名利要素促动的结果。早年生活落魄、无人（当地人）问津的老太太，身后却成了香饽饽。在汉声杂志社对库淑兰剪纸作品的艺术价值进行确认之后，其作品价格在国内外市场逐渐上涨，一些所谓"传承人""徒弟"和库淑兰的亲人，也加入到伪造库淑兰作品的行列中来，于是出现了库淑兰剪纸作品收藏及出版鱼目混珠的局面。

三 "发现"与"汇编"：采风制度中的关系失衡

2003年4月，《库淑兰——剪花娘子传奇》一书由湖南美术出版社出版，书内附有196张库淑兰不同时期的剪纸作品。库淑兰因病住院，在医药费无着的情况下，其家属想到了编著者因在书中采用库淑兰剪纸作品的图片而答应支付的一定的报酬。据悉，此书的编著者曾获得1万多元的稿费，在库淑兰病重期间，她的儿子曾致电该书编著者，希望能够支付稿费，以救济病中的库淑兰，但无结果。[①] 2009年，由汉声编辑室编著的《剪花娘子库淑兰》在上海锦绣文章出版社出版了，当时，库淑兰已经离世5年。据笔者调查，库淑兰家属对该书的出版并不知情，也没有获得相关的经济报酬。

关于美术作品的汇编权属及酬劳问题，1985年，文化部曾在《著作权法》未出台之前颁布了《图书、期刊版权保护试行条例实施细则》，其中第十条涉及对民间文学艺术整理者和素材提供者权利进行保护的相关规定："民间文学艺术和其他民间传统作品的整理本，版权归整理者所有，但他人仍可对同一作品进行整理并获得版权。民间文学艺术和其他民间传统作品发表时，整理者应当注明主要素材提供者，并依素材提供者的贡献大小向其支付适当报酬。"同时说明："民间文

---

① 此事经过可参见博客：http://blog.sina.com.cn/s/blog_4b001c2f01000，访问日期：2012年11月12日。

学艺术和其他民间传统作品发表时，整理者应在前言或后记中说明主要素材（包括口头材料和书面材料）提供者，并向其支付报酬，支付总额为整理者所得报酬 30% ~ 40%。"

出于对素材提供者的感谢和尊重，整理者应当在作品出版和发表时征得对方的同意，并按相关标准支付一定的费用作为报酬。但是，这种法律规定很可能会受到多种现实因素的局限。比如：第一，在整理过程中，有些传统手工艺品的作者信息不详，整理人无法找到著作权人；第二，虽然我国《著作权法》第 18 条规定，艺术品中美术作品原件所有权的转移"不视为作品著作权的转移，但该美术作品原件的展览权由原件所有人享有"，但有人受我国传统观念的影响，认为进行了物权交易之后，美术作品的知识产权会随物权发生转移，归新的物权占有者所有；第三，登载了作者信息的传统手工艺品，多年以后才得以整理出版，可能会存在原创作者难以找寻的现实困难（事实上大多是没有这种法律意识）；第四，我国相当一部分民间艺术研究专著的出版存在经费困难的问题，很多作者获得的稿酬可能连国家的基本标准都达不到，其稿酬中往往也不包括所引图片的费用，因此提供素材的民间艺人无法得到相应的报酬。

20 世纪 80 年代，民间艺术采风活动以及民间艺人帮扶活动在政府文化机构中展开，很多杰出的民间艺人及其作品被"发现"。在知识产权制度中，"发现权"享有权益保护，但其"发现物"应是没有生命的或无感情的自然物。"艺术能手"在这种"发现制度"中被忽略了。作为个体的人，"发现者"和"被发现者"在人格上未必不平等，但在这种采风制度中，不平等到目前为止依然存在，发现者没有对发现物进行权益保护，以廉价甚至无偿的方式带走了民间艺术品。从知识产权法的角度来看，发现者（采风者）对作品的占有，只是对其物态形式的占有，并不享有其著作权，但实际上，这些作品成了发现者的私物。诚然，从收集和汇编工作来讲，发现者必须具有专业性知识和辨别能力，而且有对民间文化的感情和责任感，也愿意付出心力。这是汇编权应受到尊重和保护的原因。客观来讲，多数发现者从汇编权中获得了经济回报和社会认可，但是大量"被发现者"的精神权利和经济权益则被忽略了。

库淑兰作为"被发现者"，逐渐获得社会关注。笔者曾经面对这样的诘问：如果没有20世纪的民间美术研究热潮，如果没有文为群这样的基层美术干部，如果没有汉声杂志社等媒体的关注，还会不会产生"库淑兰"。很明显，这个问题反映了提问者优势地位的强权思想，也折射出采风制度中政府艺术工作者与民间艺人的失衡关系。同时，我们也要注意一个问题：经过汉声杂志社宣传的民间艺人成百上千，为何库淑兰会受到社会各界的广泛关注。反过来，民间艺人的荟萃也成就了汉声杂志社的公众形象，很显然，它们之间是相互依存和彼此成就的关系。

库淑兰出名后，她荒破的窑洞常常成为中外访客的光顾之地。在这些人中，有专家教授、富商名流、学生乡民，来了去，去了来，各色人等，心思各怀。我们不用刻意从正面去伪饰库淑兰，她自编的"剪花娘子"的故事充满神秘，但在现实中，她是个居住在偏僻乡村的老太太，足不出乡，"不知魏晋"，对于证书、荣誉、书籍、不同层次的访客，她有自己封闭生活所拘囿的判断。这种生活决定了她的艺术带有最本真的澄澈情怀和生命力。与众多的访客相比，她缺乏与社会广泛接触的圆通技巧，她简单、率真、具体，甚至带有农民的自私和狡黠，但她又那么善良、达观、风趣。她出生于动荡年代，大半生生活在偏僻山村，是一个饱受生活苦楚、面朝黄土背朝天的农家妇女。她的艺术是对这个乡土环境传统意味的继承，也是她自己内心情愫的迸发和突破，并自然而和谐地存在于它的原初环境中。经常会有人问：没有这些访客中的部分人，库淑兰是否能获得如此的荣誉；没有这些人前往她贫寒的居所，她的作品和故事由谁来传播；没有这些人前去探访，她的生活会不会落寞。但我们也可以反过来说，由于这些来访者，库淑兰感受到了浮名背后的贪婪、规则和交易，这也是对她精神的反衬和损伤。

库淑兰从乡土语境走上了艺术"圣坛"，从这个角度来看，她似乎是幸运的，很多人甚至认为，如果没有发现者，像库淑兰这样的民间艺人可能会一辈子默默无闻。人与其他无生命的发现物不同，没有相应的环境机遇，其创造性可能会打折扣；其作品没有收集起来，可能就只会在极小的范围里流传，得不到更多人的认可和赏识，对于艺术的发展而言会是极大的损失。因此，有的发现者也是基于这样的心理夸大自身的作为。①

四　弘扬与获利：民间手工艺衍生品的现状

近年来，随着非物质文化遗产保护越来越受到重视，出现了以民间艺术资源为卖点的民间手工艺衍生品。例如，台湾汉声杂志社在北京下设的北京汉声巷文化创意发展有限公司，推出了一系列传统手工艺衍生品，其中包括蓝印花布、风筝、年画、剪纸等艺术形式。如以库淑兰剪纸作品为封面装饰纹样的笔记本，库淑兰的剪纸作品及歌谣都被作为工艺品的设计元素；还有"库淑兰单杯茶礼盒"，包括口杯、杯垫、茶叶袋、外包装礼品盒等，均以库淑兰的剪纸作品为直接元素。北京汉声巷文化创意发展有限公司的诸多衍生产品中，有一部分是属于集体创作（作者不明）的民间手工艺品，而库淑兰剪纸作品是有明确作者归属权的民间手工艺品。该公司在艺术衍生品中大量使用库淑兰的剪纸作品图像，在某种程度上起到了宣传民间艺术的作用，但宣传与商业利用是并存的。笔者还在不同城市发现了以库淑兰作品图像生产的衍生品，商家均声称已经合法购买了版权。② 对此，库淑兰家人根本不知情，不知道此类侵权事件的发生，当然，他们通常也不具备

---

① 见文为群《魂系剪花娘子》信息来源：http://blog.163.com/hanjing_734/blog/static/18036022012621744596/，访问日期：2012年12月18日。

② 2011年12月，笔者的朋友知道笔者在进行相关研究，注意到了此类侵权现象，而且这种现象极其普遍，也很少有通过司法程序进行维权的行为。笔者曾就此事咨询过陕西省旬邑县文化馆及陕西省艺术馆和版权局，他们均对此类事件表示无能为力。到目前为止，尚缺乏维护民间艺人知识权益的有效平台和针对性制度。

维权的法律意识、意愿和经济能力。

在艺术衍生品市场化的过程中，当代艺术家大多采取无偿授权的方式，意在培育国内的当代艺术品衍生市场，与其说这种做法来自文化责任，倒不如说源自商业操作。这些具有较高知名度的当代艺术家与部分民间艺人的生活状况有天壤之别，库淑兰虽被联合国教科文组织授予"杰出民间艺术大师"称号，但其生活一直处于基本满足温饱的状态，她的作品却成为他人获取名利和累积财富的手段。①

我们不否认存在的问题，也要认识到传统手工艺衍生品市场需要逐步培育，在商业和知识产权保护规范的基础上对传统手工艺资源进行利用和宣传。建立相应的传统手工艺衍生品付费制度，在一定程度上对贫弱的民间手工艺人进行帮扶。我国应逐步建立沟通平台，树立知识经济观念。

五 结语

库淑兰是中国民间剪纸艺人的突出代表，其人生际遇也折射出民间艺人的基本状况。本文认为可从以下三点推进制度建设，以优化非物质文化遗产的传承机制和提升其传承空间。

第一，通过制度协调性建设，扶助传承人群体。非物质文化遗产的传承性保护工作，直接着力点在于传承人，应明晰和完善传承人制度，对传承人进行帮扶，保障特困杰出传承人的生活；应设立特殊的基金平台和管理制度，对非遗作品的研究出版、对衍生品的开发利用等进行资助和规范管理，使有才能的民间艺术传承人通过自身知识生产与社会的对接来改善生活、提高自信，进而扩大自身传承文化艺术的技能与影响力，突出和强化非物质文化遗产保护工作的人文色彩和

---

① 管祥麟：《追忆大师库淑兰》，http://guanxianglin.blog.sohu.com，访问日期：2012年10月18日。

精神特质。

第二，在"传承人制度"之外提高对非遗传承工作的使命感认识。警惕非物质文化遗产保护工作的行政化倾向，有时需要跳出行政化思维的拘囿，站在文化传承者的角度思考问题。行政管理的方法与制度应以民间文化的良性发展和传承为基础，前者应为后者服务，要防止"削足适履"式行政惯性对非遗工作的负面影响，尽量抓住非遗传承的灵魂，避免非遗保护工作的"形式化、装饰化甚至伪饰化"倾向。

第三，在《中华人民共和国非物质文化遗产法》的框架和基础上，进一步细化和确立针对性知识产权法的建设，并通过各级政府、文化机构、行业组织、高等院校等，加强法律法规的普及，从而提高法律法规的公知性和执法的有效性。相关立法应从最根本的角度对劳动者的劳动权益起到保护作用，法律追求公平公正，而不被强势话语所干扰。

从知识产权法的角度探讨问题，是为了发现现实中存在的问题，使民间艺人在权益受到侵害的时候，可以依据法律法规保护自己。但如何保护民间艺人的精神权益，如何保护其劳动所得，既需要建立健全相关法律法规，也需要社会的理解和帮助。从多年来非物质文化遗产保护工作的实际来看，我们要警惕对"物"的功利性青睐，切实认识到"人"在文化传承中的真正作用，将人文关怀与经济补贴相结合，为民间文化传播群体营造和谐的精神氛围，使民间文化成为艺术滋生的持续动力。

（原载《民艺》2018年第1期，收入时有增补）

"世界记忆遗产"东巴经典数字化版权保护探讨[*]

谭栩炘 龙 文[**]

一 研究背景

本文将对东巴经典所涉主体、客体及相关权利内容进行剖析,进而对东巴经典古籍数字化版权保护问题进行建议性梳理。

中国纳西族东巴象形文字是当今世界上唯一仍在使用的象形文字,纳西族东巴经典古籍被联合国教科文组织列为"世界记忆遗产"。东巴经典原始手稿分布世界各地,被十多个国家的诸多机构收藏,中国国内的东巴典籍迭遭变故,尚存古本多在博物馆束之高阁,传世抄本多为年长东巴在 20 世纪 80 年代以后凭借记忆恢复,随着近年旅游发展和对传统文化的商业开发,社会上对东巴典籍的错释和滥用现象颇多,导致东巴文化传承缺乏历史佐证和传统基因延续的稳定性。

"'世界记忆遗产'东巴经典传承体系数字化国际共享平台建设研

---

[*] 本文为国家社会科学基金重大项目"'世界记忆遗产'东巴经典传承体系数字化国际共享平台建设研究"(批准号:12&ZD234)阶段性成果。

[**] 谭栩炘,团结出版社新媒体营销部主任助理,原中国印刷博物馆馆员,主要研究方向为博物馆教育、展览策划等;龙文,知识产权出版社编辑。

究"的基础工作之一是通过对国内外东巴经典象形文信息进行采集，对东巴祭司释读象形文的过程按照抢救濒危语言国际惯例进行数字录音录像，将用古代东巴象形文字书写的东巴经典释读及翻译成现代纳西语注音和现代汉语的统一格式，对东巴经典象形文进行独特的数据采集、加工、存储与管理，为"世界记忆遗产"的保护、抢救、传承、传播与发展提供数字化实现手段。

二 东巴经典的知识财产属性及权利分析

东巴经典单页图片（北京东巴文化促进会提供）

（一）东巴经典的知识财产属性

东巴经典是纳西族东巴将其世代吟唱、内含民族文化基因的史诗，用独特的象形文字书写在特定技艺制作的纸张上并装订成册而形成的典籍的总称。东巴象形文字具有独特的图形、发音及释读方式，除有异体字外，往往一个象形字或一个象形词，内含一个事件或一个故事，如其中的一个象形字或一段象形文可内含一段历史，同样象形文在不同地域和方位出现有不同的发音和表达。可以这样理解，东巴经典是人声和纸本共同记录传承的"记忆遗产"。人，即世代吟唱史诗的东巴；纸，即写有东巴象形文字并装订成册的东巴纸本，二者缺一不可。东巴纸本脱离了原生境中吟唱的东巴则无法被释读，东巴脱离了东巴纸本则无法将刻录其民族记忆的史诗完整再现和回放。

这一点可在北京东巴文化促进会进行的东巴经典数字化记录过程中得到印证。据学者和力民对该促进会"法国远东学院藏东巴经典数字化"过程的说明，其步骤和计划如下。

（1）由促进会中的专业纳西学的学者和通过促进会组织国内外的纳西学权威专业人士对从法国远东学院翻拍回来的经书进行分类整理。（2）联合国际上纳西学学者们的共同研究，分析法国远东学院收藏的东巴经典的收藏来源：是何时传入法国，是从什么渠道流入的法国，确认哪些东巴经典手稿是在1867年由法国传教士带入，哪些是一个世纪前法国东巴学者巴克带入巴黎，而哪些东巴经典为美国学者约瑟夫·洛克于19世纪初带入法国。（3）学者将携带从法国远东学院翻拍的东巴经典古籍，深入纳西族村落寻找和请教当今还存活的东巴祭师。通过东巴祭师对东巴经典古籍的识别，了解东巴经典古籍的出处，记录该经典古籍的详细内容。（4）通过请东巴祭师对东巴经典古籍的讲述，对东巴经典古籍的内容进行科学考证，并对东巴经典古籍的内容进行整理和分类。（5）联合丽江东巴文化研究院的纳西族的学者和还存活的东巴祭师的共同工作，把49本东巴经典古籍中的部分经典从古纳西语翻译成当代纳西语。（6）通过纳西族学者和汉族学者的共同工作，把该东巴经典古籍从当代纳西语翻译成当代汉语。（7）根据经费情况，通过汉族学者和国外学者的共同工作，把该东巴经典古籍从当代汉语翻译成英语等。①

纳西族东巴文化学者杨正文在将东巴经典由当代纳西语翻译成当代汉语的过程中，采用了并非常规的工作方法，他本人对此做了如下说明。

---

① 和力民：《张旭与法国远东学院东巴经典》，北京东巴文化促进会，2010。

《白地神川魂路经》译文格式遵照张旭女士提供的格式执行。即先列出原文一页影印图，再照原文分格抄写此页经文，在每格经文下分别标出国际音标和直译译文，力求与象形字音、义对齐；再在译文（三对照）后顺译一遍。此部经书分上、中、下三册，共有115页（含封一、封二共6页），均按上述格式一一列出。但在翻译、标音的过程中，发现有一些问题，不得不作些调整和补充。

按照北京东巴文化促进会张旭女士提供的原有格式，抄经文时只需照原文抄写一遍，象形文字要分开一点，以便对照标出国际音标和直译文字。但看过《白地神川魂路经》原文后，发现这样做不尽完善。硬着头皮抄了几页，标音、直译时就无法对齐。其中一个重要原因是，此部经书大量采用"简写""缩写"的手法写出经文，而所有的神名、鬼名、人名均画出复杂形象，然后在其腹部或一侧只标出一两个音标（象形文字），但在诵读时应全文念出，往往全名有四个或以上字，多者达七八个字。如果全数标出，就出现超越原文现象，读者既望字不识，且音、义不能对齐，其格式乱而不齐，不像正规译文。[①]

从两位专家的说明可以看到东巴吟唱和纸本书写之间的互生关系，东巴吟唱在东巴经典释读上具有不可或缺的核心作用，东巴纸本上的象形文字更像是一串又一串的提示符号，这些提示符号的重要功能是将东巴脑海中或心灵深处的族群记忆牵引出来，再通过口头吟唱的方式表达，进而形成释读，为听者所感知和理解。而没有东巴纸本，东巴仅凭自己的记忆无法形成对特定题材内容的完整形式表达，口头吟唱与纸本书写之间如果缺乏相互印证则将导致东巴经典释读的随意性和神圣感的淡化。

---

① 杨正文：《东巴经典古籍〈白地神川魂路经〉的翻译与研究》，北京东巴文化促进会，2013。

我们对东巴经典数字化版权保护问题的探究基于上述认识而展开。知识产权制度设立的目的是对创造性的智力劳动成果所享有的民事权利进行保护，通过该制度在中国四十多年的发展，正如我国知识产权之父郑成思先生所说：

> 中国人在知识创新方面，并不比任何人差。我们应当做的是一方面利用知识产权制度业已形成的高保护，推动国民在高新技术与文化产品领域搞创造与创作这个"流"；另一方面积极促成新的知识产权制度，来保护我们目前尚处优势的传统知识及生物多样化这个"源"。这样，才更有利于促进我们的国家和谐发展。①

从我国目前的知识产权制度实践和将来的发展趋势来看，智力劳动成果享有的权利早已经不局限于专利权、商标权、版权（著作权）、商业秘密专有权等个体创造性权利，智力劳动成果包括了群体原生性的遗传资源、传统知识和民间文艺，知识产权制度正在谋求既保护"源"又保护"流"，为更广泛的原创智力成果搭建有利于社会可持续发展的利益分配规则。这也是中国知识产权事业发展对国家领导人所提出的"将传统文化当作独特战略资源"在顶层设计层面上的响应。②

（二）东巴经典的知识财产权利分析

东巴经典的智力成果有哪些呢？如前所述，从口头吟唱和纸本书写两个角度切入，分"源"与"流"两个方面来考察。

---

① 郑成思：《知识产权保护更要保护"源"》，http://www.china.com.cn/chinese/zhuanti/2006lh/1145919.htm，2006年3月6日，访问日期：2017年9月23日。
② 《国家知识产权战略纲要》四、专项任务之（六）特定领域知识产权："（34）建立健全传统知识保护制度。扶持传统知识的整理和传承，促进传统知识发展。完善传统医药知识产权管理、保护和利用协调机制，加强对传统工艺的保护、开发和利用。（35）加强民间文艺保护，促进民间文艺发展。深入发掘民间文艺作品，建立民间文艺保存人与后续创作人之间合理分享利益的机制，维护相关个人、群体的合法权益。"

从口头吟唱角度来分析，对东巴经典的吟唱或释读显然构成著作权法上的口述作品。但问题在于，每一位在世的东巴，无论年纪多大，在吟唱或释读经典的时候都不会说其所吟所唱所释所读的内容是自己创作的，相反，每一位东巴都会在吟唱或释读时反复宣告，很久很久以前，天神如何如何说，人类始祖如何如何说，纳西祖先如何如何说，东巴始祖如何如何说……这就意味着，每一位在世东巴都认为自己只是本族群文明由前代向后代接续的传递者，形象地说，每一位在世东巴都是纳西族群体文化基因的保管员，这些文化基因深植于东巴经典中，在适当的时间和场合下，通过吟唱模式的开启而得到传播。

从纸本书写角度来分析，每一本东巴经典都是由具名或者不具名的东巴书写的，披着文字作品或美术作品的外衣，当然适用于著作权法的相关规定。但是，无论纸本上的象形文字是一位东巴多年以前书写的还是最近书写的，甚至即便有一部纸本在这个世界上其实已经成为孤本，这位东巴也绝不会说内容是自己独创的，而往往将其表述为"得之先祖，传之后世"。这"得之先祖"的其实就是承载着群体记忆、标识出群体身份的文化基因信息，引起外在表达为传统文化表现形式而被复制和传播。传统文化表现形式所承载的文化基因信息难以捉摸但并非不可确定，因为它是可复制、可传承和可传播的，这当然也就意味着它终归是可测序的，只不过我们不能通过肉眼直接看到文化基因，而只能看到它因外在表达而呈现出来的丰富多样的知识内容和文化表现形式。

如果理解和承认这一点，就会发现每一位东巴的吟唱或者释读，都分成了两类知识财产权客体，即群体原生性的传统文化表现形式（言语表达）和个体独创性的文学艺术作品（口述作品）；每一本东巴经典的书写，也都分成两项知识财产权客体，即群体原生性的传统文化表现形式（文字表达）和个体独创性的文学艺术作品（文字作品），这两类客体既矛盾又统一，它们将群体性和个体性这对矛盾统一在原创性（原生性+创造性）这一概念中。尽管每一位东巴的吟唱或者释读都具有个人口述作品的完整要素，每一位东巴的书写都具有个人文字作品的完整要素，但是他们绝不敢将东巴经典中作为传统文化表现形式的群体原生性成果据为己有，这是由其代表整个纳西民族集体意志的东巴身份决定的。鉴于知识财产权利的私权属性，这种集体与个人财产的区分，往往通过东巴在吟唱或者书写之前、之后或之中的明确意思表示得以实现。

在通行的知识产权法律制度下，具名或者不具名的口头作品和文字作品是确定无疑的著作权保护客体。对于具名作品，我国著作权法规定权利的保护期为作者终生及其死亡后50年，截止于作者死亡后第50年的12月31日；如果是合作作品，截止于最后死亡的作者死亡后第50年的12月31日。依据《伯尔尼公约》，该公约成员国对于来自中国的作品实行对等保护。而对于不具名作品和假名作品，该公约第七条第3款规定：

> 至于不具名作品和假名作品，本公约给予的保护期自其合法公之于众之日起50年内有效。但根据作者采用的假名可以毫无疑问地确定作者身份时，该保护期则为第一款所规定地期限。如不具名作品或假名作品的作者在上述期间内公开其身份，所适用的保护期为第一款所规定的保护期限。本同盟成员国没有义务保护有充分理由推定其作者已死去50年的不具名作品或假名作品。

如上所述，对于具名书写的东巴经典，其书写者在著作权法上被推定为作者，拥有作者享有的各项著作权利，不论其收藏在哪个国家，只要该国是《伯尔尼公约》的成员国，东巴经典作者或其权利继承人均可主张权利。而对于不具名书写的东巴经典，也并非一概落入公有领域，按照《伯尔尼公约》的规定自其合法公之于众起享有50年保护期。

但问题在于，东巴经典的口述记录难以采集固定，纸本书写者又往往不具名，对于这种群体原生和个人独创二位一体的特殊对象可否特殊保护呢？这正是我国立法部门的现实选择，《中华人民共和国著作权法》第 6 条规定："民间文学艺术作品的著作权保护办法由国务院另行规定。"但是自 1990 年制定至今，具体的保护办法迟迟没有出台，这一方面说明立法者仍然有保护群体原生性成果的初心，另一方面说明初心的实现难度的确很大。究其根本，乃在于目前著作权法将作品认定条件仍局限于个人的独创，自然无法去认定整个群体的原创。于是就出现了一个悖论，要将一件作品认定为民间文学艺术作品，其前提条件必须是——它不是作品！

以东巴经典纸本为例，如果一位东巴书写了一部东巴经典，恰好又是孤本，在法律上他就是该文字作品的著作权人，而他如果放弃对这件文字作品的著作权利，仍然可以主张书法作品的著作权利，这件文字作品也不会自动成为民间文学艺术作品。就如同一件书法作品所抄录的文字之前如果没有任何人读过，那就只能推定该件书法作品的署名者就是该文字作品的作者了，除非书写了同样内容更早的作品被发现，但问题是更早作品的署名者仍然可以被推定为原作者，抑或有确切的关于该作品被谁创作的证据将其推翻。而一部作品中如果含有群体原生性的部分，该部分必定不是个人独创，二者不可能产生重叠。要突破这一悖论，只有将郑成思先生"源"与"流"的划分也引入对作品的认定，在个人独创的诸多"流"的作品中抽绎出属于群体的"源"的部分，即通常所说的传统文化表现形式或民间文学艺术表达，这样一来，群体原生性的传统文化表现形式加个人独创性的文学艺术作品才等于一件完整的并无"作品"二字作为后缀的"民间文学艺术"原创成果。

三　东巴经典数字化版权保护模式探究

东巴经典数字化版权保护在理论上需要建立起一条完整的权利链条兼顾知识财产的"源"与"流"。

数字化是一种信息处理的技术手段，既然是手段就有其目的。东巴经典数字化的根本目的在于促进"世界记忆遗产"东巴经典作为纳西族传统知识和传统文化表现形式汇聚而成的文化基因载体长久保存，并且再生活力，更为有效而广泛地传承和传播，进而有利于东巴文化基因的身份识别和代际延续。东巴文化基因的权利主体必然是东巴们奉献心力和智慧的整个纳西族群体，群体知识财产权利的主张在理论上应当以立法形式赋权，建立一个对文化基因及其载体赋予知识财产权利的制度安排是保护和促进文化多样性创造和存续的必然要求，也是我国倡导的人类命运共同体建设之路上所找寻的义利平衡点所在。

尽管目前没有相关成文法正式出台，但是国家版权局于2014年9月2日发布的《民间文学艺术作品著作权保护条例（征求意见稿）》已经迈出了人们期待的第一步。该征求意见稿对民间文学艺术作品的定义、权利归属、权利内容和保护期限做了明确规定，并通过授权机制、备案公示、改编作品授权、利益分配、权利转让和权利负担、限制和例外、民事责任、免责条款、行政责任和刑事责任、假冒条款等条款构建出一个较为完备的保护模式。

该征求意见稿第二条将民间文学艺术作品定义为："由特定的民族、族群或者社群内不特定成员集体创作和世代传承，并体现其传统观念和文化价值的文学艺术的表达。"显然，立法者是将"民间文学艺术作品"当作从完整的民间文学艺术中剥离出来的群体原生性部分来定义的，这样一部赋予群体原生性智力成果财产权利的成文法得以出台无疑是具有历史意义的，根据上文的分析，也是合乎逻辑并且非常必要而紧迫的。而群体原生性智力成果往往由独立个体外化呈现，附着于群体原生性智力成果之上的个体独创性部分仍在著作权法整体框架内毫无疑问地得到保护，也即，该征求意见稿第十二条中所规定的"记录者应当与口述人、表演者等就劳务报酬问题进行协商"并不意味口述人和表演者的著作权灭失。

东巴经典的吟唱和书写都构成著作权法意义上的作品，作为吟唱者和书写者的东巴各自享有著作权法赋予的对其作品应当享有的各项权利。在著作权法赋予作者的各项权利中，除前四项精神权利发表权、署名权、修改权和保护作品完整权外，还有与数字化相关的经济权利，至少有如下六项。

　　复制权，即以印刷、复印、拓印、录音、录像、翻录、翻拍等方式将作品制作一份或者多份的权利；

　　信息网络传播权，即以有线或者无线方式向公众提供作品，使公众可以在其个人选定的时间和地点获得作品的权利；

　　摄制权，即以摄制电影或者以类似摄制电影的方法将作品固定在载体上的权利；

　　改编权，即改变作品，创作出具有独创性的新作品的权利；

　　翻译权，即将作品从一种语言文字转换成另一种语言文字的权利；

　　汇编权，即将作品或者作品的片段通过选择或者编排，汇集成新作品的权利。

就东巴经典的数字化出版而言，至少就复制权、信息网络传播权、摄制权、改编权、翻译权和汇编权这几项经济权利，数字化出版机构应当取得东巴们的合法授权。而在数字化出版过程中，东巴经典吟唱作品和书写作品的翻译者、摄制者、改编者和汇编者又对自己翻译、摄制、改编和汇编所付出的智力劳动所形成的独创部分享有相应的著作权利。

博物馆、图书馆、研究院所等收藏机构只是藏品保管者，其与上门寻访和拍摄东巴经典的数字化执行机构之间是合同关系，是否提供原件供拍摄或者直接提供影像数据，则取决于双方的协商和对价了。

我们对东巴经典数字化版权保护问题的探究，其目的是为东巴典籍数字化资源的存储和利用设计一个公平而高效的制度框架，最终使这条兼顾"源"与"流"的知识财产权利链条上的每一位权利主体都得到精神上的尊重和经济上的利益，从而既实现群体原生性文化基因的稳态存续和正确表达，也促进个体创造性智力成果的强劲生发和不辍转化。在此，笔者呼吁学术界乃至全社会认识到我国传统资源丰富的群体原生性智力成果长项在整个知识财产权利制度框架中应当与个体创新性智力成果取得同等重要的保护地位，在"一带一路"倡议所创造的历史机遇下，"力争把中国占优势而国际上还不保护（或者多数国家尚不保护）的有关客体纳入国际知识产权保护的范围，以及提高中国占优势的某些客体的保护水平"，① 于今而言就应当加大气力推动《民间文学艺术作品著作权保护条例》和相类似的成文法早日出台，更好地凝聚力量促进中华优秀传统文化创造性转化和创新性发展，直至最终迎来中华民族在全球知识财产创造竞争中反超领跑的那一天！

---

① 郑成思：《知识产权保护更要保护"源"》，http://www.china.com.cn/chinese/zhuan-ti/2006lh/1145919.htm，2006年3月6日，访问日期：2017年9月23日。

内蒙古自治区民间文艺品牌体系建设研究

李崇辉[*]

区域民间艺术品牌的培育与拓展必然离不开品牌的体系建设，这需要在相关价值链的各个环节做出明确决策和系统规划及有效行动，必然也将涉及政府各个职能部门的有效联动，并实施于整个民族文化传承、传播的所有流程，进而成为国家层面及地方政府整体文化战略的核心。尤其是在"传承优秀传统文化""讲好中国故事"的今天，在新的国际格局正在形成的背景下，构建以北方草原文化为特色的内蒙古民族民间艺术新格局，形成一个较为完备的当代民间艺术品牌体系，将成为内蒙古自治区政府、民间艺术家、学者和所有关注民族文化的人的共同的责任。

以下是笔者就内蒙古自治区民间艺术品牌体系的构建、推广及民间艺术品牌的维护策略等相关问题的思考。

一 民间艺术品牌的定位与构建

国际的广泛共识是21世纪不仅是一个知识经济时代，更是一个文

---

[*] 李崇辉，博士，内蒙古师范大学雕塑艺术研究院教授，内蒙古民间文艺家协会副主席。主要研究方向为北方民族传统美术及艺术教育。

化经济时代。文化已经不可或缺地成为当代推动经济社会发展的核心动力之一，而以文化为核心的竞争也就相伴而来，不期而至。这表现在民间艺术领域中之创新与发展，消除同质化的低水平市场乱象，探索民间艺术品牌定位的文化基因和逻辑，对于更好地传播优秀传统民族文化，彰显区域民族民间文化艺术个性，以增强文化影响力推动区域经济社会可持续发展意义重大。

如何建构与打造民族民间艺术的品牌体系？这里我们不妨借鉴一下经济领域一般商品品牌的构建理论，推出一个品牌涉及很多工作环节，如品牌的定位、品牌的架构、品牌的具体名称、品牌的识别系统以及品牌的文化价值和品牌的形象建立等，而这其中，品牌的定位无疑是具有决定性意义的基础环节。

经济学者斯科特·戴维斯认为，所谓品牌的定位，实际上就是通过一系列行为，力求实现某一品牌面对外界时能让人们联想到我们期望的利益和价值。

高层次的品牌定位不仅仅是对差异性的把握，更重要的是向消费者提供价值。早在1981年，杰克·特劳特和艾尔·里斯就曾指出：在预期客户的头脑里给产品定位，确保产品在预期客户头脑里占据一个真正有价值的地位。一般的商品品牌价值包含功能价值与非功能价值，而在民间艺术品牌的价值体系中，非功能价值加情感价值、体验价值，尤其是社会价值与文化价值等，更为突出，更为重要。

有研究者认为品牌的价值，在很大程度上取决于它与目标消费者生活方式的关联方式和关联程度，而消费者对某一品牌定位的感知效果又与其人生经历、价值观念、生活方式等密切相关。也就是说，文化内涵是品牌定位的基础要素，缺乏文化内涵的品牌定位很难打动消费者。因此，民间艺术品牌的定位必然更要以区域特色文化基因与内涵为重要价值目标。

以内蒙古自治区为例，千百年来多民族共同创作文化历史源远流长，民间艺术资源丰富且深厚，其中蒙古族民歌中的长调、呼麦等已经享誉世界，成为中华民族传统优秀文化艺术的杰出代表形式之一，传承着游牧民族民间艺术的历史，也传播着草原文化中独特的审美内涵，感动着人们，并成为时代文化复兴与繁荣的见证。许多民间艺术形式不仅是内蒙古自治区对外形象展示的文化名片，而且是极具草原文化特色的艺术品牌。

这些艺术品牌之所以享誉世界，关键在于其文化基因不是人为赋予的，而是具有鲜明而独特的内在文化逻辑。由这些国际化的民间艺术品牌上我们可以看到，一场场音乐会、一次次艺术展览不仅具有经济消费的商业属性，更是不以功利性和实用性为目的的审美活动。

由此可见，对于今天繁杂而多元民间艺术来说，其品牌的定位与建构，不论品牌的架构、品牌的具体名称、品牌的识别系统，还是品牌的文化价值和品牌的形象建立等，都要以文化内涵和其内在逻辑为核心。通过特定模式的民间艺术，高层次的文化定位可以带来文化价值的高度认同，从而能够内化为一个人的文化自觉，并深刻地影响人的心理、认知乃至价值观念等。

二 民间艺术品牌的传播与推广

民间艺术品牌系统建设还涉及随定位而来的传播与推广问题。

多年来我们看到，像内蒙古自治区这样的民族边疆地区并不缺乏优秀的民间艺术产品，缺乏的是更为有效的推广与传播。民间艺术存在各种形式，展现形态不同，与上面所说的民间音乐等形式相比，许多民间艺术形式自身缺乏传播机制，需要借助外在力量来实现自身价值的展示。因此品牌价值的最大实现还需要品牌的传播及推广。

按照营销学理论，品牌推广主要是指某品牌定位后，实现与品牌价值链上各种关系的有效沟通，以促进品牌价值累积、经济与社会效益增长的系列推广措施与活动。而民间艺术品牌的推广更需要间接产生效益的非营业性推广，其主要手段是借助其他载体开展品牌信息传播，如广告推介、新闻策划、公关活动、公众事件等。

任何品牌的传播都是专业性的活动，而民间艺术项目与产品，由于其民间的身份与性质决定其必须依赖企业、社会职能部门尤其是政府组织机构和传播渠道来现实。目前来看，多数民间艺术经营企业属于小微型企业，企业自身并没有设立或健全品牌传播的相关部门及职能，严格意义上讲都需借助专业的外协服务团队来实施传播与推广，而更大范围的民间艺术生产与转化都是以个体或小集体等零散状态为生存形式的，所以其内部组织传播能力相当有限。从多年的实践情况看，除个别规模型民间艺术企业或生产经营单位具有借助外协服务团队完成其品牌建设和传播之外，现阶段表现较好的民间艺术品牌，主要还是依赖于社会职能部门、相关政府机构在近年来不断密集举办并逐步完善的有组织文化产业系列推介活动，包括区内外和国内外的。正是如此，一些民间艺术品牌才得以在传播过程中完善了品牌内涵构建，实现了品牌在对外传播以及品牌信息反馈等良性运作中探索解决关键性成长问题。

但现实中不可回避的问题是，相关部门与政府机构的根本职能是管理服务，因而相关的政策倾斜和某些活动推荐并不能完全实现所有民间艺术品牌传播与推广的任务。严格说来必须要有一个专业机构具体实施品牌传播的三大职能——计划、控制与领导。从自治区文化产业宏观发展与建设的角度看，这种专业机构可以是政府相关职能部门内的一个业务部，也可以是政府外设的一个国资公司或分支机构，关键在于它必须是政府统筹之下，围绕着自治区经济建设，尤其是文化产业发展规划、布局而具体工作的专业机构。因为区域民间艺术品牌体系的建设是关乎经济发展与精神文明建设，尤其是挖掘民族优秀传统文化资源发挥民间文化优势与特色，讲好中国故事，全面建成小康社会的重要战略实施问题。因此，一个分工明确，具备多个层次的战略性品牌体系规划管理组织和品牌推广传播系统的建立势在必行。其专业性职能对上可为政府提供决策依据，对下可为各级民间艺术品牌建设、发展提供指导和服务。具体可以包括自治区级的民间艺术品牌传播战略规划制定；全区民间艺术品牌年度传播计划制定；政府规划民间艺术品牌传播预算制定，制定品牌传播规范以及日常品牌传播管理工作；统筹外部服务平台；政府政策性传播推荐活动的执行管理以及民间艺术品牌传播效果调查和传播规范督导检查等工作。

民间艺术品牌传播的战略性特征使其区别于一般商品的品牌建设与传播，这更要求必须尊重宏观的民间文化生态环境，结合区域经济因素尤其是政策条件和社会背景深入细致的工作。具体而言，制定可行的民间艺术品牌推广传播战略需要深入了解区域内民间艺术的生态，包括与民间艺术家、艺术工作者及民间艺术生产组织的探访、交流等所有环节。

三 民间艺术品牌的体系建设与权益保障

流程各环节的严密配合目标就在于品牌的成长与发展。品牌的规划、推广、传播等所有系统流程都离不开品牌的延展与维护。一般商品的品牌维护主要是指保障品牌得以顺利运作并且逐年增值的支撑体系的建立和管理，而民间艺术品牌体系建设的关键问题还在于，通过这些环节的科学化运作保障其权益不受外来因素的伤害，其实，这也是民间艺术品牌权益保护的重要策略与手段。

在民间艺术品牌体系建设系统中，品牌构建是基础，品牌推广是动力，品牌维护是保障，更是民间艺术品牌权益保护的重要途径。尤其在互联网时代，充分运用大数据、云计算等科技手段，建设数字化、智慧型媒体平台支撑民间艺术品牌的维护与延展。这需要政府、社会及民间艺术生产经营者以各自的角度，发挥各自的优势协同共建。

首先从政府的角度来说，不论是产业规划还是政策引导以及资金扶持等一切宏观措施，都不能是一种简单的行政行为，尤其不能成为一种为了任务而任务的形式主义。一定要把规划、引导与扶持落到实处，具体而言，一定要以文化品牌体系建设的高度，在品牌法律的管理、品牌管理流程的构建、品牌的审计、品牌的资产评估管理等方面发挥作用。通过健全自身服务与管理体系来切实保障所有布局规划的科学性与实用性、政策引导的适用性与实效性，尤其是资金扶持的及时性与精准性，从而在宏观上实现民间艺术品牌体系建设的保障性基础。

其次在社会实施层面，相关机构和行业协会的专业指导与服务也将是民间艺术品牌体系建设的重要动力和有效推手之一。在政府的规划、引导和扶持的基础上，更为具体的专业性推动更为可贵。我们现有的文化职能体系是空前完善的。如文化厅、局、馆、站各维度职责清晰，分工明确。还有如文联以及民协等行业专业协会机构，真正在政府的统筹之下发挥各自的职能与作用，是落实规划、辅助引导、专业扶持的关键力量所在。

最后，以上各能量与职责的有效实施还要与时俱进，在"互联网+"的今天充分利用网络技术及大数据资源，建立民族民间艺术网络平台，在云计算和数字化的基础上实现智慧型民间艺术体系建设与权益保护。这是专业性的品牌服务体系的环节之一，连同民间艺术数据库的建立将为区域文化产业发展带来新机遇和新途径。

在世界经济多元化发展的今天，民族区域的文化与艺术资源的价值是重要而独特的，同时也是丰富而鲜明的。区域民间文化艺术品牌体系建设及其权益的有效保障，对于当代中华民族全面复兴国家战略的实现，尤其是对区域经济社会可持续发展具有重要意义。

图书在版编目(CIP)数据

民间文艺知识产权保护研究论文选/潘鲁生,邱运华主编. -- 北京:社会科学文献出版社,2021.7
ISBN 978-7-5201-8342-0

Ⅰ.①民… Ⅱ.①潘… ②邱… Ⅲ.①民间文学-知识产权保护-中国-文集②民间工艺-知识产权保护-中国-文集 Ⅳ.①D923.4-53

中国版本图书馆CIP数据核字(2021)第082862号

民间文艺知识产权保护研究论文选

主　　编 / 潘鲁生　邱运华

出 版 人 / 王利民
责任编辑 / 罗卫平

出　　版 / 社会科学文献出版社·人文分社(010)59367215
　　　　　　地址:北京市北三环中路甲29号院华龙大厦　邮编:100029
　　　　　　网址:www.ssap.com.cn
发　　行 / 市场营销中心(010)59367081　59367083
印　　装 / 三河市东方印刷有限公司

规　　格 / 开　本:787mm×1092mm　1/16
　　　　　　印　张:16.5　字　数:236千字
版　　次 / 2021年7月第1版　2021年7月第1次印刷
书　　号 / ISBN 978-7-5201-8342-0
定　　价 / 89.00元

本书如有印装质量问题,请与读者服务中心(010-59367028)联系

▲版权所有 翻印必究